中條美和著

知事が政治家になるとき

木鐸社

序章　はじめに

　本書は，2000年から2008年まで2期8年のあいだ熊本県知事を務めた潮谷義子を事例とし，保守的な政治風土である熊本県においていかにして女性知事が再選されたのかを丁寧に追うものである。特に潮谷が2期目の再選を果たした2004年4月の熊本県知事選挙と，その前つまり1期目の4年目という1年間に焦点を当てる[1]。現職知事が出馬する2期目以降の選挙は，現職優位であることから現職圧勝の無風選挙であることが多く，選挙分析として興味深い知見を得るための研究対象とはなりにくい。本書が注目するのは，選挙そのものではなく，2期目の選挙にいたる現職知事の思惑と，議会会派や有権者や支持者などその他の諸アクターとの攻防である。本書は女性知事の再選メカニズムを詳細に追うことで，保守的な政治風土における女性リーダーの存続可能性を探ることを大きな目的としている。

　潮谷義子は初当選した2000年4月の1期目の選挙において，時間をかけて主体的に立候補の準備をしたわけではない。2000年2月，前知事・福島譲二の急逝により当時副知事であった潮谷が，国政における連立政権である自民党・公明党の支援を受け，「前知事の継承」を掲げて同年4月に当選したという経緯がある。準備期間の短さや，リクルートメントの経緯から，客観的には「自公による傀儡知事」の誕生という見方は否定できない。これに対して，2004年4月におこなわれた2期目の選挙を前に，彼女はどの政党とも特定の関係をなるべく持たない「県民党」として戦うことを模索する[2]。

1　2000年より熊本県知事を2期つとめた潮谷義子は，3期目の出馬を断念した。不出馬の経緯については第5章追記を参照。

2　「県民党」という言葉は，地方によって「どの政党からも推薦を受けない」という意味と「全ての政党からの推薦を受ける」という意味の両方の捉え方が存在する。例えば2003年3月16日の中日新聞福井版は「県内では相乗りを「県民党」とよぶ」とする。同じように2001年に市民団体の支援を受けて「無党派」知事として初当選した千葉県知事堂本暁子は2005年に主要政党と様々な団体の支援を受けて再選し「無党派から県民党へ変わった心地だ」（朝日新聞千葉版

4

「自公による傀儡知事」から「県民党知事」へという主体性の変化は，どのように展開されていったのであろうか。

　本書の大部分は熊本県における1年間のフィールドワークという質的方法によっている。とりわけ2004年4月の知事選においては参与観察を行った。参与観察は「対象者と生活と行動をともにし，五感を通したみずからの体験を分析や記述の基礎におく調査法」（佐藤，2002，18）であり[3]，客観性の確保は難しい。したがって，政治学的貢献としてはGeertz（1973）の「分厚い記述」のように，観察した事柄と背景の文脈を叙述していくことによってデータとして提供するという考えに近い[4]。1960年代の日本の『代議士の誕生』に参与観察したCurtis（1971）やアメリカ連邦議員に密着したFenno（1978）のHome Styleも，フィールドワークの結果から何ら命題を導いているわけではないが，その記録は数多くの研究に引用され学術的な貢献度が高い。本書もこの立場での貢献を目指した。

　フィールドワークの利点は，探索的アプローチにある。とりわけ地方政治という舞台は複雑である。二元代表制における知事と議会の関係，各地域の政党，中央政治における与野党，各党組織内の中央地方関係，各地域の社会経済状況などを把握する必要がある。フィールドワークはこのような現場において「周到な観察を進めることによって広い視野を確保し，結果として，先行研究では見逃されがちなポイントについて独創的な知見を獲得して」（エ

　2005年12月15日）と述べ，県民党が無党派とは異なるという認識を示している。いずれにしても共通して，どの政党からも等距離の不偏不党もしくは政党とは無縁の立場という意味で使われている。

3　日本における著名な参与観察はCurtis（1971）のほか，鎌田（1973），小笠原（1998）などがある。日本政治に関する参与観察としては，1996年総選挙で東京17区平沢勝栄の選挙運動に参与観察した朴（2000），1999年新潟県巻町町議会議員選挙と2002年新潟市長選の選挙運動に参与観察したLeBlanc（2004）がある。

4　フィールドワークという手法のメリットやデメリットについては全般的なものとしてDextor（1979），Moyser and Wagstagge（1987），Kvale（1996）など，インタビューについてはPeobody（1990），Beamer（2002）など，参与観察についてはFenno（1986），武田（2004）などを参考にした。事例研究における科学性の確保を目指す方法としてはLijphart（1971），Greenstein and Polsby（1975），King, Keohane, and Verba（1994）などを参照。

マーソン他，1998，238）いくことができる。

　地方政治研究における本書の位置づけとしては，政治行動論的な立場から知事を分析する事例研究として位置づけられる。これまで地方レベルの政治に関する研究は2000年代まで行政学分野の地方自治研究として扱われることが多く，地方政治そのものに関する研究は少なかった。近年では地方政治の研究も増えているが，多くは地方議会と政策に関する研究である（例えば，曽我・待鳥，2007；砂原，2011；森脇，2013；辻，2015など）。

　本書の構成は以下の通りである。第1章において日本における地方政治とりわけ知事を中心とした概論を記す。第2章においては，対象地である熊本県と熊本県知事について詳述し，第3章から第5章までは観察による事例を述べる。第3章では2000年代前半の熊本県における最大課題であった川辺川ダム建設問題について，第4章では熊本県知事潮谷義子による衆議院議員選挙立候補者に対する選挙応援について，第5章では潮谷義子が2期目を目指した2004年熊本県知事選挙について詳述する。第6章はこれら事例から我々は何を学ぶことができるのかをまとめる。

　先述したように本書は，熊本県における2004年4月までの1年間のフィールドワークをもとにしている。調査時から10年以上が経過し，多くの情報が公開され，また決着した問題も多いものの，プライバシーの問題には配慮する必要がある。観察や記録は全て筆者の責任である。なお，調査にあたっては日本学術振興会特別研究員として2003年度特別研究奨励費を用いた。

目次

序章　はじめに……………………………………………………………………… 3

第Ⅰ部　概論

第1章　地方政治における知事……………………………………………… 11
　1. 地方政治の非政治性 ………………………………………………… 11
　2. 二元代表制と知事 …………………………………………………… 18
　3. 知事を中心とした地方政治 ………………………………………… 27

第2章　熊本県と熊本県知事……………………………………………… 58
　1. 熊本県の風土的特徴 ………………………………………………… 58
　2. 熊本県の政治的特徴 ………………………………………………… 61
　3. 熊本県における政治アクター ……………………………………… 66
　4. 熊本県知事・潮谷義子 ……………………………………………… 72
　5. 2003年熊本県知事・潮谷義子に対する支持の構造 ……………… 90

第Ⅱ部　事例

第3章　川辺川ダム建設問題……………………………………………… 95
　1. 川辺川ダム建設問題の概要 ………………………………………… 96
　2. 川辺川ダムに関する知事の権限 ………………………………… 103
　3. 潮谷義子知事就任時における川辺川ダムをめぐる政治的環境 …… 106
　4. 川辺川ダム住民討論集会の開催 ………………………………… 114
　5. 熊本県知事潮谷義子の権力行使 ………………………………… 123

第4章　選挙応援と知事……………………………………………………… 131
　1. 知事の選挙応援 …………………………………………………… 132
　2. 2003年11月衆院選挙における松岡利勝応援 …………………… 143
　3. 潮谷知事の松岡応援の理由 ……………………………………… 158
　4. 潮谷知事による松岡応援の反響 ………………………………… 162

5．知事選にむけて……………………………………………………… 175

第5章　傀儡知事から県民党知事へ：2004年熊本県知事選 ………… 177
　　1．政党推薦と県民党 …………………………………………………… 178
　　2．さやかの会とアマチュアリズム ………………………………… 206
　　3．考察 …………………………………………………………………… 223

第Ⅲ部　結論

第6章　考察と結論………………………………………………………… 233

主要参考文献……………………………………………………………… 237
　　1．インタビュー ………………………………………………………… 237
　　2．公文書 ………………………………………………………………… 238
　　3．引用文献 ……………………………………………………………… 238

あとがき…………………………………………………………………… 245

索引………………………………………………………………………… 249

第I部　概論

第 1 章　地方政治における知事

　本章ではまず政治学における地方政治研究がどのように扱われてきたかという観点から地方政治の非政治性について述べる。次に，日本の地方政治の特色である二元代表制のもとで知事はどのような立場にあるのか，最後に行政者でもあり政治家でもある知事がどのような行動をとるかを概観する。

1．地方政治の非政治性

（1）　地方政治の研究動機

　地方政治研究の重要性を指摘した三宅と村松(1981)は『京都市政治の動態』の中で，研究動機を以下のように述べている。「地方の問題は地方で決めるメカニズムがあるとき，地方レベルではそれなりの権力と政策の争いが生じ，それは，中央における政治の在り方と微妙に連動して複雑な役割を演じうるのである。このことを前提にした地方政治研究の展開は日本の政治学にとって今後の課題である」（三宅・村松，1981，15）。つまり，三宅と村松は，地方レベルにおいても政治は存在するはずであり，地方政治は日本政治において一定の役割をも担っているはずである，と指摘する。村松の言葉を借りれば「地方政治が政治においてどのような位置を与えられているのか，地方が政治の争点や政治活動にどのような影響を与えるかといった観点が政治学，とくに地方政治研究においては重要である」（村松，1975a，418）。

　このような地方政治研究の重要性の指摘にもかかわらず，地方政治研究は国政レベルの政治学研究と比較して，大きな注目を浴びてこなかった。

近年では，地方政治研究が蓄積されつつあるが(曽我，1998；曽我・待鳥，2002；曽我・待鳥，2007；砂原，2011；森脇，2013；辻，2015など)，「地方レベルでいかなるアクターが何についてどのように行動しているか，諸アクター自身の役割認識を明らかにする研究」(三宅・村松，1981，15)は依然として少ない。今日でも地方レベルにおける個々の政治家や有権者の行動に注目する政治行動論的な研究は国政レベルにおける研究に比して圧倒的に少ないのである。

　国政レベルの研究に比べて地方「政治」研究があまり関心を持たれなかったことは，2つの理由がある。第一に，地方レベルの研究が「地方自治論」として行政学の分野によって担われてきたことが大きい。地方レベルにおいても，国政レベルと同様に対立や利害調整，秩序と安定という意味での政治は存在するはずである。しかしながら，日本においては「地域政治ないし地方政治といった概念で捉えられるべき事象」(阿部，1980，52)も「地方自治」としてくくられてきた。行政学の分野において「地方自治論」として蓄積されてきた知見の多くは，自治体や中央・地方といった制度や構造に関するものが主である(例えば，大森・佐藤，1986)。

　地方レベルの政治が大きな関心をもって研究されてこなかった理由の第二は，日本において「地方には政治がない」と考えられてきたことと関連がある。「地方政治の非政治性」という特徴は阿部(1980，56)によれば以下の3点に要約できる。第一に，地域社会における対立は好まれないため，地域コミュニティにおいては対立を顕在化させない努力がなされる。第二に，地域政治はしばしばモラルによって説明される傾向にある。第三に，地方自治の具体的内容がつまるところ地方行政に終始している。以下では，阿部による地方政治の非政治性の指摘を基本とし，地方政治の非政党性，中立性，非自律性について説明する。

（2）　地方政治の非政治性
a. 非政党性

　阿部(1980)によれば，日本の地域社会においては対立が好まれないために対立を顕在化させない努力がなされている。日本の地方政治においては政党は表立って活動しないことが多い。地方選挙における大量の「無所属候補」や「保守系無所属」の存在は，有権者に候補者の所属政党を意識させず

に投票してもらうという意図がある(中村, 1995；LeBlanc, 2004)。したがっ
て，有権者が支持政党にもとづいて選んだ議員や首長による政治という意味
での政党政治が成立しているとは言いがたい。

　地方において政党政治が発展しなかったことの理由としては，阿部によ
れば，とりわけ保守系政党の名望家政党体質，つまり大衆政党体質への脱
皮がなされなかったことが指摘されている(阿部, 1980, 68；石田, 1998,
100)。そして名望家政党体質を助長したのが，衆議院議員選挙の中選挙区
制であり，地域における大衆政党の発展と政党政治の定着を妨げてきた。

　日本において大衆政党が根付いてこなかったことは，国政レベルよりも都
道府県レベル，市町村レベルの地方議会の選挙になるほど保守系無所属議員
の割合が高くなり，地域によっては「7割から8割という保守系無所属の存
在」(福岡, 2000, 第4章)によっても確かめられる。1955年から38年に
わたって連続して日本の政権を担ってきた自民党の地方組織の実態は，名望
家たる代議士の系列による地方議員の個人後援会の集合であることは多くの
研究により指摘されている(森脇, 1984；谷, 1987；小林, 1991, 福井・深井,
1991；井上, 1992a；井上, 1992bなど)。55年体制の片翼を担った日本社
会党や民社党の地方組織は，その成り立ちゆえに企業城下町や工場が集中す
る町など一部の地域に偏っており，日本全体をカバーする大衆政党とは言い
難い。また，共産党や公明党などの組織政党はある程度整備された地方組織
を持つが，これら両党の地方組織とも都市部のみに浸透し，農村部までは浸
透していない。

　松下(2004)は，このような地方レベルにおける政党の現状から「政党は，
国・県・市町村をつらぬくピラミッド組織たりえず，市町村レベル，県レベ
ルでの議員ついで政党は，各自治体でそれぞれ自由な政策・制度開発に独自
責任を持って推し進めることになる」と述べる。「政党組織は市町村レベル,
県レベルの組織がそれぞれ自立する多元・重層型の柔らかい『市民型ネッ
ト』政党にならざるをえない」(松下, 2004, 83)のである。

　有権者の意識もまた地方における非政党性になじんでいる。日本人の投票
行動は政党所属意識(party identification)にもとづいて投票するアメリカの有
権者と異なり，個人的なコネクションによって決定されることが多い。この
傾向は国政選挙よりも地方選挙において強い(Flanagan, 1968；Richardson,
1988；川上, 2001)。投票行動に強い政党意識を必要としないことから，政

党配置が異なるレベルの選挙にまたがって個人としての一貫した投票が可能になるのである(Flanagan, 1971；Richardson, 1973；Flanagan, 1980)。

このように地方レベルに国政レベルと同じ政党構図が存在しないこと，つまり地方と国政で政党が連続していないことは，むしろ全国的な政治的安定をもたらすという見方も存在する。大森と佐藤(1986, 40)によれば，このような地方政治の状態は「さまざまな不満を全国的な党派抗争に巻き込むことなく，地方レベルで吸収する機会を作り出すことによって，全国レベルの政治的緊張を緩和する機能を果たしうる」のである。彼らはまた「国政レベルにおける政党の行動様式が，原理の異なる地方自治体にも無自覚のまま持ちこまれること」に疑問を呈している。

地方政治における非政党性は，必ずしも日本特有のものではない。例えばアメリカにおいては「道路を修復するのに民主党も共和党もない」という格言が存在するように，地方政治をnon partisanshipとして特徴づけようとする考え方が存在した(村松, 1975a, 455)。この考えから，19世紀後半のアメリカにおける構造改革者は，大選挙区制の導入によってマシーン政治の崩壊を目論み，地方選挙から政党を除外することを試みている。1996年の段階でもアメリカの人口5,000人以上の都市の76％が無所属選挙を導入している(平田, 2001, 13)。同じように，イギリスにおいても地方政治に政党は有害であるという見解が強く存在する(Kingdom, 1991)。コミュニティという小さな単位においては，対立の顕在化を嫌う傾向があるのは日本に限ったことではない。

b. 中立性

地方政治の非政治性を特徴づける第二は，地域の行政をおこなうにあたって政府は政治的に中立であるべきという規範論に見られる。地方の首長選挙において政党の支援を受けない候補が多い，もしくは多数の政党の支援を受ける相乗り候補が多いのは，多党制下で定数1を争う小選挙区制という選挙制度にも理由があるが(前田, 1995)，他方ではこの中立であるべきという規範論も理由として存在することが指摘されている(阿部, 1980, 75)。

村松(1975a, 421)の言葉を引用するならば，「地方政治の実際は，明治時代に原型を与えられた，地方を非政治的な行政の場とする構想に今なお支配されている」。例えば，行政学の分野で議論されている戦前戦後連続論と

断絶論は，双方とも地方における政治を否定する。戦前戦後連続論は，戦後も日本政治は中央集権的体質を継続しているゆえに地方行政は中央政治の一部にすぎないと捉える。その一方で，戦前戦後断絶論も戦後新たに出発した中央地方関係において政治は中央にあるとの見解から地方における政治性を否定するのである（長濱，1952）。長濱（1952，267）によれば，「地方自治は，政党政治に対して中立的というよりも無関係であることをその本質とする」。

　地方においては議会にも「政治」はなく，首長より下の行政機関にも「政治」はなく，したがって地方における政治とは選挙による首長職の争奪戦であった（村松a，1975，422）。リード（1990，64）の端的な表現を借りれば「地方政治の関心は『何を』というより『誰が』ということに向けられる」のであり，「誰が議長になるのかについては大変な政争が繰り広げられているが，候補者相互の間にはいかなる政策上の違いもない」のである。そして首長自身が，先述した地方政治の非政党性とも関連して，政党から距離を置こうとする。「かれらは自民からの公認がプラスには作用しないばかりか，住民や地域共同体の代表としてのイメージを悪化させると信じている」（Clark and Hoffman-Martinot，1998，244）のであり，首長選挙に出る候補者は「政治家としてではなく，行政官として政治を超越しているというイメージを与えるように努力」するのである（リード，1990，65）。

　地方政治における中立性の規範意識は有権者側にも見られる。三宅（1990）による1970年代の京都市民に対する調査は，「地方自治体は特定の政党の立場に偏るべきではない，その点，すべての政党から推薦されるのは，市民の大多数から支持が寄せられている証拠としてむしろ望ましい」という質問に対して，賛成を示す回答者が41％にのぼることを報告している。

c. 非自律性

　地方政治の非政治性を特徴づける第三は，地方政治の中央政治に対する非自律性にある。知事の例でいえば，戦後になって官選知事から公選知事に移行したものの，戦前の官選知事が戦後もそのまま公選知事として選挙で選ばれ続けるという事例は多く，官選知事時代の習慣が戦後も連続して持ちこまれていた。また，2000年に地方分権推進一括法が制定されるまで，日本の地方政治は大きな裁量権をもたず，知事の仕事の多くは国から委託された事

務的な機関委任事務を執り行うことにあった。

　日本の地方政治に政党政治が根付いておらず，国政レベルの政党がそのまま地方政治においても展開されるわけではないことは先述したが，地方政治が国政や中央官庁の動向から完全に独立しているわけではないことは，容易に想像できる。第3章で扱う国営公共事業が県に与える影響，第4章の衆院選における知事の選挙応援，第5章に見られるように知事選をはじめとする地方首長の選挙に中央政権の思惑が絡むことはその証左である。

（3）　非政治性のメカニズム

　以上，地方政治における非政治性を特徴づける非政党性，中立性，非自律性についてまとめた。これら3つの特徴をまとめて論じた山田（1965）による島根県の研究事例は，地方政治の非政治性の理解を深めるためにも紹介に値する。

　山田（1965）のResearch Questionは，島根県における高い投票率は選挙や政治に対する住民の高い関心に裏付けられたものであるのか，であった。つまり，島根県においては有権者が高い政治的関心を持つゆえに高い投票率となるのか，という疑問が山田の出発点である。分析の結果，有権者の投票行動には選挙に対する関心や政治意識とはほとんど関係がなく，依頼や動員による他律的投票行動が多く含まれることを示唆していた。山田は，トクヴィルやブライスが論じたように（Tocquieville，1835；Tocquieville，1840；Bryce，1888），地方政治というものは本来住民の手の届く範囲にあって政治的有効性感覚を得やすく，したがって政治的関心の高い参加が導かれるはずである，と考える[1]。地方政治は「住民の生活と経済に密接な関連をもっ

1　同系譜の議論は，Almond and Verba（1963），Dahl and Tufte（1973）においても論じられている。Almond and Verbaによれば，「政治上，行政上の問題は，地方の方がより理解しやすく，行政機関はより身近にあり，個々の市民が積極的に参加する機会は，全国的な行政レベルにおけるよりは地方的なレベルの方が，もっと大き」く（Almond and Verba，1963，121［訳書　1974，165］），したがって「政治的有力感は，国の政治に対してよりも地方の政治に対してより多く見受けられ」（ibid. 141［同185］），「地方レベルでの政治参加は，有力な市民の形成に主要な役割を果たすという古典的見解が支持される」（ibid. 144［同　189］）。Dahl and Tufte（1973）も同様に，人口規模が小さいほど政治参加の度合いが高い

ているとともに，知的，空間的な距離を感じてなじみにくい国政，県政とちがって，可視的に政治の実態を確かめることができる」（山田，1965，189）はずであるのに，島根県において他律的な投票行動が多いのはなぜか。山田の考察は以下の通りである。

地域住民の要求する事業を自力で推進していくことのできない地方財政の制約と，その財源を中央に仰がなければならないという地域社会のリーダーたちの意識が，住民の意識をも規定し，住民の政治関心の方向もまた，中央で政権を担当する政党へ強く吸引されていく，と山田は説明する。そして，このような地域リーダーたちの意識が地域社会に深く浸透し，地域社会の政治的経済的秩序とそこにおける意識と行動の様式が定型化されている，とする。すなわち「地域の支配秩序から生まれた規範論理としての支配的意識を，そのまま自己の意識とし，または無意識のうちに芽生え始める批判的，対立的意識の発見をみずから封じ込めて，一定の枠の中での政治的関心または政治的無関心の態度をとらなければならない」（山田，1965，190）のである。したがって，地方政治は，一丸となって中央と向き合うために，対立を封じ込め，中立であるべきであり，そして自律性を求めないのである。

このようにして，日本の地方選挙は，保守系政党を基本とする社会組織系列を通した「票固め」によっておこなわれ，投票は組織そして地域社会への忠誠度の証明としてなされる（Flanagan，1968；Richardson，1975；Curtis，1971；若田，1981，第10章；高畠，1980，288-289）。山田（1965）の指摘した地域が一体となって中央志向である点は，石川（1978）によって，とりわけ地方の「自民党願望」として指摘されている。1960年代の「知事選で，保守系無所属ではなく自民党が強かったのは，いわゆる中央直結によって開発の恩恵にあずかろうとした住民の願望によるところがおおきかったのである」（石川，1978，202）。

山田（1965）の議論は，地域政治における非決定権力の存在をも指摘している（Crenson，1971）。地域政治における政治的無関心，政治的対立の欠如は，既存の政治的経済的支配秩序にもたらされ，この秩序を動かしているリーダーたちの住民に対する権力とそれに同調する住民たちの意識であると

ことを指摘し，Blais（2006）は実証している。これらの議論は「全国民主主義のための地方自治論」（川崎，1994）でもある。

説明されるからである。山田によれば，これら固定化された秩序を打ち破る契機は情報の増加による環境変動である。事実，1960年代後半から保守批判そして革新自治体や住民運動が盛んになる。

　以上，山田(1965)による1950年代の島根県の事例を用い，1）地方政治という単位においては，対立するべき争点が非政治化し潜在化する可能性があり，したがって地方政治には政党や政治が好まれないこと，2）地方政治は中立であることが求められること，3）同時にそれは中央に頼らざるを得ないという非自律性によること，を説明した。

　この地方政治が非政治化するメカニズムは，2000年代の熊本県においても観察されるのであろうか。本書で取り上げる2003年から2004年当時の熊本県知事・潮谷の場合においても1）非政党性，2）中立性，3）非自律性を確認することができる。詳細は各章において後述するが，第3章で取り上げる川辺川ダム建設問題は，熊本県に国営の川辺川ダム建設するという国の直轄事業であり，この行政手続きに知事は制度上は全く関わることができない。潮谷は，この地方政府の非自律性に抗う形で住民大集会を開催し，ダム建設をいったん停止することに成功した。続く第4章では，その非自律性に屈する形で国政選挙の応援に参加する事例を取り上げた。地元選出の与党国会議員の存在は国政とのパイプ役という意味で重要な存在であり，選挙応援という行為に出た。知事による国政選挙応援は，いかに地方が中央に頼らねばならないかという地方政治の非自律性の証左であるが，一方で知事としての政治的中立性を批判されることになる。第5章では，潮谷自身が再選を目指す選挙において，非政党性を好んで県民党という形を目指した事例を詳述している。

2．二元代表制と知事

　本節では，地方制度における知事の位置づけについて概観する。一般に知事は一国一城の主とたとえられ，強大な権力を保持すると言われるが，地方政治におけるアクターは知事のみではない。知事に次いで重要なアクターは二元代表制の片翼である地方議会である。以下では日本の地方制度を特色づける二元代表制，知事と議会の関係，そして住民運動を通して，地方における知事の位置づけの変遷を把握する。

（1）　二元代表制における首長と議会

　日本における地方政治の2つの代表機関である首長と議会は，両者とも地域住民全体の代表者であると主張しうるものの，とりわけ首長に多くの権限を与えている点で，首長優位であると言われる。地方自治法が議会に関しては限定列挙主義をとり，首長に関しては概括例示主義をとっていることがその例証とされる(阿部・新藤，1997)。首長の地位と権力は行政の長であることにだけに由来するのではない。首長は法的に自治体を代表するにとどまらず，そのイメージにおいて自治体を象徴する存在である。

　首長に集中する住民の期待は，首長の権力を支える基盤でもある。アメリカ大統領について分析したNeustadt（1960）の大統領支持率の研究と同じように，住民の期待がある程度みたされている限り，首長の地位は安泰であるといってよい。首長選挙では，議員の選挙以上に現職候補の当選率が高いのは，こうしたメカニズムにもとづいている(阿部・新藤，1997，36)。

　地方行政を統括するのが首長であり，しかもその首長の地位が安定性の高いものであるとすれば，地方行政に何らかの期待を寄せる党派や集団はすべて首長とのつながりを求めることになる。逆に，首長とのつながりをもたない集団は，地方行政に影響力を行使するという点では厳しい立場にたたされることになる(阿部・新藤，1997，36)。

　これに対して，地方議会の発揮するべき役割は，地域社会における多種多様な争点を政治過程にのせること，それら争点に政策としての優先順位を与えて市民に示すこと，首長との競争と緊張関係を保ちつつ自治体の公的意思を形成していくこと，首長と職員機構による行政執行の適正さや有効性を評価し統制していくこと，にある(阿部・新藤，1997，48)。いずれにしろ，地方議会は1つの政治的価値観で彩られた一体性を持っていない[2]。首長との関係も政党によって定まる傾向にある(阿部・新藤，1997，48)。

　地方議会の権能が狭められている結果，地方議員は，執行部の影でその存

2　もっとも江藤(2004)の指摘では、制度上は日本の地方議会には与野党が想定されていない。議会そのものが一枚岩のアクターとして執行部の政策をチェックするという役割が期待されている。この点は，埼玉県志木市の市長をつとめた穂坂邦夫もインタビューにおいて「議会というのは本来的には全員が野党でいいわけです」と述べている(後，2004，99)。

在価値が薄められ，自分の選出基盤である「地元の利益代弁者に成り下がってしまうことが少なくなく，また，そうでなければ次回の選出もおぼつかなくなる」のである(佐藤，1990，39)。地方議員は，本来果たすべき議会の役割に代わって，事業等を自分の地元に引っ張ってくる「個所づけ」に強い関心を有し，それに有利な議長や土木・建設関係の委員長ポストの争奪に明け暮れ，職員の昇進や採用の人事に介入して「口利き」したり，あるいは土木請負や物件購入等の契約に関与してときに汚職事件にまで発展したりして，本来慎むべき分野に手を出すことになりかねない。

　日本の地方政治は，以上のように，強い首長に対して弱い議会という構図で語られることが多い。しかしながら，歴史的には二元代表制における首長と議会の関係は，政党との関係によって年代ごとに異なる図式が描かれる。

（2）　政党政治下の首長と議会

　日本の地方政治は，憲法93条の2に定められている二元代表制の規定，「地方公共団体の長，その議会の議員及び法律の定めるその他の吏員は，その地方公共団体の住民が，直接これを選挙する」を特徴とする。佐藤(1990)によれば，この二元代表制の理念は，アメリカから導入された。アメリカにおいては，首長を直接公選にすることによって，地方議会に蔓延する腐敗に対してチェックアンドバランスの機能を期待し，住民による民主的コントロールを強めたという背景がある(佐藤，1990，23-24)。

　戦後日本の地方政治にこの二元代表制が導入されたのは，戦前から戦後にかけての日本の地方政治においてはこの「弱い首長と強い議会」という認識が一般的であったことによる(西尾，1979)。アメリカ同様に，戦後日本の地方政治を牛耳る名望家や地方議会議員を牽制する目的で，首長を公選制にし，さらに首長優位の二元代表制が導入されたわけである。

　日本の地方自治研究はこの二元代表制を基礎として進められる。西尾(1979)によれば，1950年代後半の日本においては，「弱い首長と強い議会」という認識が一般にも学界においても支配的であった。1960年代の「革新首長」の登場とそれに続く住民参加の増加に関する先行研究は多く存在するが，その説明もやはり首長と議会の二項対立から出発する(西尾，1979；高寄，1981；村松，1988など)。例えば寄本(1986)の「四極構造モデル」は革新首長と議会の2つを中心とし，首長が議会牽制の補完として住民参加を

促したという説明をする[3]。1960年代から70年代にかけて多く見られた住民運動の台頭は，既存の行政の概念からは捉えることができず，新たな説明を要し（村松，1971），二元代表制を補完するものとして説明されたのである。言い換えれば，日本においては，地方「政治」は住民運動や革新時代において「発見」されたものということができ，大森（1986，209）の言葉を借りれば「革新首長を誕生させる民意の存在に，政治的競争の可能性を見出した」のである。

　革新時代の終焉とともに，地方においては1980年代から首長「相乗り」時代が到来した。これら相乗り知事の多くが官僚出身であることに着目した片岡（1994）は，官僚出身の相乗り知事の登場を政党側の需要と候補者たる官僚側の供給と説明している（ほかに前田，1995）。つまり，政党側は地方議会における与党として知事そして地方をコントロールする動機をもって官僚出身の知事選候補者をリクルートし，官僚側は省外における自らの進路の1つとして知事職に興味を示すのである。首長相乗りは，知事と議会の一体化という意味で地方行政の円滑運営というメリットがある一方で，首長選挙における相乗りに参加する政党が多いほど，議会本来の野党的機能は衰退することになるというデメリットもはらむ（大森・佐藤，1986，40）[4]。

　1980年代の地方政治における「相乗り」現象は，地方議会の与党化そして無風選挙をもたらし，有権者側の政治的関心にも影響を与え，1990年代においては国政レベルで有権者の政党離れが顕著になる（田中，1992）。この有権者の政党離れに呼応するのが1990年代後半から2000年にかけて目立つ「無党派」もしくは「改革派」知事の登場である（牛山，2000；同2001；同　2002）。例えば1995年に東京都知事選に当選した青島幸男や同年の大阪府知事選に当選した横山ノックは既成政党の支援を受けない無所属候補として出馬し，既成政党の支援を受けた候補を破って当選し，「無党派

3　四極とは，革新首長，議会，住民，職労であり，この4者のバランスによって革新首長が説明されている。
4　保革相乗り首長が票を集めたことの有権者側の説明として，川上（2001）は有権者が補助金獲得すなわち公共事業を評価基準として業績評価投票した結果であると説明する。首長相乗り選挙の分析に関しては他に今村（1991），石上（1999），河村（2001，2003），森（2001）など。

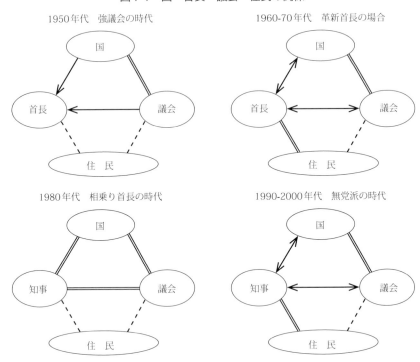

図1-1 国・首長・議会・住民の関係

知事」として脚光を浴びた[5]。またこの時期に登場するのが「改革派知事」であり，従来の保革イデオロギー軸ではなく，保守とリベラルという軸においてリベラルな首長が誕生する[6]。リベラルな改革派知事の多くは，国政における政党配置にとらわれないという意味で無党派知事と重なることが多い。

　図1-1は以上の国・首長・議会・住民の関係を，その時代に特徴的な首長

5　ただしWiener（2004)は「無所属知事」そのものの数は全体数に比して少ないことを指摘している。
6　地方政治におけるリベラルは，地方自治体の財政危機に対して財政縮小と行政の効率化を目指し，したがって公共事業費を抑制し，相対的に社会保障費の占める割合が上がる。これら改革派はClark and Hoggmann-Martinot（1998）の主張するNew Political Cultureに含まれる。

を代表させておおまかに描いたものである[7]。首長と議会の二元代表制の関係を基本とし，中央政党や官僚そして住民といった他のアクターを参入させるという先行研究の構図から，「住民」が登場するのは革新首長と無党派首長の時代のみであることに気づく。住民は，選挙を通して首長と議会の双方に関与しているが，相乗り時代には投票率の低下つまり有権者の地方政治からの「退出」がみられる[8]。首長と議会の関係において住民の積極的な参加が見られるのは首長次第であることが推測でき，その意味でも首長の行動が注目される。以下では，住民運動と首長がどのような関係にあるかについてまとめる。

（3）　首長と住民運動の関係

　本節では，まず日本における住民運動とその評価についてまとめる。次に，首長がそれら住民運動とどうかかわったかについて，首長と議会との関係から述べる。

　日本において住民運動が頻出した時期は，アメリカの住民運動そして公民権運動の時期と一致する（西尾，1975）。アメリカにおいては，これら住民運動，公民権運動，そして市政改革運動といったインフォーマルなパワーとしての参加の増大に対して，制度化する方向がとられた。その結果，市政改革運動に発する市民参加は，フォーマルに市政に参加することを選んだ。例えば，市民ネットのように議員を送りこむ場合もあれば，オンブズマンのように外部監査機関として監視する場合もあった。これらの運動は，内容も次第に専門化し専門的市民機関となった。同時にこれらの運動が，一般市民の参加を保障する制度，リコールやレファレンダム，イニシアティブなどを制

7　図1-1は特徴的な首長を描いており，図にはあてはまらない例外も多く存在する。国と地方議会の関係を二重線の「連携」で描いたのは，中央政権においても自民党が多数派であり続け，自民党政治における国と地方の連携が存在することによる。これら自民党の中央・地方関係については，Curtis（1971）のほか，谷（1987），福井・深井（1991），井上（1992）など。

8　統一地方選挙における知事選投票率（平均）は1975年の71.92％から下降し続け，1991年に54.43％を記録した。以後は上昇と下降を繰り返している（総務省発表資料「目で見る投票率」）。

定し，また行政委員会や公聴会を設置した[9]。これら制度化された直接民主制の手段は，実際には広く市民が利用できるものではなく，特定のグループが自らの利益を実現させるために利用しているケースが多い（小野，2003）。なぜなら，こういった制度を利用するには，現実には活動資金が必要だからである（Cronin，1989）。したがって，アメリカにおける市政改革運動に端を発する住民参加の制度化は，広範な参加を促すというよりも高度に専門化した専門的市民運動となる。アメリカの住民参加が少数派利益の過少代表を改善する手段として，政党が果たしていた機能の代替として理論化されるのはこのためである。そしてまた，行政の専門化に対するアマチュアリズムの復権として評価されることにもなる。

　一方，日本における住民運動は，新たな参加の手段として萌芽したものの，制度化されることなく終焉する[10]。住民運動は，1960年代や70年代に目立って見られるが，そもそも制度化されていない手段としての住民運動という運動の形態そのものは新しいものではない。住民運動は「百姓一揆にまでさかのぼり，その種類は，日照権や保育所建設など個別の請願・圧力運動から，三里塚や水俣などの実力行使をふくむ抵抗運動にいたるまで多様にわたっている」（高畠，1979，355）。これら住民運動は，アメリカにおける住民参加の解釈と同様に，制度化された政治参加の手段としての投票制度が機能障害を起こしたことによって，新たな利益表出機能としての圧力団体が生まれ，それに呼応するものであると位置づけられ（石田，1970），議会が機能不全を起こしているからこそ住民参加が意味をなすと解釈される（佐藤，1990，137）。つまり，地域においては二元代表の一翼である議会に代わるチャネルとして住民運動は位置づけられる。

　しかしながら，日本においては，これら新たな参加の手段として解釈された住民運動に対して，有識者のあいだで厳しい意見が続く。住民運動は「地域エゴイズム」として批判されたのである。佐藤（1990）は，住民運動の特

9　日本では，もともと地方自治法に直接請求権，直接請求にもとづかない監査請求権，請願権を，住民の権利を担保するために必要な制度として用意されている（地方自治法74，75，76，80，81条）。

10　鬼塚（2000）の指摘では，市民組織は経済的な利益で結びついていないからこそ，常に成員の活動のインセンティヴを与え続け，未来の利益に対する欲求を掘り起こし続けねばならない。

色は第一に，共通性を持たないほどに多様であること，第二に運動参加者の直接的利害に関わるいわば部分利益の主張がおこなわれること，第三に本来は自分たちの一部の利益に過ぎない主張や要求を公共的なものとして正当化するための努力である（佐藤，1990，120），と言い切る。さらに，住民運動は自発的市民の自発的組織化である，したがって「ヒマと教養」のある人々の運動だったのであり，社会の底辺には「ヒマと教養」に恵まれず，しかも日常の生活要求を持った「黙々たる多数」の人々がいる，と天川（1974，342）は指摘する。

　いずれにしても，日本における住民運動は，参加運動を受容する制度が整備されることがなく，多元化した集団の統合は進まず，目立った成果もなく終焉を迎えた（西尾，1979）。現実に，住民運動が政策に与えた影響は低く，小林ら（1987）の調査によれば，地方行政の幹部たちの政策決定における諸アクターの影響力のうちで行政に直接携わっていない住民たちの影響力は著しく低い評価しか与えられていないことが報告されている。とりわけ，1973年の第一次オイルショック以降の地方財政危機において，自治省官僚を先頭にして体勢を立て直した自民党とその連合によって住民運動は追い払われた（高畠，2001）とされ，以後は官僚機構と政党組織が中心となって相乗り時代を迎えるのである。

　一方で，革新時代における日本の住民運動を肯定的に評価する解釈もある。1970年代から80年代にかけて住民運動はむしろ一般化・日常化し，報道の対象にならなくなったにすぎない（高畠，2001）とし，住民運動は制度化されていない住民参加の手段として日常化し，確保されているという見方である。このように，住民運動が参加のもう1つのチャネルであるという解釈に加えて，中央-地方という視点をもち，地域レベルの住民運動が中央レベルの政治に与える影響に言及していたのが村松（1975b）である。村松は，「むしろわが国の政治の転換を促す力は，最初に地方政治の中に生まれたようである」（村松，1975b，73）と述べ，「人々は巨大な保守勢力に対する『批判』として地方レベルの選挙を使っている」のであり，「社会主義政党により強く傾斜したというより，一枚岩的な権力構造に対する批判の場を地方自治に，その勢力を左翼系野党に見つけたのである」と解釈する（村松，1975b，79）。村松は，地方政治を中央政治の民主主義的代表機能を補正するチャネルとして捉えているのである。日本政治の変化が地方から起こると

いうダイナミズムの議論は実証されているわけではないものの[11]，日本の地方政治が中央政治に対する住民の意見表明の場として利用されうる可能性を述べている。

　これらの住民運動や市民運動に対して，首長が自らの権力のリソースとして利用しているという指摘は多い。例えば，革新首長の多くが直接民主主義を提唱し，市民との対話を掲げ，あるいは超党派的な「市民党」を名乗る政治的動機をもつ（西尾，1979）。つまり自治体首長が市民運動を喚起する動機は３つある。第一に，革新首長が少数与党であり議会の多数が野党である場合，強い市民の支援によって立場を補強し，議会を牽制するという動機がある。第二に，市民運動という世論の力を背景にし，企業もしくは国に対して市民との連携をアピールする動機がある。第三に，専門化する職員機構に対し，市民による行政批判をおこせば職員機構の偏向と欠陥を首長は容易に発見することができる。つまり，地方自治体の首長は，議会に対して，国や企業に対して，そして部下である職員に対して，住民運動や市民運動を後ろ盾にする動機がある。実際，後（2004，98-99）は，志木市長であった穂坂邦夫に対するインタビューで以下のような発言を引き出している。「議会で「民意だからあれをやれ，これをやれ」というのが多いのです。本当だろうかと思ってしまうわけです。それで首長としては，今度は直接民主主義的な手法に動くわけです」。

　もっとも市民参加が権力側の戦略に取り込まれる可能性は，日本の地方政治における二元代表という構図に限らず，広く政治一般に見られる現象であることを篠原（1977）は指摘する。「賢明な統治者は統治の経済のためにむし

11　Clark and Hoffman-Martionot（1998）も地方レベルにおける変化が国政へ影響することを主張し，とくに地方レベルにおいて新しい価値観を持つリーダーが顕著に出現し新しい政策を実現させていると指摘する。日本における国政レベルの変化が地方から起こることと関連して，地方選挙結果が国政選挙結果を先取りするという視点での分析したものに河野（1994），岩淵（1996）がある。また，大森（1986）は地方政治が国会議員のキャリアスタートの場となること，地域政党が全国政党化するという意味で，政治の変化は地方から起こりうることを主張した。実際，地方政治家から国政レベルの政治家とキャリアを積み重ねていく政治家は多く，2010年に結成された大阪を基盤とする大阪維新の会がのちに国政政党である日本維新の会の母体となったように地域政党が全国政党化する例もある。

ろ市民の参加を歓迎する。たとえ時間はかかっても，強制よりはエネルギーの節約になり，はるかに能率的であることを知っているからである。さらに，現代の巧妙な統治者は反対運動を抑圧するために，故意に市民運動を起こし，運動と運動を対決させることによって，反対をのりこえ，市民の支持を得たという形で施策を行うことすらある」（篠原，1977，78-79）。

　もちろん，これらの首長による市民運動利用は，議会迂回説という危険性をもっている。市長が市民と対話して政治を進めていくのであれば，地方議会の存在意義が問われることになる。実際多くの地方議会において「住民直結」の首長の姿勢は批判されるのである（村松，1988）。

　しかしながら，住民運動ひいては市民参加が民主主義を促進するという見解は否定されない。そもそも住民運動は，既存の行政や政治システムが機能不全をおこしているときに，住民の利益を反映させる別個の仕組みとしてとらえられ，システムを補完する存在であると解釈される。地方政界において首長の側から積極的に住民参加の促進としてこの補完システムが多用されたことは，首長による「機能低下を抑止するための有力な１つの現代的な試み」でもある（佐藤，1990，137）。また，二元代表制における３極目として住民をとらえ，政治過程におけるアクターの増加はアクター間の相互作用を活性化させ，地方を政治化し，民主主義を促進する可能性もある（寄本，1986，181）。政治参加が蒲島（1988）の言うように「政府と市民の選好の矛盾を穏やかに正す働きがある」のならば，住民運動はまぎれもなく健全なる政治参加の１類型であろう。

3．知事を中心とした地方政治

　非政治性が指摘された地方政治において，二元代表制の一翼である知事はどのような行動をとるのであろうか。本節では行政者でもあり政治家でもある知事の行動について概観する。

（1）　知事の前職と行動原理
a．知事の前職
　知事の前職はその後の県政運営に大きな影響を与える。言い換えれば，知事の県政運営手腕は知事の前職時代の経験にもとづいている。知事職のリク

表1-1 2000年春の知事と前職一覧

都道府県名	知事	当選回数	前職
北海道	堀達也	2	県幹部
青森県	木村守男	2	衆議院
岩手県	増田寛也	3	建設省
宮城県	浅野史郎	3	厚生省
秋田県	寺田典城	3	横手市長
山形県	高橋和夫	2	県幹部
福島県	佐藤栄佐久	5	参議院
茨城県	橋本昌	4	自治省
栃木県	福田昭夫	1	今市市長
群馬県	小寺弘之	4	自治省
埼玉県	土屋義彦	2	参議院
千葉県	堂本暁子	2	参議院
東京都	石原慎太郎	2	衆議院
神奈川県	岡崎洋	2	大蔵省
新潟県	平山征夫	2	日銀
富山県	中沖豊	5	自治省
石川県	谷本正憲	3	自治省
福井県	栗田幸雄	4	自治省
山梨県	天野健	3	石和町長
長野県	田中康夫	2	作家
岐阜県	梶原拓	3	建設省
静岡県	石川嘉延	4	自治省
愛知県	神田真秋	2	一宮市長
三重県	北川正恭	2	衆議院
滋賀県	國松善次	2	県幹部
京都府	荒巻禎一	4	自治省
大阪府	太田房江	2	経産省
兵庫県	井戸敏三	2	自治省
奈良県	柿本善也	4	自治省
和歌山県	木村良樹	2	自治省
鳥取県	片山善博	2	自治省
島根県	澄田信義	5	国鉄理事
岡山県	石井正弘	3	建設省
広島県	藤田雄山	3	参議院
山口県	二井関成	3	自治省
徳島県	圓藤寿穂	2	運輸省
香川県	真鍋武紀	2	農林省
愛媛県	加戸守行	2	文部省
高知県	橋本大二郎	5	NHKアナウンサー
福岡県	麻生渡	3	通産省
佐賀県	井本勇	3	県幹部
長崎県	金子原二郎	2	衆議院
熊本県	潮谷義子	2	副知事1年
大分県	平松守彦	6	通産省
宮崎県	松形祐堯	6	農水省
鹿児島県	須賀龍郎	1	県幹部
沖縄県	稲嶺惠一	2	会社役員

注)県幹部とは県総務部長・副知事経験者

ルートメント過程に注目して分析した片岡(1994)は,強力な知事候補はどんな背景やリソースを持つのかという視点から知事の前職について分析している。それらのリソースはそのまま知事に就任しても引き継がれる。

2000年4月当時の知事の一覧と彼らの前職は表1-1の通りであり,表1-2はその集計である。官僚出身の知事が47人中24人と半数以上を占め,その中でも旧自治省出身が全体の4分の1を占めている。次いで,衆議院議員や参議院議員など国政経験者8人,県職員生え抜きとして総務部長や副知事など地方行政幹部経験者5人,地方自治体首長経験者4人,このほか,国鉄・日銀・NHKから各1人ずつである。残る3人は,作家である長野県知事・田中康夫,会社役員であった沖縄県知事・稲嶺惠一,そして民間児童養護施設園長のち1年間の副知事経験を経た熊本県知事の潮谷義子である。このように日本の知事たちは多くが,官僚・国政政治家・県幹部・地方政治家出身である。

片岡(1994)の著作のタイトル『知事職をめぐる官僚と政治家』は日本の知事職のリクルートメント供給源を端的にあらわしている。

官僚と政治家は知事となるために有利なリソースを持つ。彼らは、もともと県政への直接的・間接的な参加者である。職業的経験を通じて知事となるために直接に役立つ政治的・行政的資質を磨き、前職時代に県政に関する膨大な量の内部情報を手に入れることができ

表1-2　知事の前職分類（2000年春）

分類		人数
官僚	（自治省）	12
	（その他）	12
国政議員	（衆院、参院）	8
県幹部	（総務部長、副知事）	5
地方自治体首長	（市長、町長）	4
国営・公社	（国鉄、日銀、NHK）	3
その他	（作家、園長、会社役員）	3
合計		47

る。官僚は、政策的知識や県行財政の運営管理経験をもち、政治家は選挙民に対する長年の働きかけによってたくさんの支持者を持ち、活動家を組織している。これらは知事候補選考過程のみならず、知事となってからの手腕にも反映され、求められる。

　とりわけ、1980年代に官僚出身の知事候補が求められた理由について、片岡（1994）は以下のように考察する[12]。第一に、官僚自身の政治的中立性という政治意識が、日本の地方政府をめぐる政党イデオロギーの問題すなわち戦前から続く地方政治の非政党性という官僚支配的な考え方に合っていたことにある。第二に、管理者的エリート論にもとづく、官僚の行政実務能力への高い評価があげられる。とりわけ地方財政危機の中で行政の専門家としての能力と中央直結の有利性は高く評価された。第三に、候補者を擁立する政党側において人材育成が未熟であること、そして政治的中立性を保つ官僚は各政党が相乗りしやすいという点である。つまり、1980年代は政治的中立性と行政実務知識が知事職に求められている時代だったのであり、官僚出身の知事はこれら時代の要請にかなった県政運営をおこないえたのである。

　官僚と政治家は、必ずしも片岡の説明にあるように、保守知事を供給するわけではない。この現象は片岡がカバーしていない1990年代後半から顕著になる。当時のメディアの言葉で言えば「改革派知事」[13]、そして1980年代の相乗り知事と対照的に全ての政党の支援を受けずに選挙にのぞむ「無党派

12　高寄（1981）やReed（1981）も同様の理由を述べている。

13　改革派知事の定義は様々であり、改革派知事というものは「神話」にすぎないと説明するものとしてWeiner（2004）、改革派知事たちの政策効果に関しては三田（2004）。

知事」[14]である。これら改革派知事や無党派知事たちも官僚や政治家出身であることに変わりはない。したがって，改革派知事や無党派知事たちの知事としてのリソースもまた，保守知事と同じ職業的経験によるものである。まとめると，どの時代においても日本の知事たちの前職は「官僚と政治家」であり，知事の権力のリソースはこれら前職時代の職業経験とは密接な関係がある。

b. 知事の行動原理

　知事のリソースがいかに前職にもとづいているものであるか，その実例は後述する各節において述べる。その前に，そもそも知事の権力というものが，行政制度上どのように位置づけられているか，知事の行動原理が政治学上どのように分析されるのか，について述べておきたい。

　知事は行政者と政治家の2つの顔をもち，したがって知事の権力は法的権限と政治的影響力に分けることができる。片岡（1994）によれば，知事は法的権限（人事権，予算編成，条例提出，許認可権限）を通じて，県民の信頼にもとづき，自分の政策的・政治的目標を追求できるのであり，その結果は政治的な意味をもつ。その意味で，知事の権力行使は政治的影響力を持つといえる。

　それでは，これら権力を保持する知事の行動原理は何であろうか。政治学においては，一般的に政治家の行動を再選インセンティヴと昇進インセンティヴによって説明する（Mayhew，1974）。しかしながら，知事職の場合は再選インセンティヴも昇進インセンティヴも希薄である。例えば，日本の知事は再選を意識する機会が少ない。彼らは4年間の任期をほぼ保障されており，任期中辞職は議会の不信任案可決による失職[15]もしくは自身の逮捕による引責辞任といった稀なケースとなる。多くの議会議員が再選インセンティヴに突き動かされるように，常日頃から有権者と交流し「辻立ち」や「会報

14　政党の支援を受けないもしくは無党派知事に関する研究は牛山（2000，2001，2002）。

15　地方議会の不信任案可決によって議会解散をおこなわずに失職した例は2000年代に入るまで皆無であったが，2002年7月の長野県議会，2003年2月の徳島県議会，2006年12月の宮崎県議会の例がある。

発行」を欠かさないのに対し，知事は日常的に再選を意識することがない。

　知事には，キャリアパスにもとづく昇進インセンティヴも存在しない。多くの官僚や政治家が知事職を最終キャリア目標とする。知事職を経て国政に出る政治家も存在するが[16]，それは国政に出ることを目的として知事をつとめているわけではない。近年では官僚出身の知事に代わって国会議員出身の知事が若干増えつつある。

　したがって，政治家の一般的な行動を説明する再選インセンティヴや昇進インセンティヴは知事の行動にあてはめるには適さない。知事の行動原理を説明するには，自己実現や信条にもとづく行動，つまり政策追求のインセンティヴの方が適切である。以下では，行政者としての知事，政治家としての知事，そして知事の支持率について考察する。

（2）　行政者としての知事

　知事は，県政府の取るべき方針を定め，人事権によって官僚組織を，予算権によって財政をコントロールし，施策を進めてゆく存在である。行政者としての知事の権力は「権限」と称されることが多い。8期目の熊本県議会議員である古閑三博は「知事には権力なんてありゃせん，あるのは権限だ」と述べた[17]。この発言は，知事の政治的権力を牽制する含みをもつ議会人としての発言ととることができる一方で，法的に制度化された行政者としての知事の権限のみを認め，政治家としての知事の裁量を保障する法的強制力はないという本質をついている。

　この制度上の知事の権限がそもそも巨大であるとされている。どんな知事であろうとも，知事は制度上は県庁を統率する存在であり，議会に対しては執行機関の長である。一国一城の主に例えられる知事は，時には（議会との関係において）アメリカ大統領よりも大きな権力を保持しているとされる。アメリカ大統領は法案提出権や連邦議会の解散権を持たない。これに対して，日本の知事は条例を含む広汎な議案提出権を有する上，議会が首長の不信任を議決することができるのに対し，首長も不信任議決後10日以内に議

16　例えば，熊本県では，円滑な知事交代を目的として知事退職後に自民党が参議院議員ポストを用意することがある。沢田一精がその例である。

17　2003年3月，熊本県菊鹿町，インタビュー。

会を解散できるからである[18]。さらに，2000年に地方分権推進一括法が施行されて以来，知事の権限はさらに増えた。これまでの機関委任事務が法定受託事務となり，知事の裁量の範囲は格段に広がった。

　はたして実際の日本の知事たちは，自らの政治的選好を政策に反映でき，以前よりも権限を発揮できているのであろうか。知事が所有する法的権限は，主に人事権，予算編成，条例提出，許認可権限である。これらの権限は最大限に利用すれば，確かに巨大な権力を生み出すに違いない。しかしながら後述するように，新米知事は職員と議会に柔軟に対応していかねば，いかなる施策も実現できないのである。

　第一に，人事権の実態は，幹部クラスの人事のみである。課長以下の人事にまで干渉する知事は滅多におらず，たいていは人事課の独壇場である。幹部クラスの人事にしても，議会からの推薦そのままであるか，もしくは議会への相談なしに決めることは難しい。とりわけ副知事の人選に関しては議会の承認が必要となるため，議会の意向を無視することは事実上不可能である。第二に，予算編成は，市町村の首長たちに向かう限定的な権力である。高度経済成長時代とは異なり，限られたパイの中での予算編成は，権力を生み出すというよりもむしろ調整力を必要とされる。市町村の首長たちは，知事に対して陳情をおこなう。直接的な陳情は「知事に会っていただく」という力関係になるものの，間接的には議員や職員を通しての陳情となり，媒介者である議員や職員と知事の関係によっては，知事に対する圧力と形を変えることが多い。第三に，条例提出は，議会の承認が必要である。質問とりや答弁調整といった事前根回しをはじめ，条例案引き下げやバーター取引など議会対策に四苦八苦する知事は多い。第四に，許認可権限は，知事よりもむしろ職員たちが保有する権力である。許認可権限を十分に発揮させるためには，職員以上の強力なリーダーシップが必要となる。

18　不信任案可決は，2002年7月長野県議会，2003年3月徳島県議会，2006年12月宮崎県議会の例があるがいずれも，議会を解散させていない。長野県は前職知事・田中康夫が失職後の再選挙において再選，徳島県は前職知事・大田正が失職後の再選挙において落選した。宮崎県知事・安藤忠恕は，不信任案可決を受けて引責辞職した。なお，2004年10月の高知県知事・橋本大二郎の例は，不信任案可決ではなく辞職勧告決議である。これは法的効力をもたないが，橋本は自主的に辞職し，再選挙となった。

第1章　地方政治における知事　33

　日本の知事たちが，権限を存分に発揮できない理由は，そもそもルーティンワークが多いことに加えて，職員との力関係，議会との力関係の2点に理由がある。以下では，第一に，ルーティンワークについて，第二に，知事と職員の関係，第三に，二元代表制のもとで議会との関係について述べる。

a.　知事のルーティンワーク

　知事の日課は多忙である。秘書課もしくは私設秘書がスケジュールを一手に引き受けて管理する。知事のスケジュールは毎日分刻みであり，週末も予定が入る。首都圏以外の知事であるならば，平均して月に3，4回は出張がある。県庁所在地から東京までなら日帰り出張となることも多い。完全な休日は月に1回程度であり，それは秘書が知事の体調を考慮して確保した休日である。アポイントメントなしの訪問客も受けざるを得ないことが多いことから，スケジュール表は毎日刻々と書き換えられ，本人は覚えられないので秘書が管理する。あまりに多忙で議会中に内職する知事もいる。

　具体的に知事はなぜ忙しいのであろうか。以下では知事の県内における基本的な業務は，行事の出席・挨拶，議会への出席とそれに対するレク，県が主導する行事の3点，そして県外への出張を説明する。

行事の出席・挨拶　行事への出席・挨拶が膨大な時間を占めていることは，知事の「充て職」の多さから伺い知れる。例えば2003年に熊本県知事であった潮谷義子の場合，2003年6月時点で保有している肩書きは，熊本県・九州・全国の団体を含め100近くある（表1-3）。各団体が年1回会合を開き，それに知事が出席するという単純計算で3日に1回はどこかの会合で挨拶していることになる。このほか，知事は県内各種の私的な会合において来賓とりわけ主賓扱いで招かれることが多い。これらの来賓挨拶は副知事や担当部局の長が代理出席することもある。

　講演依頼も多く，週に一度は1時間ほどの講演をこなす。各自の専門や得意とする分野における講演のほか，地域経済や知事として県政全体に関わる講演もある。また，各種出版誌からインタビューを受けることも多く，平均的な知事で月に2回ほどはインタビューの時間が入る。

　団体や個人の表敬訪問も1週間に数度あり，知事室において各団体・個人の表敬を数分刻みのスケジュールで受ける。県内各市町村の首長たちの陳情が最も多く，彼らは地域ごとの首長会や議長会などといった団体で来る。次

表1-3 熊本県知事潮谷義子の充て職一覧(2003年6月)

	団体名	役職	備考	構成		
環境・保健関係	地域づくり団体熊本県協議会	会長		熊本	公	歴任
	熊本地域地下水保全対策会議	議長		熊本	公	歴任
	熊本県フロン回収・処理実施協議会	議長		熊本	公	潮谷から
	熊本県リサイクル推進県民会議	会長		熊本	公	歴任
	(社福)熊本県社会福祉協議会	会長		熊本	民	歴任
	熊本県献血推進協議会	会長		熊本	公	歴任
	日本赤十字社熊本県支部	支部長		熊本	民	歴任
	(財)国際保健医療交流センター	理事	理事長 蟻田功	熊本	民	歴任
	(財)熊本県健康管理教会	理事	会長 坂本榮吉	熊本	民	歴任
	(財)熊本県成人病予防協会	会長		熊本	民	歴任
	(財)熊本さわやか長寿財団	理事長		熊本	民	歴任
	熊本県青少年問題協議会	会長		熊本	公	歴任
	日本ボーイスカウト熊本県連盟	連盟長		熊本	民	歴任
	九州ラジオ体操連盟	会長		熊本	公	潮谷から
	体力つくり熊本県民会議	会長		熊本	公	歴任
	熊本県国際協会	会長		熊本	民	歴任
	菊池川流域古代文化研究会	会長		熊本	公	歴任
	水俣病患者医療生活保障基金運営委員会	委員長		熊本	公	歴任
	(財)藤楓協会熊本県支部	支部長	ハンセン病啓発	熊本	民	歴任
	(財)人権教育啓発推進センター	理事	理事長 宮崎繁樹	全国	民	個人
	(財)熊本県立劇場	理事長		熊本	民	歴任
	(財)国立公園協会	評議員	理事長 田村久仁夫	関係県	民	歴任
	(財)休暇村協会	理事	会長 正田康夫	関係県	民	歴任
	(財)自然公園美化管理財団	理事	理事長 正田康夫	関係県	民	歴任
防犯・防衛関係	熊本県薬物乱用対策推進地方本部	本部長		熊本	公	歴任
	熊本県交通安全対策会議	会長		熊本	公	歴任
	熊本県交通安全推進連盟	会長		熊本	公	歴任
	熊本県水防協議会	会長		熊本	公	歴任
	熊本県石油コンビナート等防災本部会	会長		熊本	公	歴任
	熊本県防災会議	会長		熊本	公	歴任
	九州沖縄地区防衛協会連絡協議会	会長		九州	民	歴任
	熊本県防衛協会	会長		熊本	民	歴任
	(社)熊本県防犯協会連合会	会長		熊本	民	歴任
	熊本県英霊顕彰会	会長		熊本	公	歴任
	熊本県広報協会	会長		熊本	公	歴任
	熊本県金融広報委員会	会長		熊本	公	歴任
労働関係	熊本県労働問題政労使会議	座長		熊本	公	潮谷から
	地方職員共済組合熊本県支部	支部長		熊本	公	歴任
	(財)熊本県雇用環境整備協会	理事長		熊本	民	潮谷から

表1-3　熊本県知事潮谷義子の充て職一覧（2003年6月）（続き）

	団体名	役職	備考	構成
産業関係	(社)日本栽培漁業協会	理事	理事長　今村弘二	全国 民 潮谷から
	熊本県農業コンクール大会	総裁		熊本 公 歴任
	(社)農村環境整備センター	評議員		全国 民 歴任
	全国過疎地域自立促進連盟	理事	会長　佐藤栄佐久	全国 民 歴任
	大規模林業圏開発推進連盟	理事	会長	関係県 公 歴任
	(財)建設業情報管理センター	理事	理事長　中川澄人	関係県 民 歴任
	(社)建設広報協議会	会員	会長　豊蔵一	全国 民 歴任
	中央建設業審議会	委員		全国 公 個人
	熊本県畜産振興会	会長		熊本 公 歴任
	熊本県産牛消費拡大推進協議会	会長		熊本 公 歴任
	地域新事業創出促進連絡協議会	会員		全国 公 歴任
	(財)九州産業技術センター	理事	会長　川合辰雄	九州 民 歴任
	(財)熊本開発研究センター	理事	理事長　長野吉彰	熊本 民 歴任
	(財)熊本県企業化支援センター	理事長		熊本 民 歴任
	(財)くまもとテクノ産業財団	理事長		熊本 民 歴任
	(社)熊本県物産振興協会	会長		熊本 民 歴任
	(社)熊本県蚕糸振興協力会	会長		熊本 民 歴任
	(社)九州・山口経済連合会	特別顧問	会長　鎌田	九州 民 歴任
	(財)九州経済調査協会	顧問	理事長　今村昭夫	九州 民 歴任
	(財)西日本産業貿易見本市協会	理事	理事長　高田賢一郎	九州 民 歴任
	全国小売商業対策推進連絡協議会	幹事	会長　橋本昌	全国 公 歴任
	伝統的工芸品産業振興連絡協議会	会員	会長　山田啓二	関係県 公 歴任
	国際産業交流推進協議会	会員	会長　加戸守之	関係県 公 歴任
	環黄海経済・技術交流推進協議会	委員	会長　大野茂	関係県 公 歴任
	九州経済国際化推進機構	会員	会長　大野茂	九州 公 歴任
国土・基盤関係	九州縦貫自動車道 熊本以南建設促進期成会	会長		熊本 公 歴任
	九州横断自動車道 延岡線建設促進協議会	副会長	会長 松形祐堯 (宮崎県知事)	関係県 公 歴任
	南九州西回り自動車道建設促進協議会	副会長	会長 須賀龍郎 (鹿児島県知事)	関係県 公 歴任
	九州高速自動車道建設期成同盟会	理事	会長 麻生渡 (福岡県知事)	九州 公 歴任
	全国高速道路建設協議会	理事	会長 石川嘉延 (静岡県知事)	全国 公 歴任
	熊本県新幹線建設促進期成会	会長		熊本 公 歴任
	熊本空港国際線振興協議会	会長		熊本 公 歴任
	九州新幹線・肥薩おれんじ鉄道 開業記念事業推進本部	推進本部長		熊本 公 潮谷から
	熊本県新幹線県民運動本部	会長		熊本 公 歴任
	九州新幹線建設促進期成会	委員	会長 麻生渡 (福岡県知事)	関係県 公 歴任

表1-3 熊本県知事潮谷義子の充て職一覧(2003年6月)（続き）

	団体名	役職	備考	構成
国土・基盤関係	(株)熊本空港ビルディング	取締役	代表取締役 河野延夫 (元熊本県出納長)	熊本 民 歴任
	九州航空宇宙開発推進協議会	副会長	会長 大野茂	九州 民 歴任
	全国地域航空システム推進協議会	副会長	会長 堀達也 (北海道知事)	全国 公 歴任
	全国空港建設整備促進協議会	理事	会長 谷本正憲 (石川県知事)	全国 公 歴任
	(財)国土計画協会	評議員	会長 伊藤滋	全国 民 歴任
	国土審議会	委員	会長 秋山喜久	全国 民 個人
	国土総合開発促進協議会	会員	会長 市川一朗	全国 民 歴任
	新国土形成研究会	会員	代表理事 真鍋武紀	全国 公 歴任
	太平洋新国土軸構想推進協議会	委員	代表理事 廣瀬勝貞	関係県 公 歴任
	社会資本整備推進地方連合	構成県	座長 梶原拓 (岐阜県知事)	関係県 公 歴任
	九州地方交通審議会(熊本部会)	特別委員		九州 公
一時的イベント	第4回APEC人材養成大臣 熊本会合推進協議会	会長		
	くまもと県民環境フェア実行委員会	会長		
	2002年ワールドカップサッカー大会 キャンプ地招致委員会	会長		
	第24回全国菓子大博覧会九州in熊本 実行委員会	代表		
	忠清南道花博参加実行委員会	会長		
	第40回技能五輪全国大会 熊本県実行委員会	会長		
	第26回全国障害者技能競技大会 熊本県実行委員会	会長		
	平成13年度全国高等学校総合体育大会 熊本県実行委員会事務局	会長		

に多いのが，国の出先機関の長・全国企業の地元支店長・地元企業トップたちの新任や季節の挨拶である。例えば国税局の支部長，ＮＴＴの支店長，日銀支店長，地元銀行頭取などである。このほか，県による表彰，スポーツ選手など他からの表彰の報告，お礼などで知事室を表敬訪問する各種団体や個人がある。これら団体の場合は，たいていどこの都道府県でも写真入りでホームページに公開されている。各種団体から揮毫を依頼されることもあり，1年に2，3日は揮毫のために2～3時間を確保する。

秘書がこれら挨拶・講演・表敬・揮毫などの依頼を引き受ける基準は，秘書によれば「公正性」にある。公正性について秘書課で判断したのち，依頼

を引き受けるか否かをコメントつきで知事にみせ，知事が最終判断することとしている。公正性があれば，基本的に公務に関わらない限り受けることとしている。なぜならば，これらの日課は知事が県民の目に直接ふれる機会であるからである。一方で，これらの行事出席は知事がマスコット的な存在になりかねず，諸刃の剣でもある。

議会出席とレク スケジュールの多くを占めている第二は，議会出席とそれに関するレクである。多くの都道府県議会は，年に4回，各2週間ほど開かれる。第一日目に知事からの議案説明があり，数日の議案整理日をおいたのち，3日から4日にわたって議員からの代表ないし一般質問，それに続いて常任委員会開催，特別委員会開催，議案整理日をいれ，最終日に議決をおこなうという段取りが一般的である。この議会開催数日前から，知事のスケジュールは県職員によるレクでいっぱいになる[19]。知事室前には，レクのための職員が順番に待つ光景が見られる。議会開会中も，知事のスケジュールはレク以外の用事を一切いれないようにしている[20]。

　レク以外にも，議会開会中は県議会議員の訪問が多い。アポイントメントなしで来たり電話してくる議員はたいてい自民党所属の4期以上のベテラン地方議員である。秘書課も，そして知事自身も，これらベテラン地方議員の訪問を最優先する。後述するが，知事や県職員が，議会最大会派である自民党のベテラン議員に対して丁重な態度で接すること，他会派の議員はアポイントメントなしでは知事訪問しないこと，自民党4期以下の議員たちは知事室を訪問すらしないこと，といった議会議員たちの知事訪問の濃淡は，知事と議会の関係，議会内の関係を象徴している。

県が主導する
行事・記者会見 県が主催・主導する行事やイベントには当然ながら知事が出席する。これら行事・イベントへの知事出席は，知事の政策志向や意気込みを反映させやすい。例えば，地域の重要課題の行事，新幹線関連のイベント，国道や県道の落成式，食のイベントなどがあげられる。

　これらの行事やイベントに加え，知事記者会見がある。月1回もしくは数

19　県職員は同時に，議会議事棟にも「質問とり」のために足しげく通う。

20　もっとも，職員の方では，ときには，これらレクを「知事に言ってもわかんないよな」という表現で徒労と捉えている職員もいる。

回，定例で開かれる。知事定例記者会見は記者クラブの主催であり，幹事社は県政記者クラブ所属の各社持ち回りであるが，仲介を務める広報課が時間と場を仕切ることが多い。記者会見は，知事室近くの部屋でおこなわれ，定められた時間内に収まるように広報課職員は幹事社の記者をせっつく。出席者は知事はじめ3役，その日の資料の関係部局の部長以下職員，秘書課・広報課・政策調整課職員などであることが多い。たいてい冒頭に知事から発表資料の説明が10分ほどあり，その後に記者による質疑応答が始まる。

記者会見に出席する記者たちは，全国紙，時事通信社，地方ブロック紙から各1～2名と地元紙の記者がたいてい4～5名，NHKほか民放4局から記者1名であり，各局で5台のカメラが入るのが通常である。県政記者クラブが主催する記者会見は，県政記者クラブの承認を得ない限り非公開であるが，その記録は県庁ホームページにおいて公開される[21]。

この記者会見の一日前には，県庁職員によるレクが入る。記者会見は，したがって記者の予想される質問に対する準備として県政を勉強する機会である。また，記者会見の場における記者の質問を通して，地元紙記者の関心に反映されている県民の関心や全国紙記者の関心にあらわれる日本の世論を把握する手がかりとしている。

出張 出張は平均して月に3，4回入る。県内の出張は，事前に予定されているものとして県内各地域管内の視察がある。各地域に県庁の出先機関が存在し，これら管内を視察する出張がある。たいていは4年間の任期で全ての地域を回るようにスケジュールが組まれる。予定されていない県内出張としては，各地域からの講演依頼や，各地域の県営施設の落成式出席，自然災害や問題がある地域への対応などである。

県外への出張としては，主に国関係のもの，知事関係のもの，民間関係のものがある。国関係のものは，毎年6月と12月に慣例とされている知事による国に対する陳情である。その際には，東京にて地元から選出されている「県関係国会議員」を呼び，県の政策指針つまりは国への陳情内容を説明し，協力を依頼する。政治的バックグラウンドを持たない知事は，これら県関係国会議員に頼るところが大きい。このほか，国の主催する各種委員会や審議

21　ただし，記者クラブとの申し合わせにより，質疑応答において公開されるのは新聞社名のみであり記者名は公開されないことが多い。

会などで，委員を務めたり，参考人として招致されたりする。知事関係の県外への出張としては，7月に各地域持ち回りの全国知事会，12月に東京でおこなわれる知事会があるほか，地域限定の知事会もある。また，知事の属性や政策志向によって集合することも多く，例えば女性知事が互いの都道府県に集合するイベント，福祉分野に見識がある知事で集合するイベントなどがある。民間関係の県外への出張としては，県外の団体が招致する講演やシンポジウムへの出席依頼がある。例えば日本記者クラブにおける講演などがある。

　以上みてきたように，知事はルーティンワークだけで十分に多忙である。秘書は知事の一日のスケジュールのうち公表すると決めた2，3の行事を，前日に広報課を通して県政記者室に渡す。これら県内各首長のスケジュールは地元紙に掲載される。同時に広報課は県庁ホームページにおいて，知事の1週間分のスケジュールを掲載する。しかしながら，多くの自治体においてホームページ上では公表されない首長スケジュールが多く，実際の知事の多忙さに比して，ホームページ上のスケジュール表はスカスカである。
　秘書課が知事への依頼を基本的に受けることとしているのは，知事が直接県民の目にふれる機会であるからであることは既に述べた。2003年当時，熊本県秘書課職員は，冗談交じりに「そうしないと，知事って何もしないで何しているの，と文句がくる」と言う。しかしながら，知事の日常はかなりの多忙さである。同じく秘書課で2年間知事をみてきた職員は「知事にだけはなりたくないね」と笑っていた。

b. 知事と職員
　知事が権限を発揮できない第二の壁は職員たちによる「前知事の継承」である。どこの国の公務員にもありがちであるが，職員たちは変化を好まずに前例を踏襲する。多くの日本の地方自治体では，首長が交代しても施策に大きな変化は見られない。なぜならば，首長の交代とともに，職員が異動することは事実上稀なことであるからである。
　新米首長は，これら職員たちを前にして強力な権限を発揮することができない。議会の承認が必要である施策の場合，職員たちは「議会の同意が得られない」ことを理由として拒む。実際，職員が賛成しても議会の同意は得ら

れないことが多い。議会の承認が不要なケースでも「前例がない」ことを理由になかなか斬新な施策に同意しない。その一例が第3章で詳述する川辺川ダム住民討論集会の例である。

知事の有する権限である，人事権，予算編成，条例提出，許認可権限などは，職員の意向と密接に絡み合う。知事がこれらの権限を発揮できるかは知事と職員の力関係によって左右されることが多い。

人事権 職員に対する知事の権限のうち，直接影響力を持つものは人事権である。しかしながら，新米知事の場合は人事権をフルに発揮することは難しい。知事が関与する実際の人事は，副知事や出納長の三役か部長級にとどまる。課長級以下の人事を実際に把握し，異動させる主体は人事課となる。加えて「口利き」と呼ばれる議会の干渉が存在する。部長級の人事も知事の裁量で決まらないことが多い。多くの場合，水面下で議会の干渉もしくは議会議員を通して職員自身の干渉が入る。とりわけ，副知事のような議会の承認が必要である特別職は議会と知事の力関係に左右される。例えば，熊本市の場合は2003年3月に当時の熊本市長幸山政史が収入役，教育委員，監査委員を選任・任命する人事案3件を議会に諮ったが，最大会派の自民党市議団は「これまで慣例だった市長による事前の相談が一切なく議会軽視だ」とみなし[22]，議会は賛成少数で否決した。改革派知事と言われた宮城県知事の浅野史郎も2003年の2月と6月の二度にわたって議会に知事提出の副知事任命案を否決され，登用を断念している[23]。したがって多くの知事は人事を定めるにあたって幹部職員や議会議員の意見を調整することを優先し，その結果「妥当な人事」として承認されるのである。

この職員の壁をクリアできる知事は，行政を知悉していること，もしくは，政治家として人脈が豊富である知事，つまり官僚と政治家出身の知事である。行政を知悉している例としては，1999年から2007年の2期8年間にわたって鳥取県知事をつとめた片山善博の例が挙げられる。自治省官僚出身であり，鳥取県においても総務部長を務めた経験のある片山は知事になってからも，職員に一目おかれる存在であった。また，2003年8月に6期24

22　熊本日日新聞2003年3月13日。
23　田島良昭は，長崎県雲仙市にある南高愛隣会理事長であるが，浅野の盟友として宮城県福祉事業団理事長に請われ，宮城県政を支えてきた。

年間にわたって知事の座にあった松形祐堯が引退し，24年ぶりに知事交代
となった宮崎県では，新任の安藤忠恕知事が就任直後に課長級以上の大規
模人事異動を発表した。「報復人事」と指摘され，反発も少なからずあった
が，これが可能であったのは安藤自身が県庁OBであったことも関係してい
る[24]。自治省官僚出身もしくは県庁職員出身である場合は，人事権を効果的
に用いることが可能なのである。

　政治的人脈を持つ知事としては，1999年から2012年まで東京都知事を
4期つとめた石原慎太郎の例がある。知事就任以前に20数年にわたって国
会議員を務めた経験や人脈を用い，例えば，2000年7月には代議士時代以
来の秘書であった浜渦武生氏を副知事として配置し，職員をコントロールし
た[25]。

　以上のように，知事の人事権そのものは，職員の前例主義そして議会の意
向を慮った職員の配慮という壁を前に，効果的に発揮することが難しい。知
事が人事権を発揮するには，官僚や行政職員経験もしくは政治家の経験つま
り知事になる以前のリソースが大きな役割を果たすのである。

**予算配分と
許認可権限**
　県の予算配分によって直接影響が出るのは，職員ではなく市町
村である。職員は，どこに部局に予算が配分されるかよりも，
予算が配分されている部局に自分が異動するかという人事に関
心をもつ。そして，先述したように，人事を把握しているのは知事ではなく
人事課であり，口利きをしてくれるのは議会議員である。

　これに対して市町村の首長や議会議長たちは，知事への陳情を欠かさな
い。予算配分が市町村に与える影響は直接的ではないものの，県営事業が間
接的に市町村に影響するからである。知事のスケジュールの中で，市町村の
首長会，議会議長会の訪問が頻繁にあるのはそのためである。この意味で
は，知事は予算配分における権限を持っていると言えよう。

　しかしながら，知事の予算配分における権限は，限定的である。第一に，
配分するべき予算が限定的である。重厚長大産業とハコモノ行政の時代が終
焉し，また地方分権化の時代とともに地方行政は財政問題を独自処理するこ

24　宮崎日日新聞2004年8月4日。
25　もっとも，そのコントロール手法が強権的であるとして，批判を浴び，2005
　年6月に副知事を更迭され，1年後の2006年夏に参与として復帰した。

とになった。現在ではどこの都道府県も，地方債の多額発行で累積する財政赤字を前に財政縮小に取り組んでいる。したがって県内の予算配分によって生み出される首長の権限はかなり限定されたものになる。

　第二に，予算配分は知事よりも職員や議会の動向に左右されがちである。市町村の首長会や議会議長会は，知事訪問の一方で関係部局や議員を訪問する。つまり，市町村長は表向きには知事に挨拶するが，同時に職員や議員などを通した独自のパイプも駆使するのである。したがって，首長の予算配分に関する権限は，そもそものパイが限定的であること，職員と議会の動向に左右されることの2点から実態としてかなり限定的である。

　次に，許認可権限についてであるが，許認可権限が影響を及ぼすのは県内業者である。これら県内業者は，行事スケジュールで多忙な知事よりも関係部局と深くつながっている。年度初め4月初旬の県庁内は，県庁各部局に対して「新任ご挨拶」として名刺を配り歩く業者でごった返す。各部局もこの慣行を心得ており，入り口に「名刺受」を設置している部局も多い。

　以上のように，予算配分と許認可権限は人事権同様に，職員の出る幕の方が多い。これら職員の意向に反する形で知事の独自の意向を通すことは実質的に難しく，予算配分や許認可権限に関しても知事の権限は限定的である。

条例提出　条例提出は知事の権限の1つであるが，人事案件を除けばむしろルーティンワークに近い。知事が条例提出をおこなうのは，今後の県政の指針を定めるにあたって関係諸条例の改定が必要となるからであり，つまりは県職員と知事が一体となって議会に提出するものである。しかしながら，実態では県職員と議会が一体となって知事に条例を提出させる方が多い。

　なぜならば，多忙なスケジュールを持つ知事の多くは，条例案の作業を職員まかせとする。職員は条例案を通すことを何よりも優先するために，議会に事前に根回しをおこなう。したがって，職員は，水面下で議会最大会派に拒否された事案を知事に提示しない。慣例では，知事は提出が予定される条例案のレクを職員から受け，議会初日に知事提出条例として説明をおこない，すでに職員によって質問とりを終えた議会議員からの質問を受けて答弁し，議会最終日の議決を待つ。したがって，知事にとっては条例案提出という行為は，ルーティンワークの1つに近いのである。

　知事が独自の施策を実施するために，職員たちの壁をこえて議会に議案提

出したとして，次に待ち構えているのは議会の壁である。先述した幹部級人事案の議会否決例に見るように，職員の了承をとりつけて議会に議案提出までこぎつけても議会で否決される事例は多い。また，議会提出にいたらない人事や予算配分そして許認可権限に関しても，職員の前例主義そして議会の意向を反映した職員の配慮という壁を超えることは難しい。そこで，次に地方議会と知事の関係について述べる。

c. 知事と地方議会

　日本の地方政治では知事は議会と二元代表をなしている。地方議会運営事典では，議会の権限を「議会が，議事機関として法律上行うことを認められている権能の範囲」と定めている[26]。行政者としての知事の場合は「執行機関として法律上行うことを認められている権能の範囲」となる。これら議事機関と執行機関は二元代表制において互いにチェックアンドバランスの関係にあることが想定されている。具体的には，知事の提出する議案に対し，議会が一般質問や代表質問を通してチェック機能を発揮するという関係になる[27]。

　議会に対して，知事は行政機関の長として行動する。議会の質疑においては，「知事」と特定するよりも，知事と行政機関を一体視して「執行部」と呼ぶことが多い。日本の地方議会では，責任もしくは賞賛を知事個人に帰するときのみ「知事」と呼ぶ傾向があり，その他の場合では「執行部」に対する質問となる。後述する政治家としての知事を指す場合は，明らかに「知事」に対する質問となる。「執行部」が具体的にどの職位を指すのかについては明確な定義がない。議場で多用されることから，議場に出席している知事以下幹部職員を指すと理解されているが，慣例上の用語法である。

　「執行部」という名称で一体化している知事と行政職員であるが，その実態は，むしろ職員と議会の一体化である。これは知事の党派性に関わらな

26　地方議会運営研究会編集，2002年，『地方議会運営事典』，ぎょうせい。

27　地方議会においては，知事提出条例のみならず議員提出条例も想定されているが，議員提出条例は圧倒的に少ない。朝日新聞の調べによれば，1993年から2003年の10年間の47都道府県全体の議員提出条例数は33本であり，内訳は，宮城県8本，三重県7本，鳥取県5本，高知県3本，その他都道府県では1本もしくは0本である（朝日新聞2002年8月19日）。

い。議会がオール与党であろうと，オール野党であろうと，議会最大会派と行政職員は密接に連絡を取り合う。知事は，この二者の関係に参加するか否かである。

例えば，熊本県の場合，県議会開会の1週間前には，知事を含め執行部は議会最大会派（たいていは自民党県議団）にのみ県議会棟の全員協議会室において政策審議会（政審会）と言われる知事提出条例案の説明会をおこなう。この政審会は非公開であり，記者たちも入れないが，記者たちが廊下で聞こえたという話によれば，この政審会において県議たちは忌憚のない意見を述べ執行部と議論しているようである[28]。他会派の議員に対しては，課長以下の職員が個々の議員室で説明する。このように執行部が議会最大会派を偏重することに関しては，最大会派の議員自身が疑問を持つこともあり，自民党の若手県議は公けにはしないものの，この政審会の性格について少なからず疑問を持っている[29]。

県議会開会前には県職員は質問とりのために議会棟に日参する[30]。議会開会中も，議員の部屋では職員と議員が歓談する光景が多く見られる。職員の中には，このパイプを通して出世していく者も少なくない。日本の地方議会では最大会派が劇的に変化することは保革時代をのぞいては稀であったことから，行政と議会最大会派の連携は強固なものとして存在してきている。

知事のとるべき選択は，この行政職員と議会最大会派の連携に参加するか否かということになる。したがって，知事の議案成立という業績は，この職員と議会の関係によって大きく左右される。たとえ全ての知事提出条例案が議会を通過したとしても，職員の配慮によって議会で否決されるような条例案を提出しなかったことによるのであり[31]，したがって知事の権限発揮とい

28　熊本日日新聞記者の熊本県議会政策審議会前後の取材による。

29　2003年8月，熊本県議会議員・溝口幸治（自民党，1期），インタビュー。

30　1999年から2007年まで鳥取県知事をつとめた片山善博の場合は，質問とりも事前通告もおこなわずに議会を開会し，議場においてガチンコ勝負で答弁を行った。多くの首長と地方議会が事前通告の必要性を「議会の円滑な運営」や「効率性」を理由としてあげるように，片山県政における鳥取県議会は，質問に対して資料がなく即答できず宿題としたり，時間内に終わらずに夜までかかったりしている。

31　議会で賛成を得るか否かは職員の判断によるが，それは議会の最大会派が安

うよりも行政職員と議会最大会派の連携の効果なのである。

　以上のように，行政者としての知事は，第一にルーティンワークに埋没しがちであり，第二に職員たちの圧倒的な保守性に直面し，第三に県議会最大会派との対応に苦労することから，本来備わっている権限を発揮することは難しい。それでは，有権者に選ばれるという意味で政治家でもある知事の権力はどのように制限されるのであろうか。次には，政治家としての知事について述べる。

（3）　政治家としての知事

　知事は地方行政のトップであるという行政的側面のほかに，選挙で選ばれるという狭義の政治的側面もある。知事の日常は，先述したように，膨大なルーティンワークを公務としてこなしていくのみである。したがって，知事は政治家としてよりも，行政者としての業務の方が格段に多い。政治家出身ではない知事の場合，政治家として意識する場面は少ないことになる。

　政治家としての知事の行動は，行政側からは「政務」と呼ばれ，秘書課は政治家としての知事の行動には関知しないことになっている。もちろん，この2面は明確に区別できるものではないが，知事によっては政務の担当として私設秘書をおく場合がある。私設秘書がいない知事の場合は行政の秘書課が担当せざるを得ないが，この公務と政務の区別はしばしば問題となる。なかには，公用車と私用車を厳密に使い分けることを求められる知事もいる[32]。

　行政職員が明確に知事の「政務」とする行動は，第一に知事自身の選挙に関する行動，第二には自身以外の選挙に関する行動，すなわち選挙応援があげられる。これらの選挙活動には公用車ではなく私用車を使うことが多い。これに加え第三に，県政の重要課題への対処にみられる知事の政治的判断がある。多くの知事が先述したような公務に追われ，職員や議会の壁に阻まれ

　定多数を確保していてるときに容易となる。

[32]　例えば2016年6月，当時東京都知事であった舛添要一は高額な海外出張費問題をはじめとし不透明な政治資金支出問題など公私混同問題の責任をとって辞職したが，その過程において公用車を私的に利用したとされる件も批判された（毎日新聞2016年6月15日）。

ている日常から，知事が政治的判断を下す場面はそう多くはない。事例は少ないものの知事の政治的判断の影響は大きく，有権者による知事の業績評価の大きな部分を占めることがある。

　これら，知事選にまつわる行動，その他選挙にまつわる行動，知事の政治的判断のそれぞれの事例は，第5章の知事選，第4章の知事の選挙応援，第3章の川辺川ダムの事例において詳述するが，以下ではこれら政務と呼ばれる行動について概観しておく。

a. 知事選の戦い方

　知事の始まりは知事選であり，初めは政治家としての知事を意識させられることになる。たいていどの知事にも，選挙カーにのり，町でマイクを握って演説し，有権者と握手をしてまわった経験がある[33]。この知事選をいかに戦うかは，その後の県政運営を大きく左右する。自身の知事選の戦い方はその後の政党との関係に影響し，知事と議会の関係を決めることになる。

　戦後しばらく日本の地方政界は戦前の官選知事をそのまま選出することが多かった。それは官僚知事と同じく中央とのパイプ・豊富な行政知識という理由による。その後，1960年代の革新首長が登場する時代を経て，1980年代には相乗りによる官僚知事時代を迎え，1990年代には政党の支持を得ない知事が登場しはじめる。これらの知事と議会の関係は，官選知事と官僚知事は議会において与党が多数派を，革新知事と政党支持なし知事は議会において野党が多数派を占める関係となる。前者と後者のいずれが知事として手腕を発揮できるのかは一概にいえないものの，知事選における政党と知事の関係は議会における会派と知事の関係にそのまま引き継がれることになる。

　知事選において政党公認や推薦を受けて当選した知事の場合，その政党との関係が続く。1980年代においては，官僚出身の知事の多くが相乗り選挙によって知事に就任してきた。2期，3期と続ける知事が多いことから，1990年代や2000年代に入っても全体としては未だ相乗り知事の占める割合は多い。相乗り知事の多くは，議会と対立することなく良好な関係を保

33　例外的に1995年東京都知事選に当選した放送作家・タレントそして国会議員をつとめた青島幸男は選挙運動をおこなわなかった。

ち，また政治家としてはどの政党とも等距離を保てる。

それでは政党の支持や推薦を受けずに当選した知事の場合はどうなるのであろうか。1990年代末から目立ち始めたのが各政党の推薦や支援を受けない首長である。これらの知事の当選は，有権者の政党離れや「無党派」「政党支持なし層」の増加という現象とともに説明されることが多い。同時に，これら政党の支持や推薦を受けない選挙が市民による手作り選挙や草の根選挙とも言われるように，このような政党離れの現象は地方政治には元来存在していたとも言える。「草の根」という呼称は住民運動においても見られたように1960年代70年代から使われ，そもそも地方政治においては政党がなじまない非政党性という特徴があることは前述した通りである。

政党の推薦や支援を受けないで当選した知事たちは，その後は難しい運営を強いられ，オール野党である議会の対策に苦しむことになる。これらオール野党に対して迎合しても対立しても，有権者の知事に対する評価は大変厳しい。

1期目の選挙で応援した支持母体が離反していき，1期で終わった知事たちも少なくない。オール野党である議会に迎合していった例としては，1995年から東京都知事を1期つとめた青島幸男の例がある。当初，青島を支持し応援した「無党派層」は次第に都議会に対して迎合していく青島都政に失望し離反していった。2001年から栃木県知事を1期つとめた福田昭夫の例も初当選時の草の根支持母体が離反し，2期目がかなわなかった例である。2005年には千葉県知事である堂本暁子が2期目を目指したが辛勝であった。その裏には1期目の選挙を支えた草の根団体が離反したという事情がある。逆にオール野党である議会との全面対立の例では，2006年8月に長野県知事である田中康夫が3選を目指すも，初当選時の支援団体の支持を得られずに落選した[34]。

一方で，1期目の選挙では政党の支援を受けずに政党推薦候補を破って当

---

34 県世論調査協会が実施した県民世論調査によれば，新知事に「今後どのように県政を運営してほしいか―との問いには，「市町村との協調」を挙げた人が49.8％と最多」であり，県民が知事に議会や市町村と対立せずに県政をすすめていくことを希望していることが報告されている（信濃毎日新聞2006年8月11日）。

選した知事でも，議会に迎合していくうちに2期目の選挙では政党の支援を受けようと試みることがある。その典型が2003年東京都知事選における石原慎太郎である。石原は1999年に自民党本部と公明党推薦候補である明石康を破って当選した経緯から，当初は都議会最大会派である自民党都議を野党にまわし，むしろ共産党都議が石原都知事を応援するような都議会運営を繰り広げた[35]。次第に自民党都議との関係を深め，2期目の選挙においては自民党の支持を受け，以後は完全に自民党知事となった。2005年に再選を目指した千葉県知事・堂本の場合も，1期目こそは草の根選挙で当選したものの，できることならば自民党の支持もうけて再選したい本音が「県民党」という言葉に出ている[36]。

　野党が多くを占める議会運営に失敗し再選が難しくなるという例は，すでに1960年代70年代の革新首長たちの時代に観察されている。革新首長たちの存在は，市民運動や住民運動と密接に関連しており，これらの運動を支持基盤として当選した革新首長たちは多い。市民運動や住民運動の終焉は，日本が経済的安定期を迎えつつあったことにも一因があるが，革新首長たちが議会との対立によって地方行政をマヒさせていたこととも関連がある。

　政党の推薦や支援を受けずに当選した知事で県政運営に成功したと自負するのが宮城県知事の浅野史郎の例である。浅野は1993年，新生党・日本新党・さきがけ・社民連の推薦を受け，主要政党が推薦した候補を破って初当選した経緯から1期目は少数与党であった。1997年の2期目を目指す選挙においては引き続き主要政党はもちろん全ての政党からの支援を受けずに当選した。浅野はこれを「フリーハンドを得た」と表現する[37]。選挙において特定政党の支援を受けた場合は，その政党との関係が続くことが多い。後述するように任期中に国政選挙があれば，政党からの要請で応援のマイクを握ることになる[38]。もちろんフリーハンドを獲得する選挙を勝ち抜いたとして

35　2003年10月，東京都議会，東京都議会議員清水ひで子（共産党所属）インタビュー。

36　朝日新聞2005年3月15日。

37　2004年6月2日，宮城県庁，宮城県知事浅野史郎知事インタビュー。

38　例えば，2000年熊本県知事選を政権与党の支援を受けて当選した潮谷義子は国政選挙における自民党候補応援の要請を受けている。2003年より北海道知事を4期つとめている高橋はるみも自民党を中心とする政党の支援をうけて当選

も，議会との対立によってフリーハンドを駆使する知事は先述したように少ない[39]。浅野自身も述べているように，フリーハンドにはデメリットも存在することから[40]，フリーハンドを選択するかどうかはそれぞれの知事の政治スタイルの問題であると答えている[41]。

このほか政党からの推薦や支援を拒否していないにもかかわらず「フリーハンド」を得ている例外として鳥取県知事・片山善博の場合がある。片山知事は鳥取県議会においては，質問とりや根回しといった慣行は中止した。県議会において初めて明らかになる質問に対して答弁することになる。時には資料ももたずに答弁することもあれば，資料がないと答弁できないこともあり，それは宿題となる[42]。片山は県議会各会派のみならず県民にも広く評価されており，2003年に2期目を迎えるときには戦後2例目の無投票当選知事となった。

以上のように，知事選をどう戦うかは，その後の議会対策そして県政運営に大きな影響を与え，それは2期目3期目おける再選可能性にも影響する。知事選を切り抜けたあとも，政党との関係そして政党の背後にいる有権者との関係においては政治家としての判断が必要になる。その一例が知事による国政選挙応援である。

b. 知事による国政選挙応援

自らの選挙を戦い終えた知事を次に待ちうけている政治活動とは，知事に

しており，国政選挙においてはこれら政党の公認候補の応援をおこなう。ただし2010年参院選は当時の与党が民主党であるため，政権に対立することになる自民党候補の応援を控えている（北海道新聞2010年7月10日）。これは地方政治の非自律性の一例である。

39　千葉県知事堂本暁子も，2001年千葉県知事選において「無党派」を標榜して政党支援候補を破って当選した経緯からフリーハンドを得ており，「楽よ」とコメントしている（毎日新聞2003年2月17日）。

40　宮城県議会が2003年に浅野史郎知事の提案した副知事人事案を2度否決したことは一例である（宮城県議会議事録平成15年2月定例会3月3日8号，同6月定例会7月4日5号）。

41　2004年6月2日，宮城県庁，宮城県知事浅野史郎インタビュー。

42　2003年11月9日，鳥取県庁，鳥取県知事片山善博インタビュー。

よる国政選挙応援である。この政治活動の基本は，自らの知事選の「恩義」つまり知事就任時に生じた政治的人脈と，知事就任以前からの政治的人脈である。したがって，知事は県内外でおこなわれる選挙において応援を求められたり，もしくは自発的に応援したりする。

　日本では，知事選を除けば5種類の選挙があるが[43]，政党や政治家個人からの応援要請が多いのは国政選挙である衆院選と参院選においてである[44]。これらの要請はたいてい知事選の支援に対する「見返り」として要求され，とりわけ選挙結果に対して政党による支援の効果が大きかった知事ほど圧力がかかることになる。したがって知事選を政党の支援なく戦った知事に政党から選挙応援の要請が来ることはなく，相乗りで当選した知事も各政党との等距離を守るために応援を要請されても行かないことがある。

　2000年熊本県知事選の潮谷義子や2003年北海道知事選の高橋はるみのように，当時の政権与党の支援を受けて当選した場合は，政党からの応援要請がくることになる。そして，選挙応援の態度でその「政治的姿勢」を判断され，その後の知事選の推薦・公認に結びつくことになる。

　これら「見返り」や「恩義」とは別に，なぜ知事に選挙応援が要請されるのかに関しては2つの理由が挙げられる。第一に，知事自身が知事選において獲得した票数が格段に多い。県全体を選挙区とする知事選を勝ち抜いて県

43　比較政治学的には小平（1982）によれば，日本の地方制度は明らかにアメリカ大統領制を導入しているのに対し，国の統治機構はイギリス型の議員内閣制であるため，国と地方とで政治機構の原理が異なることが指摘される。選挙という観点から見るとき日本の地方制度は，議会に加えて全てのレベルの首長が住民の直接選挙で選ばれるという点で，世界でも珍しい特徴をもっている。

44　都道府県レベルの議会議員選挙の選挙応援をおこなう知事は稀である。多くの知事が知事選において地元議会議員の支援を受けているが，逆に知事がそれら議会議員の選挙応援をすることはない。多くの知事が全ての議会議員と等距離を保ちたいと考えるからである。長野県知事である田中康夫が2003年長野県議会議員選挙において自らの選挙を支援した県議の応援にまわったのは例外である。市町村レベルにおいては，首長選挙・議員選挙とも応援の例は少ない。多くの知事は県下の市町村に対して中立であるべきだと考えているからである。例外として，政令指定都市の市長選挙において知事が応援に出向くもしくは統一地方選挙で同時に行動する北海道知事候補と札幌市長候補の例，時の政争に利用されて石原慎太郎都知事と小渕恵三首相が応援した1999年足立区長選挙の例などがある。

知事となった人物の背後には数十万から数百万の得票がある。知事はこれら得票数を反映する存在である。第二に，県全体の代表であるからである。選挙制度上は知事は県全体の代表として就任したと言うことができる。たとえ傀儡の知事であろうと，知事である以上は県民の代表とみなされ，その代表の影響力は大きい。

こういった知事の国政選挙応援について「公務を削ってまで行くべきなのか」という批判が，利害が対立する政党の関係者や有権者一般からおこることがある。行政者としての知事ではなく，政治家としての知事の行動だとしても，県全体の代表者とされる人物が，特定候補や特定政党を応援することに違和感を覚える人も少なくない。

この違和感は知事本人が一番感じていることでもある。多くの知事は，選挙によって有権者に選ばれて就任したにもかかわらず，政治家としての知事ではなく行政者としての知事でありたいと願う。それは行政者としてのルーティンワークの多忙さから議会対策のコストを低くしたスムースな県政運営という政策追求インセンティヴのあらわれでもある。そして行政者として，どの政党や政治家からも等距離の中立性をたもとうとして「県民党」を名乗ったり，当選した各議員や首長に平等に祝電を送るのである。

c. 知事の政治的判断

自身の選挙や選挙応援以外において政務が必要になるのは，行政とさらに司法という枠組みでは問題を処理できない場合である。通常，知事は行政の手続きにのっとって職務をおこなう。行政上の手続きで問題を解決できない場合に，訴訟によって司法に委ねる場合もある。問題解決の最後の手段が知事の政治的判断である。影響力の大きさゆえに最終手段である知事の政治的判断は，多くが数十年にわたって膠着状態にある国営事業や国の施策が抱える問題の解決をはかるためになされる。

知事の政治的判断は，国営事業や国の施策に対する地元首長としての政治的判断であることが多いためその影響力は国に向かうことが多い。その一方で有権者に与える影響力も大きく，知事に対する業績評価の大きな部分を占める。そもそも政治的判断が必要となる事柄が，知事の4年間の任期においてめったにないことから，有権者にとっては知事が日々こなしている公務よりもこの政治的判断のほうが強力に印象的である。

例としては，1999年北海道知事の堀達也による北海道開発庁の千歳川放水路計画の白紙要請[45]，2000年三重県知事の北川正恭による中部電力の芦浜原発計画白紙撤回要請[46]などがある。これらは事業手続き的には何の権限もない地元知事が「発言」することによって，事業の方向性を変えたという政治的権力の一例である。同じように，2001年長野県知事の田中康夫による「脱ダム宣言」[47]も一種の権力行使と解釈できる。

三重県北川知事と芦浜原発　知事が意見を述べた事例として，三重県知事が「白紙に戻すべきである」と述べた芦浜原子力発電所の建設計画がある。芦浜原発計画の事業者は国ではなく中部電力であるが，2000年2月22日，当時の三重県知事・北川正恭が県として，芦浜原発計画は「白紙に戻すべきである」と考えることを県議会において表明した。この発言を受けて3時間後に中部電力は計画断念を決定した。この発言は環境問題や改革派知事といったトピックで全国的に注目されたが，ここでは北川知事の「政治的判断」なるものに注目したい。以下の三重県議会における北川発言は，知事の政治的権力の本質をよく表している。

　「私にはそういったことを申し上げる権限がないわけでございまして，その中で，私が，じゃ，その答えをどう出すのかということについて，超法規的，法律を超えるところ，あるいは制度的な支援がないわけでございますから，これはもう政治的判断，政治的影響力を考えてということにならざるを得ないと。そういうことを私がしていいのかどうか，許されるかどうか，あるいはタイミングとか，角度とか，あるいは内容によっては，単なるピエロを演じて，さらに問題を大きくする場合もあるだろうと，そういったことを考えながら，これはやはり芦浜原子力発電所に限って，それ以上，それ以下でもない解決をしなければいけないのではないか。例えば，それ以上のことを申し上げれば，私は大きな反発を招いて，結果，何も実りあるものがとれないというような場合もあり

45　北海道議会議事録平成11年第2回定例会7月7日8号。
46　三重県議会議事録平成12年第1回2月定例会2月22日1号。
47　毎日新聞2001年2月20日。長野県議会議事録平成13年2月定例会2月22日1号。

ますでしょうし，それ以下の判断をした場合には，単なる先送りで，今までの延長になるのではないか，したがって，さまざまな議論をした結果，ここは白紙に戻していただきたいということを国なり，事業者なり，地元の皆さんに申し上げて，お願いをする以外にないのではないかと，そういうことから白紙ということになったところでございますので，どうぞ御理解をいただきたいと思います」（三重県議会議事録平成12年2月定例会2月29日2号）

　この発言からは知事の権力について3点指摘できる。第一に，知事は法的根拠のない場面でも権力を行使することができる。これら権力は，地方行政において行使される法的根拠のある権限とは区別できる政治的権力である。第二に，知事の発言の影響力は大きいことが知事自身に予見されている。法的根拠がない場面にもかかわらず，影響力の大きさを認識しているのは，知事自身の政治的な経験によるものであると推察される。第三に，法的根拠がない場面においても，権力不行使による権力（非決定権力）を見出すことができる。例えば，仮に原発計画を推進したい場合，発言を控えることによって推進させうる可能性もある。

　三重県の例は，知事の発言は「政治的権力」として作用する例としてあげた。北川知事の発言にあるように，芦浜原発の建設に関して，知事は法的権限をなんらもたない。それにもかかわらず，発言の効果を十分認識したうえで発言をおこなったことは，知事の政治的権力の行使の一例である。

北海道堀知事と千歳川放水路　もう一例，1999年北海道の堀達也知事による千歳川放水路建設計画中止の例がある。千歳川放水路計画は，1981年の洪水をきっかけとし，翌1982年，北海道開発庁によって洪水対策のため策定された。日本海に流れ込む千歳川に，太平洋側にも人工放水路を建設するという計画である。総工事費4800億円，全長約40キロに及ぶ巨大な公共事業は，計画当初から地元住民たちは環境への影響の大きさを理由に反対し，17年以上も膠着状態が続いていたものである。

　1997年9月，北海道は「時のアセスメント」を導入することによって，学識者7名による千歳川流域治水対策検討委員会を設置した。知事の私的諮問機関であるこの委員会は，北海道開発庁の要請を受けて開催され，当初から「千歳川放水路計画を白紙に戻し，千歳川流域の治水対策を検討するため

の話し合いの場」として設置された[48]。検討委員会は，現地調査含め関係者と意見交換をおこないながら23回開かれ，また関係団体の代表者を加えた拡大会議を16回開催するなど，1年8ヶ月にわたって検討，1999年3月，提言をまとめた。

　この提言をうけた堀知事は1999年7月27日，「道としての意見」を国（川崎二郎北海道開発庁長官と関谷勝嗣副建設大臣）に意見書「総合治水対策に放水路を含めないよう求める意見書」を提出し，間をおかずに同30日，北海道開発庁は千歳川放水路計画を正式に中止としたのである。

　このケースは，北海道知事が計画を白紙に戻すことを前提として，検討委員会を設置し，国に提言を行った例である。千歳川放水路計画に対する堀知事の認識も，三重県北川知事の芦浜原発計画に対する認識同様に，「一度立ち止まって適切に対応されるべき時期にきている」との認識のもと，諸団体との意見交換を経た上で，白紙撤回の意見表明となった。

　千歳川放水路計画においても，知事は計画事業そのものに法的効力をもつ手段を用いたわけではない。検討委員会も知事の私的諮問機関であり，これをふまえて知事は「意見書」を提出したのみである。知事の政治的判断の一例と言えるだろう。

長野県田中知事と脱ダム宣言　　以上2知事の場合とは異なり，長野県知事・田中康夫の「パフォーマンス」ともみなされがちである「脱ダム」宣言についてもここで触れておきたい。なぜなら，第3章で扱う熊本県の川辺川ダム建設問題のおける知事の手法が，長野県の脱ダム宣言の手法と比較されることが多いからである。

　先述したように，「脱ダム」宣言は，2001年2月20日，長野県知事・田中康夫によって表明されたものであり，環境問題の高まりと公共事業の見直

---

48 「千歳川放水路計画については，さまざまな意見があるなど膠着状態が続いておりましたことから，北海道開発庁からの要請を受け，千歳川流域の治水対策が緊急かつ重要な課題であるとの認識のもとに，平成九年九月，千歳川放水路計画を白紙に戻し，千歳川流域の治水対策を検討するための話し合いの場として千歳川流域治水対策検討委員会を設置いたしました。この委員会では，広く関係者との意見交換を行いながら，一年八カ月にわたり精力的に検討を重ねられ，このたび提言をまとめていただいたところであり，関係の皆様に感謝を申し上げる次第であります」（北海道議会議事録平成11年第2回定例会6月29日2号）

しという時代の要請に合致したものであった。長野県でおこなわれたダム計画の中止は，長野県営ダムに関する脱ダム宣言の実行であり，国営ダムではないことにまず注意する必要がある。知事に就任して数ヶ月のトップダウン型の計画中止であったために，地元住民からの若干の不満もみられたことも事実である。

　しかしながら，彼の発言は，長野県にとどまらず，全国に影響をもったと言ってよい。ダム建設に反対する市民団体の活動を活発化させ，他県のダム建設反対運動にも大きな影響を及ぼした。2003年5月の熊本県における川辺川ダム建設問題に関連した川辺川利水判決では，福岡高裁の前で判決を待つ原告団や支援者たちの前に，田中知事によって「勝訴・脱ダム宣言」と書かれた紙が掲げられている。川辺川ダムのみならず，群馬県吾妻川の八ッ場ダム，岐阜県揖斐川の徳山ダムの建設反対運動にも影響を与え，これら各地のダム建設反対運動の横の連携を刺激している。インターネットの発展もあいまって，川辺川ダム建設反対の市民団体は，これら他地域のダム反対団体とも頻繁に情報を共有しあっている。

　これら三重県の芦浜原発計画白紙撤回要請や北海道の千歳川放水路計画白紙撤回要請などといった政治的判断が「政治家として」の判断であるのは，行政手続きとして定められた知事の行為ではないからである。行政や司法の手続きによって解決にいたらない場合，知事による政治主導の解決が持ちこまれることになる。例えば国営事業の場合，知事が事業手続きに参加するルールが定められておらず，その事業に関して知事は行政上の権限を持たないことが多い。ここに挙げた千歳川放水路計画においても芦浜原発計画においても知事は行政上定められた手続きにのっとって発言したわけではない。それにもかかわらず，地元住民の代表者である知事が白紙撤回要請したことの政治的影響力は大きく，いずれの事業も中止されることとなった。

　2000年地方分権改革によって機関委任事務が廃止され，知事の権限と裁量は拡大した。したがって，首長には多くの政治責任が生じたと言ってよい。それまで，中央政府依存から住民に対して政治責任を意識していなかった首長たちであるが，分権によってかなりの政治責任を負うことになる。以前の首長たちは，それこそ「誰でもできる」ほど，執行機関に任せきりであることも多かった。

しかしながら，2000年度前半という時代は，地方分権の実態が税源移譲をともなわない名目上のものであることが明らかになりつつあり，加えてマイナス成長の時代であった。どの地方自治体においても財政逼迫度はかなりのものがある。多くの知事が，財政再建を第一とする施策をたてるために独自の政策を展開する余裕はなく，政治家としての行動が増えているとは言い難い。したがって数少ない知事の政治的判断は今なお注目されることになる。

（4）　知事の支持率

　本節では，知事を中心とした地方政治を概観してきた。県を統括する行政の長として大きな裁量権を持つ知事であるが，その日常は法に規定されたルーティンワークに追われることが多く，職員や議会との慣習的な関係から裁量権を発揮することは難しく，政治家として「カラー」を発揮できる知事は少ない。知事就任1期目で独自政策を打ち出すことは難しいという認識は多くの政治家とジャーナリストに共通した見解である。

　膨大な行政活動に対して，知事が政治的に活動できる余地はわずかである。政策的には，既存の行政枠にとらわれない新しい政策の提言や任期中1回あるかないかの政治的判断といったものがあり，政治活動としては他の政治家に対する選挙応援や自らの選挙活動などがある。政治家としての知事が力を発揮できる場合は，そのリソースが知事になる前の職業にもとづくことが多い。すなわち，選挙資金や人脈ネットワークそして後援会の存在が彼らの目的到達可否を左右する。したがって，知事就任前にこれらを持たない知事が，政治的権力を発揮することは難しい。

　行政者としての権力は発揮することが難しく，政治家としての知事は知事就任以前のリソースが影響力を持つならば，就任以前に政治的リソースを獲得できる地位にいなかった知事は権力を効果的に発揮することは難しい。それでは，知事として，知事に就任したことによって得る知事の政治的権力はどこからくるのであろうか。

　知事というものは，就任当初から一定の権力をも持っているわけではない。Neustadt（1960）はアメリカ大統領の権力が市民の支持によるものであることを経験的に述べている。NeustadtはワシントンDCの行政関係者や政治関係者たちが一様に大統領支持率を気にしている事実，大統領支持率が

80％であるならば「彼（大統領）は何でもできる」と述べるNewt Gingrichの発言などをもとに，大統領の権力が市民の支持によるものであると結論づけた。同じことは知事にも言える。つまり，知事の権力は就任以前の政治的リソースに限らず，知事に対する住民の支持によって生み出されていく動態的な部分もある。

　一般にリーダーの支持率，とりわけ研究の進んでいるアメリカ大統領の支持率は，（1）就任後100日間は期待をこめた高い支持率が続くハネムーン効果，（2）経済政策に対する業績評価，（3）住民が団結する必要があるrally-round-the-flag 効果によって説明される（Mueller, 1973；Brody , 1991）。支持率の変化を説明する大部分は経済政策に対する業績評価であり，アメリカにおいては経済指標と大統領支持率には時系列においてもミクロ分析においても高い相関関係がある（Mueller, 1973；Edwards, 1983；Fiorina, 1978；Fiorina, 1981；Edwards, 1990など）。日本の知事の場合，知事支持率の時系列データが少ないことからこれらの説明があてはまるのかは実証されていないが，理論的には就任後の一定期間は高い支持率が続くことになり，業績評価が以後の支持率の上下を説明し，住民が団結する必要がある場合は支持率が高くなる傾向があることになる。実際，沖縄県においては米軍普天間基地の辺野古移設問題やオスプレイ配備問題に関して住民が団結する傾向にあり，2015年6月の時点で沖縄県における翁長雄志知事支持率は高い。時系列比較できないが，沖縄タイムスが実施する沖縄県民意識調査によれば翁長知事の支持率64％・不支持18％であるのに対して，安倍内閣の支持率22％・不支持53％である[49]。

　以上，本章では地方政治における非政治性，二元代表制における知事の立ち位置，知事は行政者としての業務が多く政治家としての行動は限定的であることを指摘した。このような地方政治の状況において，本書が取り上げる2003年当時の熊本県知事の場合はどのような行動に出るのだろうか。次章では熊本県の状況と熊本県知事について詳述する。続いて第3章から第5章までは2003年に熊本県知事であった潮谷義子の政治的行動について事例を取り上げる。

49　沖縄タイムス2015年6月17日。

第2章　熊本県と熊本県知事

　本研究が対象とするのは熊本県知事である。以下では，熊本県の特徴，熊本県政治の特徴，そして熊本県知事を含め各アクターを記す。これによって次章から述べていく事例を一般化する手がかりとしたい。

1．熊本県の風土的特徴

　熊本県は地理的には九州の中心に位置する。九州農政局や九州総合通信局など国の出先機関なども存在することから，熊本県知事はじめ熊本の人々は熊本を「九州の政治的中心」であると自負するが，明らかに経済の中心は福岡県にある。山がちである九州の中心に位置するということは，外部との交流の少なさも意味し，保守的な風土の一因ともなっている。また，熊本の保守的な風土の説明として，もともと肥沃で生産力の高い土地に恵まれ，新しいものを取り入れる必要があまりなかったことも挙げられる。熊本県は阿蘇と天草という山と海の両方における豊かな資源を所有し，第一次産業が発展している農業県でもある。

　外部との交流の少なさは，彼らの関心が常に内側に向いていることをも示している。例えば，私の姓である中條は熊本ではなじみがない名前である[1]。県議会議員や選挙事務所で自己紹介をするたびに「中條？ここらの名前じゃないなぁ」と言われ，その後で出身を聞かれることはなく，彼らの意識は熊本とそれ以外である。他地域に対する関心が希薄である傾向を示

1　中條(なかじょう)は東北に多い。

す例であろう。

　熊本は新しいものに対して貪欲さを示すことも少ない。熊本の県民性を表しているという「薩摩の大将・肥後の中将」という表現は，明治維新期に国家レベルのリーダーを輩出した鹿児島県に対して，競争心の少ない熊本県の性格を表している。それはアピール下手という点にもあらわれる。熊本が誇るべき黒川温泉が福岡県にあると思われ，また天草が長崎県にあると思われていることが多く，熊本をアピールする役割の県知事が嘆く一因ともなっている。

　我も我もといった競争心をもたない熊本の人間は，したがって奥ゆかしさをも持ち合わせている(武光，2001)。彼らは自分たちの方言に誇りを持ち，できれば外来者も熊本弁を覚えて欲しいと思いつつも，外来者に対して熊本弁をまくしたてる，ということがあまりない。外来者に対しては標準語で対応し，外来者が「あぎゃん」「こぎゃん」などといった熊本弁を使うと嬉しそうな顔をすることが多い。一方で，彼らは自分たちの言葉が方言であると認識するための比較のベースもまた持たない。熊本の方言の中で，標準語から類推しにくいタイプの方言，「なんさま」(あとに続く言葉を強調する形容詞もしくは副詞)や「あとぜき」(部屋に入ったらドアを閉める行為，教室や議会傍聴席のドアに掲示してある)などが熊本弁であると認識していない人は多い。こういった熊本弁は公の場でも使われることが多く，例えば，熊本県議会平成17年(2005年)9月定例議会議事録には井出順雄議員の質問に「耐震強化岸壁というのをなんさま早くつくっていただければというふうな思いがあります」とある[2]。

　このように新しいものや変化を好まない保守性を表す言葉に「肥後もっこす」がある。頑固一徹で無骨な性格を意味する「もっこす」は，上記のように，変化に乏しい地域ゆえに，変化に慣れず変化を拒絶する地域であることから形成される。したがって，その頑固さは，照れの裏返しであることが多い。「肥後もっこす」という言葉には，その頑固さに対する批判というよりも愛着を込めていることが多い(高松，1980)。熊本には『mocos』(モコス)という若者向けの情報誌があるくらいである。

　競争心の欠如は，地域に対する高い満足度によってももたらされている。

――――――――――――――――

2　熊本県議会議事録平成17年9月定例会9月15日4号。

豊かな農業県でもある熊本は，自分たちの住む地域に対する満足度が非常に高い。2011年の法政大学幸福度指数研究会の調査によれば，47都道府県における熊本県の幸福度ランキングは５位である（坂本，2011）。その傾向は，若者においても顕著である。全国から東京に一極集中という時代においても，熊本の若者たちは同調しない。東京まで飛行機で２時間強という物理的距離が心理的距離を生み出していることもあるが，県外に出るという気持ちはさほど強くない。熊本から全く出たこともないという若者も多く，いったん県外に出たのち熊本に戻ってくる若者も多い。

　さらに言えば，熊本の人間の地域に対する満足度とは，熊本県全体に対する満足度を指しているというよりも，自分の住む地域，市町村単位を指している。自分の地域に対する高い満足度が他地域への無関心を生むことは，熊本県内でも見られる。例えば，熊本県は南部に位置する水俣市において水俣病という大きな課題があるが，水俣の抱える問題を県全体で連帯して負っていくという感情は，県庁職員以外では希薄である[3]。同じく2003年当時，県南西部の川辺川ダム建設問題にゆれる人吉・球磨地域に対して，北部の人間は全く関心を示さない。熊本県北部に位置する山鹿地域の政治家秘書や町役場職員は川辺川ダム建設問題を他県の話であるかのようにとらえる。水俣市役所関係者はこういった温度差について「同じ県内にありながら，たとえば水俣市と熊本市の距離は水俣市と東京の距離よりも大きい」と述べる。したがって，熊本は県全体として一致団結するような意識を持たない。もっとも中央集権下で外敵が存在しない日本の各都道府県において，このような意識を持つのは沖縄県くらいであろう[4]。

　これら住民自らが満足している保守的な傾向に対して，保守性に対する不満が存在するのは，男女の格差においてでる。熊本県は，明治時代に女性の地位向上のために闘った竹崎順子と矢島楫子の姉妹，嘉悦孝子，久布白落実

3　2003年当時の熊本県庁は知事部局の３分の１の職員が水俣病問題に直接かかわった経験があり，熊本県行政において水俣病を抜きにしては語れないという認識を持つ。

4　地域が一体となって対処するべき問題がある場合，その地域のリーダーの支持率は高くなる。アメリカ大統領支持率を説明するrally-round-the-flag effectは日本の知事にもあてはまり，例えば，2015年の時点で普天間米軍基地移設問題をかかえる沖縄県においては翁長知事の支持率は高い。

などを輩出したことで有名であり，彼女たちは大宅壮一によって「肥後の猛婦」とも称された(大宅，1959)。しかしながら，「肥後の猛婦」は当時の一部の女性の話であって一般の女性の話ではない。彼女たちの努力は全国的な女性の地位向上に大きく貢献したものの，熊本における男女差の意識は今日まで続いている。例えば，女性は車の運転が下手だという認識が一般的に存在するが，その真偽はともかく，駐車場に「女性のかたは出入りのしやすい○○駐車場をご利用ください」と書かれていることがある。「運転の苦手なかた」と書けば目的は果たせるはずである。また「女が電話しても話が通じない」ことが多いとも言われる。経済同友会の会長である北城に講演依頼の電話をした市民団体代表の原田躬予子は，熊本県経済同友会に電話したところ全く相手にされず，東京本部への電話によって講演が可能になったという経験がある。したがって，2000年代においてもなお熊本県では，男女共同参画の運動は高い優先順位を持っているという背景が指摘できる。

2．熊本県の政治的特徴

(1) 保守的な政治風土

　熊本県は47都道府県を「都市型」「農村型」と分類する多くの先行研究において「農村型」に分類される。先述した保守性は，政治の分野においても際立っている。

　「薩摩の大将・肥後の中将」と揶揄されるように比較的対外的競争心をもたない熊本県は，内部においては歴史的に政争が激しい(南，1996；南，2001)。戦前の「政友会系」「民政党系」という分類が21世紀においても通用し，歴代熊本県知事や歴代熊本市長はこの2派から交代で出されてきた(熊本県戦後歴代知事については表2-1)。

　熊本県知事は2期か3期で交代しているが，現職知事が3期目もしくは4期目の野望を潜在的な候補者に打ち破られるという激しい選挙もしくは候補者調整を繰り返してきた。例外は細川の3期目不出馬である[5]。日本全体で保革の時代と言われ，全国で革新首長が誕生していた1960・70年代においてさえ，熊本は保守陣営内で激しい政争を繰り広げていたことになる。その政

5　細川は「権不十年」として2期8年で知事を退任した(細川，1992)。

62

表2-1　熊本県戦後歴代知事

	在任期間(期)	系列	就任前	就任後
桜井三郎	1947-1959 (3)	政友会	官選知事	参議
寺本広作	1959-1971 (3)	民政党	労働次官、改進党参議	参議
沢田一精	1971-1983 (3)	政友会	自治、副知事、参議	参議
細川護熙	1983-1991 (2)	民政党	記者、全国区参議	参議、衆院、総理
福島譲二	1991-2000 (3)	政友会	大蔵、衆院議員	死去
潮谷義子	2000-2008 (2)		養護施設園長、副知事	大学理事長
蒲島郁夫	2008- (3期目)		大学教授	

注)寺本と細川は当時の分類では「田中派」，沢田は「中曽根派」である。

争の激しさは，公務員を巻き込み，「町内を真っ二つに」する「凄まじいもの」であり，そのような選挙戦の激しさは大昔の話ではなく「つい最近」の話であると述べているのが40代の県庁職員であることから，1980・90年代にも存在したと推察される。例えば，熊本県知事職をめぐる政友会と民政党の争いとは別に，天草における政争は，福島譲二系の福友会と園田博之系の晃山会の対立という形で，2000年の福島の急死まで続いていた。福島の死後，園田が天草を一本化したが，2000年3月の天草における本渡市長選では福友会系の市議と晃山会系の市議が対立して後者が推した安田市長が当選した。地方政治において好まれる非政党性にたがわず，どちらも「保守系無所属」としてである。

　このように，熊本の政争は保守政党である自民党内で繰り広げられる。熊本における政治的対立は保革対立のように自民党とそれ以外という構図をとることはなく，自民党内部に存在するのである。自民党本部，そして熊本県自民党県連と市支部の各々の思惑が交錯する公認争いは，1人を選ぶ首長選挙や衆議院議員選挙小選挙区において顕著となった。1990年代の水俣市選出県議会議員のちに水俣市長を務めた江口隆一の例を初め[6]，衆院選挙におい

6　水俣市においては，自民党政治家である江口が1991年4月の県議選に無所属で出馬，自民党現職を僅差で破って初当選したという経緯があり，以来，党支部とは対立が続いていた。1994年の水俣市長選では党支部公認の吉井正澄市長に対して，江口は対抗馬を支援し，さらに溝が深まる。江口自身は，1995年と1999年の県議選いずれも無所属で立候補し，党支部の推す候補と激しい選挙戦をくりひろげた。党県連は江口の自民党入党を認めたが，市支部では認めていな

ても熊本2区の野田毅と林田彪[7]，熊本3区の松岡利勝と魚住汎英[8]，同じく松岡利勝と坂本哲志[9]，熊本5区の矢上雅義と金子恭之[10]，のあいだで激しい公認争いが繰り広げられてきた。選挙結果を見る限りでは自民党圧勝となるが，その公認過程において熾烈な争いが繰り広げられているのである。

熊本の政争の舞台は保守政党内部にあり，そして熊本県は保守王国そして自民党王国とみなすことができる。2003年において熊本県関係国会議員は熊本1区の民主党代議士である松野頼久を除けば自民党議員で占められ，県議会議員は54名中37名が自民党県議団，6名の保守系無所属を加えれば8割近くが自民党で占められる。

熊本県の地方議員たちは，日本の政治風土の典型である系列代議士によって派閥を形成していたが，衆議院議員選挙における小選挙区制の導入以後，派閥体制は意味をなさなくなってきたことが県議会議員や議会事務局で指摘されている。しかしながら，2003年の時点においては，依然として系列議員単位で選挙応援する光景が観察できる。自民党県議会議員たちは，自分たちが恩義を感じている俗にオヤジと呼ばれる代議士の名前を出すことに躊躇がない。

このように保守系自民党で彩られてきた熊本県は，しかしながら，自民党生え抜きの有力な政治家を持たない。先述した「肥後の中将」はこの意味で用いられることもある。全国的に知名度が高く当選回数の多い熊本出身の政

かった。

7　1996年衆院選では，新進党の野田に対して，自民党は建設省出身の林田を擁立し，激戦のち野田が勝利した。林田は比例で繰上げ当選した。このような経緯から2000年衆院選は与党内で2名も存在することから問題となり，最終的には林田が比例に回るコスタリカとなった。

8　魚住は1996年衆院選で新進党から出馬し，松岡と大接戦をくりひろげ1000票差で落選した。その後も自民党公認を得たことはないが保守系であることから松岡と対立し続けた。

9　坂本は自民党県議の出身であるが，松岡に対抗して2003年総選挙では無所属として出馬，松岡が復活当選したことから自民党入党を果たせなかった。

10　矢上は1996年衆院選では新進党の候補であったが，2000年衆院選までに自民党本部が入党を認めてしまった。したがって，2000年衆院選では主流の旧小渕派と自民党県連が矢上を，非主流の山崎派と地元が金子氏を応援する分裂選挙を展開した。

治家としては野田毅や園田博之が存在するが，双方とも自由党や新党さきがけなどといった政党を経由しており，自民党生え抜きではないのである。熊本出身の首相としては細川護熙が存在するが，細川もまた政党を渡り歩いたことにより，熊本政界に少なからぬ影響を及ぼしている[11]。細川が参院転身後の1992年に日本新党を結成し，同時期に園田が新党さきがけに参加したことは，日本政治の特徴である系列議員の一斉移動という意味で，熊本の政争をさらに激化させた。先述した公認争いの一因は，この日本新党やさきがけに始まる一連の「保守系」新党を「オヤジ」に従って候補者が渡り歩いたことにもある。そして，自民党政治家である松野鶴平を祖父に，松野頼三を父にもつ熊本１区選出の松野頼久が熊本県唯一の民主党代議士である理由は，彼が細川の秘書をつとめていた経緯による。2000年衆院選において「１区現象」と呼ばれる民主党の台頭も，熊本においては根が自民党にあることが指摘できるのである。

　2003年当時の熊本政界は，1990年代以降の政界再編の経路によって表2-2のような分類ができる。社会党系の本田良一が2004年参院選挙において落選したことで，熊本の国政政治家のほとんどが自民党となり，保守王国となる。しかしながら，先述したように自民党から離党することなく自民党に在籍し続けた国会議員は少ない。国政の場において有力な県関連国会議員を持たないことによる影響は，熊本県が民間出身の知事を迎えたときにあらわれる。

表2-2　熊本政界の保守系列

自民党：	松岡利勝、林田彪、三浦一水など
さきがけ系：	園田博之とその系列地方議員，自民党に戻る
新進・自由党系：	野田毅とその系列地方議員，自民党に戻る
日本新党系：	細川護熙(引退)，矢上雅義，魚住汎英(新生)，松野頼久(民主)
社会党系：	本田良一(2004年参院選落選)
脱政党系：	幸山政史・熊本市長(元自民)

11　細川護熙が知事になった1983年からの２期８年間は，当時県庁に就職した職員によれば「熊本が輝いていた時代」であった。東京の大学に進学した者が，東京の企業に勤めるよりは熊本県庁に勤めることのほうに意味を見出して帰熊するくらいの輝きを持っていた。細川県政は熊本県民の誇りだったのである。

以上のような保守系支配の熊本においては，女性政治家の活躍があまり見られない。2003年の時点で県議会における女性議員は54名中1名であり，市町村議会における女性議員の比率も2-5％である。女性議員が存在したとしても，本書で扱う潮谷が当初予想されたように，単に男女比の「見栄え」の問題から女性を議会に入れただけという感覚もあったのである。日常の政治活動においても，一般市民の女性が活動に参加することは想定されていないことが多かった。ある選挙事務所の女性スタッフは「昔は日中に活動できないから，夜こっそり出歩い」て選挙運動を行ったと述べる。

　以上のように，熊本は保守系政党内部で政争が繰り広げられ，女性が政治活動することは稀であるという政治的風土を特色とする。このような政治的風土において，県知事が女性であり，それも政治行政経験のない民間出身であるという事実は，熊本にとってかなりの異例なケースであった。

（2）　熊本県の政治問題

　沖縄県をのぞいて現在の多くの都道府県においては，現実には県全体で連帯して共有する問題をもたないと言ってよい。高度経済成長期とは異なり，県全体が同じ目的をもって同じ恩恵にあずかるという公共事業が展開されることもないのである。山田（1965）が戦後すぐの島根県の事例から考察したような，中央政府からの補助金獲得のための一致団結と非政治化というような背景はあてはまらない。

　県全体で共有されていないものの，熊本県の最大の問題であり続けているのは水俣病問題である。熊本県知事の頭の片隅には常にこの水俣病問題が存在している。水俣病は，熊本県と鹿児島県における一部市町村という地域に起きた問題でありながら，日本の高度経済成長の根幹をなす大企業である日本チッソを相手とするという市町村レベルでは対応しきれない問題であり[12]，国と市町村のあいだにあって県知事は問題解決に至る調整を進める存

12　日本チッソが戦後日本の三指に入る大企業であり，日本の経済成長の要でもあったことで，1960年代当時，国は水俣病という問題に触れたがらず，また水俣市が企業城下町であったことも事態をややこしくした。水俣病問題は，当事者たちが語り始めれば一晩では終わらない問題であり，今なお完全解決を見ていない。

在であった。いわば，住民と国と企業を同じテーブルにつかせることが県の役割だったのである。

　その水俣病問題における県の役割を実際に担ったのは熊本県職員たちである。2003年当時で，熊本県職員の3人に1人が水俣病問題にかかわったことがあり，その経験は今日の熊本県の政治行政に大きく影響を与えている。水俣市関係者によれば，逃げ出したくなるような凄惨な現実に不作為であった企業と行政に対して恨みをもって訴え続ける患者つまり住民に対して，根気よく対話の糸口を探り続けたのが熊本県職員であり，その経験と手法は第3章で述べるように熊本県における他の課題においても応用されている。

　しかしながら，先述したように，水俣病の問題は熊本県の大きな課題であり熊本県知事と県職員がその重要性を理解している一方で，熊本県民の全体がその問題を共有しているわけではない。水俣市は熊本県南部の海岸側，鹿児島県と接する場所に位置する。熊本県の中心にある熊本市から水俣市に行くには熊本市から1時間の八代市を通過したのち，南九州西回り自動車道が延伸するまでは海岸沿いの細々と続く国道をさらに1時間以上走る必要があった。そのような地理的な断絶性もあって，先述したように水俣市以外の地域では水俣病問題に関する意識が高くない。同じことは，第3章において後述する川辺川ダム建設問題にも言えるのである。

　したがって，熊本県は県知事や県職員レベルでは重要課題と認識する問題があるものの，その問題は県民全体が共有しているわけではない。この県民と知事の問題意識の差は，第3章以降述べるように，知事の政治的行動に大きく影響する。

3．熊本県における政治アクター

　以下では，2003年に熊本県知事であった潮谷義子を中心とする地方政治のアクターについて順に述べる[13]。地方政治のアクターは，知事や市町村長

13　本節では熊本県のケースを述べるが，その他の県に当てはまることも多い。ただし都政と都議会は特殊である。例えば東京都においては，区議会議員，都議会議員，国会議員の選挙区サイズがむしろ後者のほうが小さいという場合もあり，中央官庁との物理的距離にも大きな差がないという意味で国会議員と地方議

といった首長をはじめ，（1）議会や政党，（2）県関係国会議員，（3）市町村政治家，（4）職員，（5）国・出先機関・出向者，（6）団体，（7）住民，（8）マスメディアなどが存在する。

（1） 熊本県議会

　地方政治において重要なアクターは首長であるが，二元代表制の一翼を担う地方議会もまた重要なアクターである。地方議会とは集合としての議会を指すこともあり，議会内の各会派のことでもあり，また各議員のこともある。議員や会派の背後には全国政党が存在する。

　熊本県議会は先述したように，自民党と保守系無所属議員が8割を占める。2003年度における県議会議員会派構成は表2-3の通りである。自民党が複数会派に分かれることなく，一枚岩として議会内で68％を占める最大会派であることからもわかるように全国的にもトップクラスの自民党王国である。

　5議員を有する県民クラブは連合や民主党によって選挙支援を受けた議員の会派である。民主党に所属している1人を除き，政党の党員である等といった強いつながりを持っていない。県議会において県民クラブとして活動する際には，議会野党として行動するが，知事選のように選挙においては，各々の所属政党や支援団体によって県民クラブ内で各議員が異なる行動をとることがある。その点，公明党・共産党・新社会党は地方レベルの判断と中央レベルの判断が一致している。

　7名いる無所属議員は1名を除いて保守系無所属であり，選挙区での競合や事件を起こしたなどの理由があって自民党を一時的に離れている議員である。したがって，県議会の議案採決においては無所属議員7人中6人は自民党県議団とほぼ同じ行動をとる。保守系無所属を含めれば，県議会内におけ

表2-3　熊本県議会会派構成（2003年12月時点）

自民党	県民クラブ	公明党	共産党	新社会党	無所属	（合計）
37	5	3	1	1	7	54

員の関係が他県とは異なる。またメディア報道においても地元新聞社の政治部ではなく全国規模メディアの社会部が取材担当するなどの違いがある（2015年11月14日，東京にて元東京都議会議員・原田大インタビュー）。

る自民党系の勢力は80%を超える。

熊本県議会において安定した過半数を占める自民党県議団のとりわけ4期以上のベテラン議員は知事に対してアポイントメントなしで訪問したり電話したりするのに対し，その他会派の議員は知事との面会をそもそも要望しないことが多い。新社会党や共産党の県議会議員によれば，当選直後に知事室に挨拶に行く以外は知事に要望を申し入れる団体とともに行動する程度である。

一方，知事がどの会派とも等距離を保つことを目指す，もしくは知事が「県民党」や「無党派」を標榜している，いわば中立願望をもっている場合は，その他の会派はこれを利用することができる。少数会派は最大会派を優遇する知事や執行部に対して「特定会派に偏るとはどういうことか」と批判することによって，自らの立場をアピールすることができるのである。

（2） 県関係国会議員

非自律的な地方政治において，その地域から選出される国会議員たちの重要性は非常に高い。これら国会議員たちは地方と国政のパイプ役を担うことが期待される。熊本県における県関係国会議員とは，熊本県を選挙区とする衆議院議員，参議院議員，熊本県内を地盤とする比例区衆参議員であり，厳密な定義はない。2003年当時の熊本県の場合，衆院選挙区において2区でコスタリカ方式がとられ，2区と3区で比例区復活議員が存在した。2003年4月の時点における熊本県における県関係国会議員は表2-4の通りである。

先述したように，地方政治においては中央政界や官庁に頼る必要があるという非自律性の意味で，その地域から選出される国会議員たちの重要性は非常に高い。これら県関係国会議員は知事によって丁重に扱われる。国会議員たちは知事が上京し霞が関の官庁を訪問する際には同行することもあり，地方と国政のパイプ役を担っている。

したがって，これら県関係国会議員の誰が県にとって役に立ち，彼らにどのように接し，どのように利用するかが重要となる。第4章の国政選挙における知事による選挙応援で後述するように，県にとって最も役に立つ国会議員とは政府与党の3期から5期あたりの議員である。政府与党の議員であることは当然であるが，政府与党でもベテラン議員は地元にほとんど帰郷せ

表2-4　熊本県関係国会議員（2003年4月）

衆参	選挙区		所属政党	当選回数	
衆院	熊本1区	松野頼久	民主党	1	
	熊本2区	野田毅	自民党	10	山崎派
	熊本3区	松岡利勝	自民党	4	亀井派
	熊本4区	園田博之	自民党	5	旧加藤派
	熊本5区	金子恭之	自民党	1	山崎派
	比例区	林田彪	自民党	2	橋本派
	比例区	西川京子	自民党	1	亀井派
	比例区	江田康幸	公明党	1	
参院	熊本選挙区	三浦一水	自民党	2	亀井派
	熊本選挙区	木村仁	自民党	1	橋本派
	熊本選挙区	本田良一	民主党	1	
	熊本選挙区	魚住汎英	自民党	1（衆2）	亀井派

ず，地元の事情に明るくない。また1期や2期の新米議員は中央政界や官庁に人脈を持たない。したがって，政府与党の中堅議員がもっとも国政と地方のパイプ役として期待されるのである。

（3）　市町村政治家

　市町村の首長や議会議員は，行政的には上級庁と下級庁という関係にあることから，県知事に対する陳情というかたちで接触することが多い。実際，知事室を訪問する県下の首長団体や議員団体は多い。また，市町村長は県知事が地方振興局に視察に行く際の接待役をつとめる。

　知事の政治的判断が住民の総意として国や事業者によって尊重されるように。県もまた市町村の選挙結果や市町村政治家の態度を地域住民の代表とみなして尊重するように努める。例えば，川辺川ダム問題で揺れる人吉市市長に誰が選ばれるか，県庁所在地である熊本市長に誰が選ばれるか，といった点には県知事は大きな関心を示す。

（4）　県庁職員

　熊本県庁には6,000人を超える職員が出勤している。県知事がその日常において最も接触する機会の多い存在である。実際に県知事に接触する県職員は一部である。熊本県においては部長クラス，知事室周辺の秘書課，広報

課，政策調整課，そして県議会答弁前に知事に対してレクチャーをおこなう県職員たちである。したがって，県庁職員には実際に知事に接触する職員もいれば，全く接触したことのない職員もおり，彼らの知事に対する評価はまちまちである。

（5）　国，出先機関，国家公務員

　熊本県においては九州農政局や九州総合通信局といった国の出先機関が存在する。こういった出先機関は地方と国と結ぶパイプ役としても重要である。歴代知事はこれら出先機関が熊本から移動しないように，出先機関トップたちと定期的に接触する。これら出先機関に大臣が来熊する場合には知事が出迎えるのが基本である。

　また，人材交流とりわけ国との強いパイプを期待して，国家公務員の地方出向はよく見られる。熊本県においては副知事や総務部長クラスに中央官僚を迎える。潮谷県政1期目においては，財務省の黒田武一郎を副知事として迎えているほか，課長クラスでも中央省庁の出向者は多い。

（6）　団体

　熊本県においても職能団体，社会問題に関する団体などが各種存在する。これらの団体は日常の県政においては登場することが少なく，日常的にロビー活動を行っているわけではない。県議会における陳情や意見書提出などで登場したり，選挙においては候補者に推薦状を持参し，動員をかけたりする存在である。熊本県においてはとりわけ農業団体の政治連盟，水俣病やハンセン氏病といった社会問題に関する団体，川辺川ダム問題など環境団体の存在が目立つ。

（7）住民

　住民が地方政治のアクターとして政治に参加するには，投票のほか，集会への参加，選挙運動への参加，県議会傍聴，行政に対する意見など様々なルートがある。前章で述べたように首長の住民運動利用の可能性は熊本でもありうる。次章において詳述するように，潮谷は川辺川ダム建設に関する住民大集会を開催することによって国営事業に歯止めをかけるという行為を行っている。

（8）マスメディア

　先述したように，地方政治においてメディアの果たす役割は国政レベルとかなり異なる。とりわけ，熊本県のように地元紙である熊本日日新聞（熊日）という一社の購読率が7割という地域においては，地元紙の影響力はかなり大きい。それは，読者に対する影響でもあるし，記者が取材先に直接与える影響力でもある。また，地域のマスコミ代表というラベルは，例えば「熊日が取材にくるほどのイベントである」という意味付けを与えてくれる。その他全国紙の支社も存在し県庁記者室にもつめているが，圧倒的に地元紙の記者の割合が多く，取材もきめこまやかである。県庁幹部と新聞社幹部との接待の回数も地元紙だけ優遇されており，県庁が地元紙を情報源としていることも伺える。また，知事記者会見において，丁々発止のやりとりをするのは熊日記者であり，熊日記者に県政の弱点を教えられることもある。

　熊日の影響力を，上記のアクターたちは大きく感じるようである。しかしながら，これら影響力は個々人で消化されるきらいがあり，熊日の報道によって社会的な変化が起こるケースは目撃していない。例外として，2003年7月の水俣土石流災害における県の連絡ミスと被害を因果づけて報道した件に関しては，波紋が大きかった。他の地元メディアによれば，熊日は県政に対する批判の「寸止め」をすることが多いと不満を述べる向きもあるが，それは政治報道にありがちな情報コネクションの維持に必要な程度であり，熊本日日新聞社の記者たちは基本的に不偏不党であり続けようとする。

　このほか，政治関係者だけが購読する同人誌的な口コミ紙やタブロイド紙も存在する。例えば地元経済界の月刊誌『くまもと経済』の発行元であるくまもと経済社が刊行する「週刊政治レポート」がある。これは，2～3人の政治担当記者が客観的な立場で取材し得た情報を定期的にレポートするものである。口コミ紙タイプのものとして県庁職員OBであり元「選挙屋」が一人で取材し主観的意見を交えて不定期に発行される「もっこす放談」，地域の月刊タブロイド紙である「くまもとTODAY」や人吉・球磨地域を中心とする日刊「人吉新聞」などが存在する。これらの媒体は，県議会棟図書室に資料として収められている。

　紙媒体以外のメディアとしてTVがあるが，日本の地方政治におけるTVメディアの影響力は研究対象とされてこなかった。熊本にはNHK含め中央キー局と系列の5局が揃っている。これらの地方局が，地域独自のニュース

番組を流すのは夕方5時から6時の時間帯であり，この時間帯にTVを視聴することは外で働く職業の場合には難しいため，視聴者が限られる。それでも県庁の知事秘書課はじめ県庁各課や県政記者室においては，ニュースをチェックするべく5台のテレビが据え付けられている。

このほか，インターネットについては，2003年の時点では普及率が低いこと，選挙運動にインターネット利用が解禁されていなかったことから，インターネット経由でつたわった口コミによって政治が動くことは少ない。地方政界でインターネットがあまり使われていないことの第一の理由は，選挙運動にインターネットを利用してはならないという総務省見解があったことが挙げられる。したがって再選インセンティヴが強く選挙運動を第一とする政治家にとって，インターネットは利用する価値の高い媒体とはならない。また，県や市町村レベルの議員においてはその選挙地盤の規模が小さく可視的な範囲に限られていることも挙げられる。しかしながら，熊本県においては国会議員レベルでもインターネットを駆使していない。ほとんどの国会議員がホームページをもつものの，その更新頻度は年数回とりわけ選挙告示前に更新する程度である。第二に，熊本政界において，インターネットを使いこなす世代である30代もしくは40代の人材が少ないことが挙げられる。2003年時点の熊本県議会議員の中で，インターネットを使いこなしている議員は55人中3人程度の若手議員に限られる。また，熊本県知事の潮谷自身，メールやホームページなどを自分の手で使いこなしていない。知事の友人たちも50代60代以上であり，口コミにインターネットを利用することは少ない[14]。

したがって，熊本日日新聞以外のメディアはアクターとして県政に関わっているとは言いがたい。

4．熊本県知事・潮谷義子

以下では，潮谷義子が2000年に熊本県知事になった経緯，生い立ちを含めた個人的な資質，彼女の支持者たちについて述べる。最後に潮谷義子・熊

14　2008年から熊本県知事をつとめている蒲島郁夫も初当選時は61歳であったが，当時はインターネットを主体的に使いこなしているわけではなかった。

本県知事の１期目について，果たして予想された通りの傀儡知事であったのか，彼女はどのような知事を目指していたのかを考察する。なぜ保守的な政治風土である熊本県において民間出身の女性知事が誕生し，そしてどのような形で再選されることになるのかを詳細に記述することで，保守的な政治風土における女性知事の存続について理解の手助けとしたい。

（1）　2000年熊本県知事選挙

　潮谷が2000年熊本県知事選に立候補することとなった経緯は，2000年２月に前知事・福島譲二が急死した際にたまたま副知事の座にあったからである[15]。この経緯を潮谷は「人知のあずかり知らぬところ」と表現する。潮谷は長らく熊本県庁近くにある児童養護施設慈愛園で働いていたが，1999年に熊本県知事・福島譲二に請われ，熊本県政初の女性副知事として就任していた。副知事時代の潮谷は，素人ながらも県政初の女性副知事として人気が高かった。福島による潮谷の副知事抜擢は「近年まれにみる知事のホームランだった」とまで表現されている[16]。

　前知事・福島譲二は1999年の熊本知事選に当選して３期目に入り，１年が経過するところで急逝した。そのため突然の知事選という事態に自民党熊本県連は候補を用意していなかった。そこで，当時「女性副知事」として人気のあった潮谷に白羽の矢がたったのである。前知事・福島譲二の通夜の席で，元熊本知事である沢田一精が潮谷に「これはあんたにくるよ」とささやいたのはその前兆であった[17]。

　潮谷が自民党県連から立候補要請を受けて立候補を決意するあいだに，当時自由党参議院議員であった阿曽田清が熊本県知事選への立候補を表明した。阿曽田の政治的人脈は複雑である。第一に衆院熊本２区を地盤とする自由党代議士・野田毅の弟分として認識され，また熊本県農協組合長であったことから県内保守派や農政連と親しかった。第二に自民党・新進党・自由党と渡り歩いた経緯から公明党組織とも親しい。第三に個人的人脈によって連

15　前知事，福島譲二は2000年２月下旬に，黒川温泉で急死した。その日は，ちょうど潮谷が副知事として１年を迎える日でもあった。

16　朝日新聞2000年２月14日。

17　潮谷義子へのインタビュー。

合とも近い関係にある。民主党・社民党は，自民党県連の推す候補である潮谷義子には相乗りできないという判断から，連合と近い関係にある阿曽田を推薦する。これによって自民党県連の推す潮谷と，民主・社民の推す自由党出身の阿曽田，そして共産党候補という構図ができあがった。そして阿曽田の経歴から，農政連や公明党が潮谷と阿曽田のどちらにつくかが注目されたのである。とりわけ公明党は，公明党票が県内で少なくとも10万票と考えられ[18]，知事選を左右するほどの勢力であることからその動向が注目された[19]。

2000年3月から4月という時期は，中央政界では，自民党・公明党・自由党が自自公連立を組んでいた時期である。したがって，公明党としては中央政界における政権枠組みを優先して自民党と連携し潮谷を応援するという選択があった。その一方で，とりわけ公明党組織の末端における要望として，新進党時代の関係から阿曽田を応援する選択もあった。

結果として，中央の政変の波をかぶる形で公明党本部が潮谷を推薦決定したのは投票日の10日前，4月5日のことであった[20]。4月1日に始まる自由党連立離脱，小渕首相の入院，森喜朗内閣の誕生，自公保連立政権という一連の流れにおいて，自公保の枠組みの連携を強化したい野中広務自民党幹事長代理（4月5日に森喜朗自民党幹事長の後をついで幹事長に就任）が公明党に潮谷推薦を強く依頼したとされる[21]。これを受けて，選挙期間中の4月9日に公明党代表代行の浜四津敏子は，潮谷応援のために来熊している[22]。

熊本県知事選に立候補した潮谷義子陣営の選挙運動は，自民党の選挙そのものであった。選挙事務所もスタッフも全て自民党県議の持ち出しであり，

18　公明票が熊本県下10万票という数字は2000年6月の衆院選比例区公明党獲得票は熊本県全体で14万，2003年11月の衆院選比例区では15万であり，連立関係にある自民党とのバーターを考慮して妥当な数字である。

19　これに対して，自由党もしくは保守党の動向は，知事選を左右するという意味では注目されなかった。自由党は熊本県知事選挙期間中に政権離脱の自由党と政権にとどまった保守党に分裂し，阿曽田と親しい野田毅は保守党として政権に留まった。保守党は結局自主投票としている。

20　通常，公明党は県からの推薦をそのまま本部が追認する形をとっており，このような中央との協議による決定は異例とされる。

21　潮谷義子へのインタビュー。

22　朝日新聞2000年4月11日，朝日新聞2000年5月3日。

初の女性知事候補に対する応援として選挙運動に参加した多くの女性たちも実質的には自民党の演出や指示に従ったまでである，と言われている[23]。中央政界からも，自民党県連の臨時大会に当時自民党政調会長であった亀井静香が応援に来ている。亀井の来熊は熊本県の自民党国会議員は旧江亀派もしくは志帥会の議員が多いことも関連する。亀井の応援演説は，自民党政治を端的に表している。「熊本県だけが民主党の傘下に入ることがあってはならない。そのときは，国は熊本県をほっとく。その分の予算は鹿児島県とか，大分県にまわす」[24]。

　候補者本人である潮谷は，これら江亀派とは全く縁がなかった。「亀井さんがきてくれたとき，みんなが静香さんがくる，っていうから，私てっきり（歌手の）工藤静香さんがくるのかと思ったのよ。そしたら違うじゃない」というほどである。潮谷は自民党と縁がないというよりも，そもそも政治とは縁のない生活だったのである。知事となってからも，「江藤（隆美）さんが，困ったことがあったら言いなさいって言ってくれたんだけど，（しばし沈黙のち）言ったことない」，「（公明党の推薦決定に関しては）野中さんが尽力してくれたんだけど，格別個人的なつきあいはないし」といった調子で，政界との付き合いはほとんどない。

　2000年熊本県知事選を経験するまでは政治とは縁がなく政界との付き合いも全くなかった潮谷であるが，この選挙運動を通して自民党と公明党に大きな「借り」ができたことになる。とりわけ，実際の選挙結果は潮谷の46万8千票に対して阿曽田の39万票と票差が8万弱であったことから，10万票とされる公明党の潮谷推薦決定は選挙結果に大きく影響を与えたと考えられる。潮谷は，これら自民党と公明党に対して，県議会では与党として優遇するのみならず，この「借り」を国政選挙における2政党候補への選挙応援という形で返していくことになる。

　第4章の選挙応援において詳細に述べるが，衆院選と参院選の両方において，熊本県知事潮谷義子のもとには自民党と公明党から選挙応援の要請がきている。これに対して，2000年知事選において対立候補である阿曽田を応援した民主党や社民党，そして共産党はもちろんのこと，応援要請をおこな

23　朝日新聞2000年5月9日。
24　熊本日日新聞2000年4月20日。

わない。潮谷は自身の選挙の2か月後に実施された2000年6月の総選挙において，熊本県自民党県連の指示のままに選挙応援に出向き，対立する政党や有権者から若干の批判を浴びた。潮谷によれば，2カ月前の自分の選挙で「お世話になった」ことから，自民党の指示通りに動いて当然と考えていた。

（2） 潮谷義子のパーソナリティ

a. 潮谷義子の経歴

　潮谷義子のパーソナリティは，その経歴の説明によって表現できる[25]。彼女は，佐賀県に生まれ，幼くして母親と死別する。新しい母親と弟を迎えた家庭になんとなく違和感をもち，教会に通ううちに彼女は「生命への畏敬」という概念でノーベル平和賞受賞したシュヴァイツァー博士に尊敬の念を抱いた。彼女の信条はそれ以来，「いのちに頭を垂れる」である。将来は福祉の道に進もうと考え，東京にある日本社会事業大学に進学した。そこで出会ったのが，夫になる潮谷愛一である。潮谷愛一は，熊本市にある養護施設慈愛園の園長である潮谷総一郎を父とし，幼い頃から福祉の現場で育ってきた。偉大なる父に対して，少々ひねくれ，どこか斜にかまえているこの息子であるが，日本社会事業大学に進み父と同じ道を進むことに決めていた。

　福祉を真面目に勉強して理想を追求する義子と，福祉の現場を知っている愛一は，最終目標が同じでありながらも，その到達手段の相違によって良い論争相手になったようだ。大学を卒業して，二人は結婚することになるのだが，義子は佐賀県庁，愛一は大分県庁と職場が分かれてしまった。そこで愛一がとった行動は，大分県庁に赴いて「佐賀にこんなおなごがおるけん，とってくれないか」と直談判することであった。

　こうして，結婚式をあげ，一緒にくらしはじめた2人には，息子が3人いる。義子は，3人の息子を育て上げながらも，社会福祉士として働き続けた。彼女がかかわった事業は，社会福祉士，生活保護司，いのちの電話相談，乳児ホーム園長，である。人間のどん底と，生命の誕生に日常的に接する職場に長年いたことは，彼女の福祉専門家としての経験を確かなものにしている。

　1999年1月，潮谷の職場である慈愛園から数百メートルと離れていな

25　朝日新聞2001年1月29日。

い熊本県庁から，福島譲二知事がやってきて潮谷に副知事就任を直談判する[26]。福島譲二知事は，3期目に再選したところであり，これまでの2期8年間を前任者である細川護熙知事のハコモノ拡大路線の尻拭いに費やしてきたために，3期目は福祉に力を入れたいと思っていたのではないかといわれる[27]。潮谷は，男女協同参画の時代に水を差したくないという思いから就任を引き受けた。ところが，この福島譲二熊本県知事が潮谷に副知事就任を以来してちょうど1年後の2000年2月に急逝する。先述したように，潮谷はその後を受け継ぐ形で知事選に出馬することになる。

潮谷義子が熊本県副知事であったのはわずか1年間であった。その副知事時代に，副知事としての潮谷義子を応援する団体が誕生している。「オーロラの会」と名づけられたその団体は，潮谷夫婦の職場である慈愛園のボランティア関係の人脈によるメンバーで占められており，男女比も半々，党派性も様々である。「オーロラの会」は，潮谷が知事となってからも年2回，知事を交えて懇親会を開き，知事はここで自由に論争する。ただ，「オーロラの会」は，党派性が様々であったために，副知事時代には生じなかった問題が知事選において生じた。つまり，知事選で潮谷が自民党と公明党の推薦を受け，主要対立候補の阿曽田清が民主党・自由党・社民党の推薦候補であったために，党派性の違いから応援できなくなったメンバーが生じたのである。連合のメンバーでもあったり，阿曽田と親しくもあったりしたオーロラの会のメンバーは2000年の知事選からしばらくは，ひっそりとせざるをえなかった。

「オーロラの会」に象徴されるように，潮谷義子は知事就任以前に福祉やボランティアそしてキリスト教関係の人脈によって一定の支持者を獲得している。2000年の最初の知事選において応援した女性団体を総括する「さやかの会」の会長を務める平野多嘉子はこう言う。「知事さんとね，一緒に信号待ちしていたときに，『あなた，そこの点字ブロックの上に立たないでくださる』と言われたのよ。わたしもう，なんてこの人はすごいんだろうって感嘆しちゃってね」。「オーロラの会」のメンバーでもある石原菜保子は，知事のどんな政策がいいと思いますかと問われたときに，「政策とかそういう

26　秋穂，2002。
27　2003年4月，県庁職員インタビュー。

のは，私分からないんですけれども，ただもう人柄がすばらしいので」と述べている。

　こういった知事のパーソナリティにもとづく支持者の支持について否定的な見方も存在する。熊本県におけるある政治家はこう言う。「あの人たちは，政策内容も判断しない，いわば知事の崇拝者，admireでしょう。私どうしても，あの人たちがわからないのよね」。実際，潮谷支持者が潮谷を交えたミーティングにおいて会議が紛糾したときに潮谷が何か一言を発するとその場がとりあえずおさまることがある。例えば2004年2月に「さやかの会」が総会を開いた際に，会費の扱いをめぐって議事が紛糾した。黙って聞いていた潮谷がしゃべりはじめると，全員が静かになって話はいったんおさまる。しかしながら，実は何も決まらずに終わっているのである。さやかの会の事務をしていた20代スタッフは笑いながら言う。「あれ，おかしいよねー。みんな（潮谷知事の）言うこときくんだけどさ，何も言ってない（に等しい）じゃん」。

b. 福祉の潮谷

　「いのちに頭をたれる」，つまり，生命というものに対して畏敬の念をいだく彼女の姿勢は，常に垣間見られる。2003年7月，水俣では土石流災害で19名の命が失われるという惨事が生じた。被害のあった翌朝，防災服で現地入りした知事は，家族が生き埋めになっている女性に声をかけている。今こうしている時にも，家族が土砂の下にいて，どこにいるのか分からないそういう絶望的な状況で，知事に対して泣きじゃくりながら「早くみつけてください」と訴える女性に，知事は「つらいだろうけれども，いまはいっときがまんしてください」と毅然とかみ締めるように答える。女性が，口をぎゅっとしめて泣きながらも頷く姿は，知事の言葉を受け入れているかのようであった。このように，凄惨な現実に逃げ出したくなるような状況で，あえてコメントし抱擁できる姿勢は，彼女の福祉専門家としての経歴があってこそである。この現場の映像は，熊本県内のTV各局のニュースにおいて報道された。

　知事の姿勢として，人権に対して敏感であることも人間性をあらわしている。熊本県は，水俣病問題を抱える土地であり，日本最大のハンセン病施設である恵楓園も抱えている。水俣病に関しては，既に前任者の福島譲二知事

の時代に政治的解決がみられ，残るは裁判の手続きという状況であったが2000年8月の水俣病認定審査において，認定作業にあたった県職員が申請者の職業欄に「ブラブラ」と記入したという事実が発覚した。このときに，知事がとった行動は大変に素早いものであったといわれている[28]。また，水俣病の語り部である杉本栄子はじめ，相思社の弘津敏男，前水俣市長の吉井正澄もふれていた潮谷知事のよいところとは，「県内の小学校5年生全員に環境学習として水俣に行かせること」であった[29]。

2003年11月にハンセン病元患者[30]の宿泊拒否事件が起きた時も，潮谷知事がとった行動は迅速であった。これは県が主導するハンセン病元患者に対する「ふるさと訪問事業」の一環であり，ハンセン病療養施設内で暮らす住民に，施設外の環境に触れることを促進するものである。宿泊施設との交渉は全て県が段取りしていた。ところが，宿泊直前になってホテル側がハンセン病元患者の宿泊を拒否する。

11月14日にホテル側による宿泊拒否が明らかになった3日後の11月17日に，潮谷は知事定例記者会見において事の顛末を報告している。この3日のあいだに，担当職員は宿泊拒否の撤回依頼という知事から直接指令を受け，ホテル側に法的な件もからめて電話で交渉，知事名入りの説明を持参して東京本社に赴いて交渉を成し遂げている[31]。その結果，ホテル側が宿泊拒否を翻意しないと分かった時点で事態の公表に踏み切った。潮谷は，宿泊拒否ということの社会的重大さとそれに関係した行政責任者としての説明責任を感じていたのである。

その上で潮谷らしさが出ているのは以下のような補足である。2003年11月17日の記者会見において，潮谷知事は説明の最後にこう述べた。「記者の皆様にお願いがあります。この事業は，ふるさと訪問事業であって，他の受け入れてくださるホテルに宿泊先を変え，21日におこなわれます。まだ終

28　朝日新聞2000年8月16日。

29　2003年5月1日，水俣市，インタビュー。

30　当時はハンセン病元患者と表記されていた。潮谷自身，「風邪ひいたって元風邪患者って言わないのに，なあんでハンセン病は元患者なの」と疑問を感じていたように，疑問のある表現であるが，本書ではこのまま表記する。

31　2003年12月3日，熊本県庁，実際に担当した熊本県庁職員へのインタビュー。

わっていませんので，終わるまでは，取材を控えていただきますようにお願いいたします。恵楓園のほうでは，太田自治会長が対応します[32]」。つまり，事件を公表することの社会的重要性を強く認識すると同時に，個人のプライバシーも守りたい，と彼女は判断したのである。この彼女の思いは，当事者である恵楓園の太田自治会長という賛同者も得ていることが分かる。

　以上，知事になってからの政策も交えて紹介したが，これらの対応は潮谷の経歴から十分に予見できるものであり，これら対応が評価されて新たな支持を得るというよりも，もともとの支持者たちからさらに強い支持を得るという方向に作用する可能性が高い。つまり「やっぱり福祉の潮谷」という評価になるのである。

c. 潮谷の素顔

　潮谷義子の最も特徴的なパーソナリティとは，信念を曲げず頑固であることである。その頑固さは，熊本県議会において「やおいかん女子（おなご）」（思うようにいかない女性）と評されるにいたる[33]。自民党県議団が2000年の福島譲二知事急逝をうけて潮谷を知事に推したのは，「御しやすい」知事であるともくろみ，また周囲も「自民党傀儡知事」を予想してのことであったのであるが，その内面は，信念の固さ，頑固さ，であった。その最たるものは，第3章において後述する川辺川ダム建設問題に関して「川辺川ダムを考える住民大集会」の開催を決定し，推進派と反対派の両者を討論させたことである。この前例のない試みは，県庁内や旧建設省はじめ，あらゆる方面からの開催大反対にあう中で，ひとえに彼女の信念とそれを信じた部下の努力により開催された。

　彼女の頑固さ，一途さは，実生活でも証言される。夫である愛一は，妻のこの頑固さについてのエピソードを披露してくれた。2000年の「知事選に出ると決めたとき，新聞に『家族と相談して決めました』て書いてあるが，おれ，なんもきいとらんぞ。おれは，新聞で出るってしったんぞ。」

　潮谷が頑固である点は県議会議員との確執においても見られる。2003年6月の熊本県議会において坂本哲志県議は潮谷県政の政策の柱である「ユニ

32　2003年11月17日熊本県知事記者会見の取材メモによる。

33　朝日新聞2002年1月27日。

バーサルデザインとパートナーシップ」のうち「パートナシップ」が何を意味しているのか分からないと潮谷知事を批判した[34]。この県議の質問に対して「私は，あれは売られた喧嘩だと思っている。売られた喧嘩は買うからね」とコメントしている[35]。批判されたのが2003年6月県議会で，この潮谷の発言が5ヵ月後の11月であることから，恨みは相当深かったようだ。

　他県の知事も，潮谷知事のこの頑固さについて了承しているところがある。2003年当時，宮城県知事であった浅野史郎は熊本県知事・潮谷のことに話が及んだとき，「あの，やわらかな，いや，やわらかそうに見える知事が，・・・見えるだけですね」と述べている[36]。

　潮谷の信念の固さは，政治関係者には既知のものではなかったが，友人や支持者たちにおいては，彼女と付き合い，支持する上で，所与のものであった。したがって，もし潮谷が支持者たちの予想を裏切るような行動をとった場合，支持者たちは「潮谷は信念を変えた」とは思わない傾向がある。彼らは，潮谷がその判断をおこなうに値する十分な理由があるに違いない，と考える。その例が第4章で述べる知事の選挙応援である。

　潮谷の頑固さと芯の強さに加えて，特筆すべき彼女の特徴は「茶目っ気」にある。「福祉の潮谷」とはいえ，彼女は聖人君子のような生真面目な人物でもない。少女時代から「金太郎」とよばれ，環境が変わって東京の大学においても「金太郎」とよばれた，そのお茶目で活発な部分も人をひきつけてやまないのだろう[37]。知事になっても，このお茶目度合いは変わっていない。県内で開かれた10数人の会合で潮谷は県知事として出席したが，始まる前に参加者でもある友達が潮谷をとりかこみ，「ちょっとあんた服まがっているわよ」と手直し，髪の毛を眺めては「これ寝癖じゃない」と手直し，といった具合である。参議院内閣委員会に参考人出席という場面においても，潮谷が挙手しないまま発言しようとしたところを委員長に注意されたとき，「やっちゃった」という感じに軽く首をすくめていたりする[38]。

34　熊本県議会議員・坂本哲志の質問(熊本県議会議事録平成15年6月定例会6月25日4号)。

35　2003年11月8日，熊本市内，熊本県知事潮谷義子インタビュー。

36　2004年6月2日，宮城県庁，宮城県知事浅野史郎インタビュー。

37　朝日新聞2001年1月29日。

38　2003年7月10日，少子化社会対策基本法案を審議する参議院内閣委員会に

82

　決断力の必要なときにはきっぱりと決断を下すが，それ以外の場面では基本的にのんびりと構えていることも，彼女の性格の特徴である。2004年3月，自らの再選をかけた知事選を前に，潮谷は初めて携帯電話を持った。ところが，選挙戦の最中であるというのに彼女の携帯電話は通じない。友人が調べたところ「支払いが滞っているそうです」。それを聞いた潮谷は「支払い？　あれ，もしかして郵便の中にあったやつかしら。そういえば，おかしいわよね〜，一回も払ってないのに使えるなんておかしいと思ったのよねぇ。」

（3）　支持者

　先述した潮谷義子のパーソナリティに対しての無条件な支持を除けば，知事は就任当初から有権者の支持を広く得ているわけではない。アメリカ大統領支持率と同様に，就任後の100日間は高めの支持が続くというハネムーン効果はあるものの，その後の政策によって知事の支持率は上下する。潮谷は県知事1期目の任期中にどの程度の支持を獲得していたのだろうか。

　熊本日日新聞社のデータは，潮谷が県民から常時6割から7割の高い支持率を維持していたことを示している[39]。2002年の県民意識調査では，潮谷知事を支持している割合は「積極的に支持している」と「ある程度支持している」を合わせて59％であり，この数字は歴代熊本県知事の中で細川知事の66.3％に次ぐ高い支持率である（図2-1）。1年後の2003年2月における熊本日日新聞社の熊日モニター調査もほぼ同様に[40]，「積極的支持」と「ある程度支持」を合わせて66％を示している（図2-2）。

　参考人出席。

39　比較の参考までに第5章で取り上げる2004年春の熊本県知事選挙後の，2004年7月の朝日新聞社による全国知事支持率データを示す。熊本県知事潮谷義子の支持率は65％，全国7位である。岩手県増田寛也，鳥取県片山善博の両知事がそれぞれ78％と76％であるほかは，3位は67％であり，7位の潮谷の支持率とさほど差がない。当時4人存在した女性知事の中では最も高い（朝日新聞2004年7月5日）。

40　熊日モニター調査は母集団が熊本日日新聞購読者であり，熊本県民ではない。熊本日日新聞の購読率は県民の7割を占めるものの，熊日購読者と非購読者に何らかの違いが存在する可能性があることから，熊日モニター調査によって県民全体を推定するにはバイアスを是正する必要がある。

図2-1 潮谷知事支持率（2002年3月）

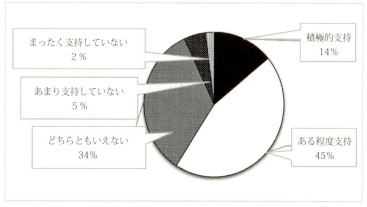

注）熊本日日新聞社による県民意識調査，n=1052

図2-2 潮谷知事支持率（2003年2月）

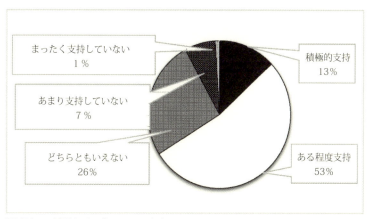

注）熊本日日新聞社による熊日モニター調査，n=1105

　支持の理由をみると，その時々の県政の課題を反映した設問であるためか，各年で評価理由が異なる。2002年の3月の時点では，前年末の川辺川ダム住民大集会の開催を受けて「県民との対話」が評価されている一方で，従来からの彼女の専門である福祉分野での政策が評価理由につながっている（表2-5）。2003年2月の時点では，2002年12月の荒瀬ダム撤去決定をうけて，支持理由に登場している（表2-6）。

表2-5　潮谷県政の評価

評価できる政策（複数回答可）		欠けている政策（複数回答可）	
福祉・保健医療関係の政策	26.4%	知事のリーダーシップ	18.5%
県民との対話	23.0%	将来の熊本県像の提示	14.7%
女性政策	20.4%	勤労者・労働関連の政策	13.9%

注）出典：2002年3月熊本県民意識調査，n=1133

表2-6　潮谷知事に対する支持・不支持理由

支持した理由（複数回答可）		不支持の理由（複数回答可）	
人柄が信頼できる	32.8%	リーダーシップが評価できない	4.1%
荒瀬ダム撤去を決めたから	20.5%	川辺川ダムで明確な判断を示さない	4.0%
川辺川ダム問題で住民討論集会を開いた	18.6%	行財政改革が評価できない	2.2%

注）出典：2003年2月熊日モニター調査，n=1105

表2-7　潮谷知事支持の要因，階層線形モデル

潮谷知事に対する5段階評価				
	mean	se	95%信頼区間	
県政評価	0.4	0	0.3	0.4
川辺川ダム反対（varying）	−0.1	0	−0.2	0
自民党支持（vs支持政党なし）	0.2	0.3	0.1	0.3
性別（男性）	−0.2	0.3	−0.3	−0.1
年齢	0	0	0	0
教育程度	0	0	0	0.1
居住年数	0	0	0	0.1
切片（varying）	2	0.5	1.4	2.6
Random Effects				
Level 1 effect, σ_Y^2	0.8			
Level 2 intercept, τ_{00}	0.2			
Level 2 slope　（川辺川ダム反対），τ_{11}	0	τ_{10}	−0.3	
DIC	1,662.1			
Level 1 n	709			
Level 2 n	100			

　では，一般にどのような有権者が潮谷知事を支持する傾向にあるのだろうか。投票行動の古典的モデル（Downs, 1957；Stokes, 1963）から考えうるのは，潮谷の個人的属性に近い属性とその政策に対する支持者である。女性や年齢

の高い集団，2000年知事選では潮谷を支援した自民党の支持者，また川辺川ダム問題に関して慎重派である集団ほど知事を支持する傾向にあるだろう。

　入手可能なデータのうち，熊本日日新聞社による2002年の県民意識調査データを用いて，知事支持の5段階を従属変数として分析を行った結果が，表2-7である。川辺川ダム問題は地域問題であるため，地域ごとの分散を考慮する意味で階層線形モデルを用いた[41]。社会的属性からいえば，女性そして年齢が高いほど潮谷知事に対する評価を高める傾向にある。当然ながら県政に対する評価は知事の支持をプラスにする変数であり，また2000年選挙で潮谷を応援した自民党支持者であることも知事に対する支持をプラスにする。しかしながら，川辺川ダムに対して反対の立場をとることは，潮谷知事に対する評価を下げる要因となる。この2002年3月の時点では多くの有権者が潮谷知事の川辺川ダムに対する態度をはかりかねていたことと一致する。

41　具体的なモデルは以下のとおりである。

$Y_{ij} = \alpha_j + \beta_{1j} Kawabe_{ij} + \beta_{2j} X_{ij} + \varepsilon_{ij}$ (for each i = 1,..,709)

$\alpha_j = \gamma_{00} + \mu_{0j}$

$\beta_{1j} = \gamma_{10} + \mu_{1j}$, (for each j = 1, $\cdots$, 100)

切片と川辺川ダム問題の変数のみ地域ごとの分散を考慮した階層線形モデルとし，レベル1は個人単位，レベル2は調査100地点である。モデルの逸脱（deviance）の差のχ^2検定から，レベルにかかわらずデータをプール化したモデルよりは，レベルごとに分析したモデルのほうがモデルの説明度が高い。階層線形モデルにおいては，上位レベルである地域レベルの変数を含めることで川辺川ダム問題がどのような地域でどのような影響を与えているのかを分析することができるが，プライバシーの問題からデータに地域情報を含んでいないため分析を省いた。変数は以下の通りである。Y=潮谷知事を{5積極的支持，4ある程度支持，3どちらともいえない，2あまり支持しない，1全く支持しない}。Kawabe＝{3川辺川建設反対，2どちらともいえない，1川辺川建設推進}。Xはその他変数の行列。自民党支持以外の政党支持は影響が小さいため分析結果表からは割愛した。性別は{男性＝1，女性＝0}，年齢は実年齢，教育程度は高い順から5段階，居住年数は長い順から8段階。分析はベイズ統計，RとWinBUGSによる。詳細はGelman and Hill（2007）を参照。

（4）　傀儡知事であったか

　2000年2月の前知事福島譲二の急逝を受けて急きょ時の政権与党である自民党と公明党の推薦を受けて知事選に勝利した潮谷義子は，果たして自民党県議団の傀儡知事であったのだろうか。パーソナリティとしては自民党県議に「やおいかん女子」と称されたように，信念を貫く頑固さをもつことは先述した。

　さらに知事職というものは多忙であり，1期目の知事は独自のカラーを出しにくいという実情があること，そしてどの地方自治体も財政が逼迫している状況にあって新たな政策を打ち出す余裕はないことは前章で述べた。したがって，潮谷に限らずどの知事でも議会や県職員の「傀儡」となる可能性はある。

　知事の多忙さに関しては潮谷も例外ではない。100を超える充て職に加え[42]，多彩な行事への出席で多くの時間をとられ[43]，講演依頼も多く[44]，年4回開かれる県議会前と県議会中の職員によるレク，毎月の記者会見においても事前に職員によるレクがあり，県議はじめ市町村長や議員，国の出先機関関係者[45]，地元経済界[46]，スポーツ選手[47]の表敬など来訪者も多く，また県内

42　これら充て職のほかに，厚生労働省社会保障審議会介護保険部会委員，国交省社会資本整備審議会河川分科会河川整備基本方針検討小委員会委員もつとめる。

43　例えば，2003年の熊本の場合は，川辺川ダム関連の行事，九州新幹線関連のイベントがある。このほか，県営トンネルの開通式，国道や県道の落成式，熊本の食のアピールとして太平燕関連のイベント，食の安全・安心県民会議の主催などがある。また，女性知事であることから女性知事リレーフォーラム（2003年8月熊本，10月大阪，12月千葉，2004年2月北海道にて開催）といった行事にも参加する。

44　例えば2003年4月には日本記者クラブにおいて講演，2003年3月には女性政治家を支援する団体であるWinWinが主催するシンポジウムへの参加がある。

45　例えば，国税局熊本支部長，NTT西日本熊本支店長，日銀熊本支店長など。

46　例えば，肥後銀行頭取など。

47　例えば，陸上選手の末續慎吾など。

外への出張も多い[48]。「ほんとトイレに行く時間もないのよ」[49]とこぼす潮谷は、県議会の議場で議員が部長に対して質問をしている最中に裏紙を使用して走り書きの手紙をしたためている[50]。潮谷のスケジュールは秘書課で管理し[51]、来訪者の対応や面会の可否は主に秘書課が判断しているため、潮谷の意図に反するトラブルが起こることもある。例えば、ジャーナリストの高橋ユリカは秘書課の判断で取材を断られているが、潮谷は高橋ユリカの取材は受ける意向でいた[52]。

　知事職という職業の多忙さに加えて、1期目の知事であること、そして潮谷の場合は民間出身であり[53]、官僚や政治家出身知事のように行政知識や手腕そして政治家としての人脈ももたなかったため[54]、その信念を貫く頑固なパーソナリティに反して「傀儡」とみなされることが多い。政治家としての知事の独自施策を阻むのは県職員と県議会の強固な連携であることは先述したが、潮谷の場合はその傾向が顕著である。

　例えば、1期目の潮谷は人事権を十分に発揮してこなかった。三役の人事

48　2003年の潮谷の場合は、川辺川ダム関係で人吉・球磨地域への出張が多く、月に数回は赴いている。人吉・球磨地域は熊本から車で1時間半から2時間の距離である。

49　潮谷義子インタビュー。

50　潮谷義子による直筆手紙。

51　秘書課によれば、前任の福島譲二熊本県知事は自分でスケジュール管理をしていた。

52　2003年8月16日、熊本県慈愛園、熊本県知事潮谷義子インタビュー。高橋はその後、個人的に潮谷の知己を得て踏み込んだ取材をおこない、その成果として高橋(2006)がある。

53　行政官としても政治家としての経験もなかった潮谷は、公務と政務を明確に分けることを意識しなかった。とりわけ公務の膨大な量に対して政務は少なく、私設秘書をおくこともなかった。2003年度の観察においては潮谷が公用車を使わずに行った政務とは第4章で述べる2003年11月総選挙の応援と第5章で述べる2004年4月の自分の選挙のための運動のみであった。

54　これに対して前任の福島譲二熊本県知事は、大蔵官僚出身であったためその行政手腕に一目を置かれた。福島を担当した秘書課職員は福島を「半分大蔵官僚・半分知事」と評した。批判ではないことから、県庁にとってもこの「半分大蔵官僚」は必要であったと推察される。

をはじめ幹部職員の天下りにおいても，必ず幹部職員や議会議員の意見を調整してから実施し，したがって「妥当な人事」として承認されてきた。また，監査委員の任命に関しても潮谷は県議会つまりは自民党県議団の推薦そのままに任命してきた。少数会派の議員たちはこれに反発し，監査委員は知事が独自に任命するように申し入れている[55]。これに対して潮谷には最大会派である自民党県議団の推薦をまげてまで少数会派の意向を慮る理由がない。したがって，潮谷は監査委員の任命において権限を発揮しなかった。潮谷によれば「監査委員の任命には県議会の承認が必要なわけで，それならば県議会からの推薦を受けるのがベストでしょう。もし推薦された人物を断ったら，その方に対しても大変なことになる」という[56]。

　潮谷が唯一，人事権を発揮しようとした例は，2期目に再選した直後の2004年春の副知事2人制導入についてであった。それまで熊本県では副知事はキャリア官僚の出向者1人であったが，これを2人に増やして県庁生え抜き職員と官庁キャリア職員の2名を副知事として据えることを試みたのである。この試みは潮谷の再選が決まっていない選挙期間中に熊本日日新聞社によってリークされたこともあり[57]，県議会議員たちの大きな反発を買った。つまり相談もなく，選挙も終わらぬのに2人副知事とはなにごとか，というわけである[58]。潮谷は，結局2人副知事制の導入について2004年5月臨時議会での提出をあきらめ，6月の定例議会に提出した。

　潮谷は県議会と執行部の関係を「車の両輪」と例える。彼女の県議会答弁には「県議会と一体となって」という言葉が多く登場する。「もし議会と対立したら，どうなると思う？県政がマヒしてしまう」。ここで言う県議会と執行部の関係とは実質的には自民党県議団と県庁幹部職員の関係であり，この連携を壊さないことが知事の務めになっていると見ることができる。県庁幹部職員と自民党県議団の連携という暗黙の了解のもとで，第5章で後述するように，潮谷は「県民党」を掲げて自らを中立に見せることに腐心したが，県議会第二会派県民クラブの渡辺県議は「知事は県民党県民党って言う

55　2003年5月15日，熊本県議会県民クラブ平野みどり議員インタビュー。
56　2005年9月23日，熊本県慈愛園，熊本県知事潮谷義子インタビュー。
57　熊本日日新聞2004年4月1日。
58　熊本日日新聞2004年4月14日。

けれど，あれは自民党じゃないか」と述べ，潮谷の自民党の庇護のもとでの中立願望を見透かしている。

　一方で，潮谷は就任1期目にして独自の政策を打ち出すことも試みた。例えば人事権に関しては，人事の内容よりも人事のかたちつまり部局再編成に着手した。部局再編成は「室」から「課」への引き上げといった小さな変更から，就任3年目に実施した「プラットフォーム化」のように組織図の配置換えといった大きな変更も試みている。

　とりわけ有権者の目に見える形で評価された「潮谷カラー」というものはある。多くは彼女の出身に関する分野である福祉関係と，自身の属性である女性の地位関係，そして民間出身つまり「素人感覚」であった。「素人感覚」を発揮した最たるものは第3章で後述するよう川辺川ダムに関する政治的判断である。

　女性の地位関係では，県庁における旧姓使用を認めたことが一例である。ある県職員は以下のようにコメントしている[59]。「（潮谷）知事が就任してすぐやったのは，旧姓使用の許可ね。私自身はもう名前を変えるのが面倒だったから旧姓を使っていないけれども，その制度のおかげで喜んだ人多いのよ」。旧姓使用の許可は2000年6月県議会の答弁において表明された。潮谷の肝いりの政策であるが，これは自民党県議の質問に対する「お土産答弁」として用意されている[60]。つまり，潮谷が自分の推したい政策に関して自民党県議団から同意をもらう代わりに，自民党県議の質問に対する答弁の場で初めて施策表明するという手法である。質問をした自民党県議の側は「答弁を引き出した」実績となり，地元新聞によって大きく報道されるというメリットがある。

　福祉関係の施策における潮谷のカラーの例としては，水俣病問題における対応があげられる。先述したように，2000年8月に県職員が水俣病申請書類職業欄に「ブラブラ」と書いたことが発覚し，この問題に潮谷は敏感に反応して抗議した男性にただちに直接謝罪した。潮谷自身の言葉を借りれば

59　2003年2月4日，熊本県庁，熊本県秘書課職員インタビュー。
60　同時に交際費や食糧費を使った相手の氏名公表に民間人も含める施策も「お土産答弁」として用意されたものである。

「私に強さがあるとするなら，それは普通の市民感覚である」ように[61]，素人感覚であるからこそ，県職員との感覚の違いに敏感に反応したとみることができる。

　一般に日本の知事は独自カラーを打ち出しにくい状況にあると言える。第一に日常の業務が非常に多い。第二に地方財政が逼迫している中で新たな政策を打ち出す余裕がない。第三に前例主義の職員と保守的な議会議員の強固な連携が知事の新たな動きを好まない。これらの困難を超えて独自カラーを打ち出せる知事とは，知事になる前の職業が行政経験の豊富な官僚であったり，政治的人脈の豊富な政治家であったりする場合が多い。その中で，行政官としても政治家としても経験のない民間出身の潮谷義子が独自のカラーを見せている。それは，彼女の福祉専門家としての視点，女性としての視点，そして素人感覚が評価されてのことである。

5．2003年熊本県知事・潮谷義子に対する支持の構造

　本章では，熊本県の保守的な政治的風土とそこに誕生した女性知事である熊本県知事潮谷義子を中心にまとめた。保守的な政治風土において女性知事が誕生した経緯は，潮谷自身の言葉を借りれば「人知のあずかり知らぬ」偶然が重なったものであった。2000年2月に前知事が急逝した際に潮谷がたまたま副知事の座にあったこと，潮谷が民間出身の女性であることから自民党県議団の方針に逆らわない県政運営を期待された候補となったこと，当時の政権与党の枠組みから公明党が潮谷支援にまわったこと，などといった背景がある。

　「傀儡知事」になると予想された潮谷であるが，実際に日常的に膨大な公務に追われて独自政策を打ち出す余地がなく，知事に就任する以前に行政的手腕や政治的人脈を全くもたなかったことから，予想を大きく裏切るようなことはなかった。この見方に対して，潮谷本人は2期目の選挙を前に「県民党」として特定政党との関係を持たずに戦うことを模索する。「自民党傀儡知事」から「県民党知事」へという主体性の変化はどのように展開されていったのであろうか。

61　AERA2001年1月29日。

「県民党知事」を目指すことは，潮谷自身が自民党に限らない県民からの幅広い支持を得ているという自信を持っていたことも意味する。実際，彼女が県民から高い支持を得ていたことは本章で触れたとおりである。熊本日日新聞社の県民調査によれば支持理由は潮谷個人の人柄や政策に対する評価であり，フィールドワークにおける諸インタビューの集約によれば，潮谷に対する県民の評価は福祉の専門家であるという彼女の経歴にもとづく個人的信頼，政策とりわけ川辺川ダム建設に関して住民大集会を開催したことによる業績評価（第3章）の2層で成り立っている。この支持構造の3層目となるのが選挙において顕著となるバンドワゴン効果（Goidel and Shileds, 1994）による支持層（第5章）である。

　次章では，2004年熊本県知事選における潮谷に対する政策評価の大きな部分を占める川辺川ダム建設問題の事例をあげ，個人的信頼にもとづく支持に業績評価を加えた支持が加重されていく過程を描く。これにバンドワゴン的な支持者が加わる過程は第5章において述べる。

第Ⅱ部　事例

第3章　川辺川ダム建設問題

写真1　川辺川ダム建設現場(2003年5月20日)

1. 川辺川ダム建設問題の概要

(1) 特定多目的ダム

　川辺川は，熊本県南部一帯を流れる一級河川・球磨川に注ぎ込む最大の支流である。球磨川は，熊本県と宮崎県の県境の山地を水源として西にむかって流れ，中流域の人吉盆地で五木村・相良村より南下してきた川辺川と合流したのち，北上して八代市から八代海に抜ける。球磨川水系は日本三大急流の1つであり，川下りやラフティングを楽しむことができ，川辺川は日本一の清流[1]ともいわれ，鮎の産地でもある。

　日本における多くの急流と同じように，球磨川は過去に氾濫を繰り返してきた[2]。球磨川上流には既に1959年に完成した市房ダムが存在する。これに加えて，球磨川に注ぎ込む最大支流である川辺川の上流にダム建設計画が持ち上がったのは，1965年の人吉市街地における洪水をきっかけとする。球磨川水系戦後最大の洪水といわれる1965年7月3日未明の球磨川の氾濫は，川辺川との合流地点である人吉市に家屋の損壊・流出1281戸，床上浸水2751戸という被害をもたらした。翌1966年，建設省(当時)は，球磨川の抜本的な治水対策として，川辺川ダム建設計画を発表した。1968年には当時の社会的需要から，治水のみならず，利水(農業用水，灌漑)・発電なども含めた多目的ダムとして計画変更し，九州最大級のアーチ式ダムが計画策定された。高さ107.5メートル，総貯水量1億3300万立方メートルであり，総工事費は当初350億円，現在は3000億円となっている。

　ダム湖として犠牲になる地域は，相良村の北部から五木村の南部にかけてであり，最大の水没地域は五木村頭地(とうぢ)という谷底の集落である。五木村という場所は，その西に位置する泉村(現・八代市泉町)同様，平家の落人伝説があることからもわかるように，ほとんどが山地である。五木村の北部から五木村に入る場合は山奥の秘境といわれる五家荘を越える。山肌に

1　日本一の清流を名乗る川は複数あるが，川辺川の根拠は，1997年環境庁(現環境省)公共水域水質調査において川辺川下流が環境基準満足度上位水域ベスト1にランキングされたことにある。

2　洪水の回数や死者数についても，ダム推進派と反対派で見解の対立がある。

そった道が狭く曲がりくねっており，離合所の連続であるために，よほど慣れていない限り一人で(運転して)行くなと言われるほどである。峠からの景色は絶景で雲海が見られる。

　主な水没予定地である五木村頭地は，ダム建設計画にともなって高台にある代替地への移転が計画された。1960年代そして70年代，日本の多くのダム水没予定地における抗争と同じように，高度経済成長期のさなかにあって，経済成長という大義名分のもと水没を容認する世論が一般的であった。発電も目的の1つとされた川辺川ダムは，経済成長のためには仕方がないことと容認する声が多かった。

　その中で，水没予定地である五木村の村議会が，「苦渋の決断」としてダム本体着工にようやく同意したのは計画から30年後の1996年(平成8年)のことであった。

（2）　五木村の決断

　この「平成8年の決断」は，水没予定地の住民がダム建設に同意したという意味において，非常に重要な意味をもつ。1966年の計画策定から30年間，住民たちはダム計画に対して孤独に闘ってきたというだけではない。五木村頭地においては，計画策定から数十年間というもの，水没予定地であることを理由に全ての生活基盤の修復が停止されてきた。例えば，五木東小学校の体育館は修復されないまま使い続けられてきたし，水没予定地の道路は整備されてこなかった。ダム計画は，個々人の将来設計にも大きく影響したことであろう。水没予定地は，いまだに水没していないものの数十年にわたって制限つきの生活を余儀なくされてきたのである。そして，今なお代替地に移転せずに水没予定地に暮らし続ける人もいる。

　その一方で，ダム建設予定地の周辺は基盤整備の恩恵をうけてきた。人吉市から川辺川にそって走る国道445号は，カーブが多いものの大型トラックも出入りしやすいように幅広く整備されている。歩道つきの長いトンネルをくぐりぬけたら五木村頭地にたどりつく。住民の車両や路線バスのほか，ときおり工事用のトラックが通るくらいであり，自然が多く残されている。時々，道路の真ん中にサルが居座っており，注意して運転せねばならない。頭地代替地には，住宅・役場・小中学校・診療所などが造成され，水没地区住民の多くが補償と助成を受けてここに移転した。五木村は，山奥にありな

98

がら道路交通上は大変アクセスのよい村である[3]。

　一般論として，公共事業のもたらす効果の一つに雇用の促進がある。五木村やその周辺の市町村も例外ではない。ダム建設によって，雇用が一時的にでも促進されることは確かであり，その恩恵を下請けにしろ，地元住民が受けることも十分に考えられる。日本の多くの地方と同じように，高度経済成長によって農業中心の生活から土木業に頼る生活という変化の構図がこの球磨地域にも見られる。とりわけ，自治体レベルと国政レベルとにかかわらず，地方では多くの政治家がこれら土建業とかかわりを持つことは，日本政治の先行研究によって指摘されている通りである（竹内・神徳，1997など）。熊本県でも，この球磨地域のみならず，多くの地方議員は本人もしく親族によって土建業を営んでいる。

　ダム建設計画には犠牲と恩恵という両面があることは，この川辺川ダム計画においてもあてはまる。もちろん，その犠牲は恩恵によって相殺されるものではない，なぜなら，犠牲となる住民と恩恵をうける住民は同じ地域に住んでいながら必ずしも一致しないからである。

　1996年の決断以来，五木村・相良村は水没予定地でありながら，ダム建設賛成という立場にたつことになった。皮肉なことに，環境運動の高まりによるダム反対運動や，その他の法律上の問題が表面化するのはこの1990年代後半以降であった。

（3）　漁業権補償問題

　環境問題を別としても，ダム建設が進まなかった理由は法的な問題にある。法的な問題がなければ，1996年の同意によって既にダムは本体着工されていたはずである。その法的問題とは，漁業権保障問題そして農業利水裁判である。

　漁業権補償とは，川辺川ダムの建設によって消失する漁業権を国交省が球磨川漁業協同組合に対して補償するものである。ダム建設は「日本一の清流」であった川辺川の水質悪化に対する懸念をもたらすためにアユ漁業に影響が出る，したがって補償する，というのは理解しやすい。しかしながら，この問題が一筋縄で理解できないのは，補償の対象となる球磨川漁協の複雑

3　ただし公共交通は充実していない。

さにある。

　球磨川漁協は，そもそも漁業協同組合の組合員の定義が厳密ではなく，新規組合員の加入手続きは不透明な部分がある。事実，突如として組合員が増加する現象がみられる。組合の議決に際して，割合を出す母数である全組合員数や全総代数が，関係者の思惑によって二転三転するのである。例えば議題を否決したい場合は，特定対象者の加入手続き簡素化によって否決サイドの組合員の大量加入をする，といったような泥仕合がおこなわれてきた。

　この漁業権補償は2003年の時点で組合の同意を得ていないため，ダム建設の法的問題はクリアされていない。2001年2月の総代会で漁業補償契約案が否決されたのに続いて，同年11月には臨時総会においても否決されたことから，同年12月，国交省は漁業権を強制収用するための裁決を熊本県収用委員会に申請した。漁業権に関する強制収用はあまり例のないことである。さらに(土地)収用委員会の多くが2から3回の開催で収束するのに対して，漁業権に関する熊本県収用委員会は数年間にわたって開催された。

　熊本県収用委員会は知事が任命した7人の委員で構成され，厳正に中立の立場で国交省と川漁師双方の意見を公開の場で聞き，審理してきた。外部の泥仕合と対照的に収用委員会には政治的な働きかけは一切存在していないという[4]。収用委員会は開催のたびに結論が出るかと思われたが，結論は常に先延ばしにされてきた。そもそも政治的に解決する問題を司法に押し付けているという意見もある。その意味で，熊本県知事がダム建設に前向きな発言をし，事態が動けば，収用委員会もそれに従うという見方が多い。

（4）　川辺川利水訴訟

　川辺川建設にあたって残された法的問題のもう1つは，川辺川利水訴訟であった。川辺川利水事業(国営川辺川土地改良事業)は1983年に一部着手されたが，1994年に農業情勢の変化から対象面積を縮小，対象農家約4000人から同意をとりなおし，変更計画を決定した。その際，受益農家の同意が適正になされなかったという理由から，約3分の1にあたる農家が決定された変更計画に対して異議申し立てを行なった。1996年には，農水大臣による異議申し立て棄却を受けて，同年6月に棄却処分取り消しを求めて熊本地

4　県庁職員インタビューによる。

裁に提訴したのである。

　川辺川利水事業は農水省の管轄であるが，水源とする予定の川辺川ダムが多目的ダムである以上，目的の１つである利水が白紙になればダム計画そのものに大きく影響をあたえる。2000年，熊本地裁は原告農家の請求を棄却し，原告側は福岡高裁に控訴した。2003年５月，福岡高裁は原告の言い分を認め，利水計画における対象農家３分の２の同意が満たされていないとし，原告勝訴（国側敗訴）となった。これを受けて，農水省は熊本県の協力を得ながら新利水計画を策定する運びとなる。農水省が策定する新たな利水計画がダムを必要とするか否かは，国交省管轄のダム計画に影響を及ぼすため，推移が注目された。

　利水事業の対象農家たちが事業計画にいったん同意しながら反対した理由は，同意の際の農水省と自治体職員の説明が曖昧であったことにある。結果的には対象農家は，割に合わない費用を負担して農業用水を得ることになるため「ダムの水はいらん」と主張することとなった。

　2003年５月の福岡高裁判決の日のニュース映像に映っていたのは「ノーモアミナマタ」と「勝訴・脱ダム宣言」の旗である。川辺川利水裁判における原告団の弁護士は，同じく熊本県がかかえている水俣病問題における弁護士でもある。青地に白い字で「ノーモアミナマタ」と書かれたのぼりがはためいていたのはそのためである。「勝訴」の文字は当時の長野県知事・田中康夫によって書かれたものであり，勝訴の文字の下には小さいながらも「脱ダム宣言」と記されていた。

　この映像は２つのことを意味する。１つは，熊本県は水俣病問題抜きには語れないという点である。熊本県は，行政においても司法においても隅々にまで水俣病問題の経験が影響を及ぼしているのである。熊本県庁の職員は３人に１人が水俣病問題に携わった経験があることは先述した。川辺川問題においても，住民と向き合い，住民のあいだに分け入り，住民と対話をする熊本県庁職員たちの丁寧な仕事は，水俣病問題を通して培われたものである。後述する住民討論集会の立役者であり，潮谷県政を支えた熊本県庁職員・鎌倉孝幸も水俣病問題の経験を生かして川辺川ダム建設問題にあたっている。

　２つ目は，川辺川ダム建設問題でダム建設に反対する者が「外部」にあるということである。川辺川流域を訪れた建設反対の立場である政治家は，当時民主党幹部の鳩山由紀夫と菅直人，長野県知事の田中康夫などであるが，

第3章　川辺川ダム建設問題　101

いずれも熊本県庁にはよらず，熊本県知事にも会わずに現地に直行している[5]。これら政治家は，純粋に自らの理念をダム問題に反映している可能性もある一方で，政党や政治家の戦略としてダム問題にあたっている可能性も否定できない。政治家に加え，環境問題を重視してダムに反対する住民は，熊本県南部の流域住民よりも熊本市民や県外の支援者・環境擁護論者であることが多い。こういったダム反対派が「外部」にあるということは，ダム建設推進派が反対派に対して行う批判の1つでもある。潮谷知事が川辺川ダム建設問題に関して，流域の「住民」ではなくあえて「県民」という言葉を使うのは，こういった流域外の住民のことも考慮してのことであろう。

（5）　環境運動の高まりと公共事業見直し論

　五木村と相良村にとって非常に皮肉なことに，1990年代に入って世界的な環境意識の高まりが日本にも波及し，川辺川ダムまで及ぶのは，すでに1996年のダム本体着工同意の後であった。1990年代には，いくつかの市民団体が川辺川の環境保護のために立ち上がっている（表3-1）。環境問題に関する市民団体は，ダム反対派が「外部」にあると先述したように，これら団体の事務活動や支援活動をおこなう者は流域住民外であることが多いものの，流域の住民・農家・漁師と連携して反対運動を展開している。革新時代の住民運動の終焉のように多くの市民団体の活動が結果的には先細りになりがちである中で，これら市民団体の参加が，参加として形をなし，持続していったことは，後述する住民討論集会開催によるところが大きい。

表3-1　川辺川ダム建設に反対する主な市民団体

団体名	人数	設立年	備考
子守唄の里・五木を育む清流川辺川を守る県民の会	約350名	1996年設立	地元と全国をつなぐ代表的団体
清流球磨川川辺川を未来に手渡す流域郡市の会	約500名	1993年設立	流域住民中心
美しい球磨川を守る市民の会			下流の八代市中心
川辺川を守りたい女性たちの会		2001年設立	熊本市の女性中心
利水訴訟原告団			対象農家
川漁師組合			
尺鮎原告団			

5　人吉地域は熊本空港よりも鹿児島空港の方が利便性がよいという点もある。

川辺川ダム建設における環境問題が社会的に表面化する発端は，1999年12月にダム建設用の採石予定地周辺に環境庁(現環境省)によって絶滅危惧種に指定されているクマタカの繁殖が確認されたことにある。さらに，川辺川は水質が1位にランキングされたほどの清流であり，「尺鮎」(体長30センチの鮎)が豊富であり，動植物含め多くの生物種の宝庫でもある。これによって，川辺川ダム建設による環境破壊という問題は，TVや新聞などメディアを通して全国的に注目され始めたのである。

　同時期，1990年代は，公共事業に対する批判がピークを迎えていた時代であった。自民党を初めとする与党三党(自公保)によって223の公共事業に原則中止が政府に勧告されたのは2000年8月である。川辺川ダムはこの見直しリストから外れたが，その後も「ムダな公共事業」として必ず挙げられる象徴的な存在となった。2001年2月には，長野県知事の田中康夫が「脱ダム宣言」を発表し[6]，多くの環境擁護論や公共事業見直し論が勢いづいた時期でもある。

　先述したように，民主党はこの公共事業批判を政府与党への反駁材料として用いることがある。民主党は1998年からたびたび民主党代表や幹事長(菅直人や鳩山由紀夫)が川辺川ダム建設予定地を視察に訪れている。2003年11月のマニフェスト選挙とも言われた衆院選では，民主党は川辺川ダム事業の中止を公約の1つとした。

　一般的に環境問題と公共事業見直し論は，その指摘が住民内部からではなく「外部」からくる場合，地元住民に感情の軋轢が生じる。加えて，川辺川ダムに関しては，すでにダム建設の同意後というタイミングの悪さもあった。五木村や相良村にしてみれば，自分たちの地域の環境問題・財政問題でありながら「何をいまさら」という感がぬぐえないのである。

(6)　対立の構図

　以上述べてきたように，川辺川ダム建設問題においてダム建設推進派と

6　脱ダム宣言とは，長野県知事・田中康夫が，多大なダム建設費用や維持費用がかかり，かつ環境上看過しえぬ負荷を与えるコンクリートダムの建設を中止し，子孫に残す資産として河川・湖沼の価値を見直したいと訴えたもの。彼の知事就任も反響をよんでいたが，脱ダム宣言もまた全国的に大きな反響を呼んだ。

ダム建設反対派の対立が激化したのは，その数十年にわたる計画に対して1990年代後半以降の話である。そして，その皮肉な経緯から，ダム水没予定地の住民がダム建設推進派に含まれ，反対派の活動の中心は外部の支援にある，という構図ができあがっている。

ダム建設推進派は，多くは土建業関係者である。地元の建設業者が国営ダム建設による恩恵を受けるのは，下請け事業に関する部分であるが，それでもなおダム建設による恩恵は大きいと考えられている。日本の政治的風土そのままに，土建業と政治家が密接に結びついているため，流域市町村の市町村長・議会議員や，それらで構成される組織は，建設推進の立場を崩さない。国交省の事業である以上，政府も推進の立場であり，したがって熊本県自民党県連も強固に推進の立場である。同時に自民党県連を支えているのは市町村議会の議員でもあるという理由もある。熊本県議会は自民党所属議員が7割を占めるために推進の立場を崩さない。

ダム建設反対派は，環境問題や財政問題に着目する市民団体が主である。加えて，鮎漁師や利水訴訟の原告農家たちの団体が反対する（表3-1参照）。政治家においては，中央与党に対して野党が反対の立場であり，2003年のマニフェスト選挙では民主党が川辺川ダム事業の中止を公約とした。しかしながら，熊本県においては中央の与野党勢力図がそのまま反映されておらず，圧倒的多数の保守政治家に比して，そもそも「非自民」の政治家が少ない。県議会にしろ，市町村議会にしろ，建設反対派は少数派であるために，議会全体の意見としては建設推進となる。

このような対立の構図において，地元知事である熊本県知事はどのように位置づけられるのであろうか。熊本県知事は川辺川ダム建設問題において，どのような権限があり，どのように行使してきたのか。

2．川辺川ダムに関する知事の権限

川辺川ダム建設問題において，地元の知事はどのような権限をもつのか。川辺川ダムは事業主体が国であること，その建設予定地と流域地域に関しては市町村レベルで対応していること，建設後の管理主体は県となることから，3つのレベルの政府が複雑に絡み，したがって責任の所在が見えにくい。

（1） 国営公共事業に対する諸知事の対応例

　川辺川ダム建設に代表される国営公共事業に対する知事の権限は，一般有権者には無制限と認識されている一方で，制限つきであるとも解釈できる。多くの一般市民は知事の権限は無制限に巨大であると解釈しており，したがって川辺川ダム建設問題を左右するのは知事であると解釈している市民が多い。これに対して，熊本県知事本人である潮谷義子の見解は，川辺川ダム建設問題に関して県知事のできることは制限されている，というものである。

　川辺川ダム建設における知事の権限の法的な根拠を見つけるならば，それは特定多目的ダム法に規定されている「知事の意見」である。

> 特定多目的ダム法第4条4項（《改正》平11法160）
> 「国土交通大臣は，基本計画を作成し，変更し，又は廃止しようとするときは，あらかじめ，関係行政機関の長に協議するとともに，関係都道府県知事及び基本計画に定められるべき，又は定められたダム使用権の設定予定者の意見をきかなければならない。この場合において，関係都道府県知事は，意見を述べようとするときは，当該都道府県の議会の議決を経なければならない。」

　同法によれば，多目的ダムである川辺川ダム計画を変更する際には，知事の意見をきかなければならない。しかしながら，条文には知事の意見をきく手続きもその効力も明記されていない。このように，国営公共事業に対する知事の権限は，法的には明確に記されていない場合が多く，住民投票の法的効力と同じ問題がある。この条文には，知事と議会議員が選挙によって選ばれているという点において政治的な含みがあると考えられる。知事たちは，このような法文の根拠が明確ではない場合の発言を「政治的決断」として考えている。第1章において先述したように，実際に知事が「意見を述べた」場合にその通りになる事例は1999年の北海道知事堀達也による千歳川放水路計画白紙要請，2000年三重県知事北川正恭による芦浜原発計画白紙撤回要請などがある。同じ状況にある川辺川ダム建設問題に対して，熊本県知事はどのような対応をとってきたのだろうか。

（2） 前熊本県知事の川辺川ダムに対する対応

　国営事業川辺川ダムに対する地元知事の権限は，法文上は特定多目的ダム法にもとづく地元知事の意見提出のみであり，意見提出は事業主体である国から求めることになっている。それでは，川辺川ダム建設問題に関して，熊本県知事は何ら権力をもたないのであろうか。歴代知事はどのような対応をしてきたのだろうか。

a. 歴代知事の対応

　川辺川ダム建設計画が策定された1966年から潮谷義子が熊本県知事に就任する2000年まで，熊本県の歴代知事は寺本広作・沢田一精・細川護熙・福島譲二の4人である[7]。熊本県は55年体制下では一貫して自民党所属の政治家が知事を務めてきており，これら知事は川辺川ダム問題に関して国と同調姿勢をとってきた。川辺川ダムは国営事業であるため，熊本県は機関委任事務としてダム建設推進の立場から流域で業務をおこない，ダム水没予定地である五木村と相良村に対して説得する立場であった。これには，高度経済成長期であり，日本中の多くのダムが水没地の犠牲の上に建設されてきたという時代背景がある。これら時代背景を抜きにしても，歴代熊本県知事がダム推進の立場であることは，1971年から1983年のあいだに3期つとめた沢田一精の回顧録に見られる。沢田は，2006年において「知事のころ，もうひと踏ん張りしておけばよかった，と忸怩たるものもある。たとえば，川辺川ダムの建設もその1つだ[8]」，と述べている。いずれにしろ，ダム水没予定地は，1990年代まで建設反対を唱えていたのであり，水没予定地住民の同意を得ないままにダムが建設されることは法律上も，また政治的にもありえなかった。

b. 前知事福島譲二の対応

　潮谷義子の前任である福島譲二は，環境問題の高まりと公共事業見直しがピークにあった1990年代に知事をつとめ，1996年の五木村のダム建設同

7　寺本広作（〜1971年），沢田一精（〜1983年），細川護熙（〜1991年），福島譲二（〜2000年），いずれも自民党の知事である。

8　熊本日日新聞2006年1月12日。

意の時期に知事であった。福島のダム問題への対応に関しては，国営ダム建設が知事によって左右されるのかという問題は別としても，県職員や側近のあいだでも見方が２つに分かれる。福島知事が知事を続けていたならば，「川辺川ダムなんてとっくにできてたんじゃないか」という県職員たちの意見がある一方で，比較的知事に近い立場にいた人物たちからは「福島知事だから即ダム建設というわけではないだろう」という意見もある。

前者の見方は，おそらく福島知事が長らく大蔵省の官僚をつとめ，知事就任以前は自民党の政治家であったことに由来するイメージであろう。「福島知事はまるっきり官僚であった」と秘書を担当した県職員も述べている。後者の見方は，このイメージを否定する。福島知事が公共事業問題に関して地元意見をよく聞いた経験があること[9]，福島の身内に障害者がいることから福祉の問題にも関心をもっており，必ずしも重厚長大型の政策を実施してこなかったことを例として挙げる。いずれにしろ，福島譲二は，川辺川ダム問題に関して，何ら目立った意見を述べないまま，2000年2月に急逝した。

これら，歴代知事の推進姿勢や他県の知事の政治的決断に比して2000年に熊本県知事に就任した潮谷義子は，川辺川ダム問題に関して，知事には法的には何ら権限がないことを建前としつつ，逆説的ながら知事の影響力を意図的に行使した。以下では，知事就任時における政治的環境を述べ，その上で，どのように権力を行使したのかを述べる。

3．潮谷義子知事就任時における川辺川ダムをめぐる政治的環境

潮谷義子が知事に就任することとなったのは2000年の春である。2000年は，環境問題の高まりと公共事業批判から川辺川ダム建設問題がピークを迎える時期であり，知事選においては川辺川ダムがどのように言及されるかが注目された。

（1） 川辺川ダムにおける知事発言
a．2000年知事選における選挙公約
自民党の担いだ候補として，彼女の選挙公約は基本的に「前知事・福島譲

9　天草の火力発電所問題のこと。

二の継承」であり，当然ながら川辺川ダムは建設推進の立場であるとみなされていた。対する候補は，政府与党の公共事業政策を批判する民主党他の推薦を受ける阿曽田清，同じく共産党公認の久保山啓介であり，2候補とも川辺川ダムは建設反対もしくは慎重の立場であった。したがって，ダム賛成派すなわち自民党関係の土建業団体は自民党候補である潮谷を応援し，ダム反対派の諸団体は共産党候補や民主党他推薦候補を応援したのである。

　しかしながら，この時期の潮谷の発言を読んでもダム「推進」とは述べていない。言葉を選びながら「前知事の継承」を繰り返す程度である。熊本日日新聞は2000年4月1日，「緊急アンケート知事候補に10の質問」を掲載した。そのうち6点目「川辺川ダム建設には賛成ですか，反対ですか」という問いに対し，潮谷の回答は「現時点では賛成，反対という二者択一的な質問に軽々に答えることには慎重でありたい。今後の展望，対策等しっかり地元をはじめ関係者と検討し，構築した上でなければ余りにも無責任になる[10]」というものであった。この「はっきり推進」ではない姿勢があらわれるのが，知事就任直後の「環境アセス」発言である。

b. 環境アセス発言

　環境アセスメントとは，1999年6月施行の環境影響評価法にもとづく，開発事業が環境に与える影響を調査，予測，評価し，その結果を公表するものである。住民や地方自治体などから意見を聞き，それらを踏まえて環境保全に配慮した事業計画を策定する手続きが必要となる。川辺川ダムは既に事業の一部に着手しているため対象外であるが，法アセスの対象外であっても行政指導の形で事業者が自主的に実施するアセスもありうる。

　環境アセスメントを同法にもとづいて実施する場合，その事業は調査のために数年間ストップする。もし，これを川辺川ダムに実施するとなると，すでに計画策定から数十年たっている建設がさらに数年間のびることが決定的となる。したがって，推進の立場からは，環境アセスメントは実施してはならないのである。

　このような状況のなかで，潮谷知事は，知事選初当選翌日の2000年4月17日，熊本日日新聞のインタビューにおいて，「川辺川ダムは国がやってき

10　熊本日日新聞2000年4月1日。

て県もともに歩んできた事業だが，本当に環境にどう影響するのかを見極める必要がある。環境アセスメントはやるべきだ」と述べたのである[11]。

　この発言が報道された翌々日，潮谷知事は発言修正を余儀なくされる。4月20日の熊本日日新聞によるインタビューにおいて，「眠らないままの対応で，気持ちが高揚していた。整理できないまま，法にもとづくアセスメント実施と捉えられるような発言をした。申し訳なかった」と述べる。「建設省も従来から環境保全に向け取り組んできた，法アセスメントと比べてもっとやる項目があれば，（建設省や地元市町村と）同じテーブルについて詰めていきたい。そういう意味合いだった」「法アセスメントを実施すれば2年間から4年間，事業が中断する。重要な内容の発言だった。関係各機関に私の思いを申し上げたあと，発言すべきだった」[12]。

　このように発言が修正された裏には，県幹部職員はじめ自民党県議たちの圧力があったことが推察される。潮谷は，知事に就任するまで政治家経験もなく，政治家としてのインタビュー経験はなかった。環境アセスメント自体を否定する理由はないという純粋な考えから「するべきだ」と答えた。ダム建設を数年間ストップさせる意味をもつ環境アセス発言は当然ながら，地元新聞に大々的に取り上げられ，先述したように発言は修正されることになった[13]。新米知事である潮谷はこの「環境アセス」発言修正に懲り，それ以来発言が慎重になる。再び知事の発言が取りざたされたのは，2001年3月のことであった。

c.　稚拙発言

　2000年4月の就任当初の「環境アセス」発言修正から，潮谷知事は一貫して「国の説明責任」「十分な話し合い」を要望し続けてきた。推進の立場であった歴代知事に比して，潮谷知事のその姿勢は「慎重」にうつった。その中で，2001年3月7日，川辺川ダム水没者3団体がダム建設の早期着工

11　熊本日日新聞2000年4月18日。
12　熊本日日新聞2000年4月21日。
13　中央紙がこの発言を取り上げなかったのは，熊本日日新聞とのインタビューにおいての発言であり，全国紙各記者が知事の真意を取材する頃にはすでに発言は修正されたからである。

を求めて川辺川ダム建設推進の要望を知事に提出した際，知事は「水没者や推進の人の思いと，川や海の漁業者の不安，環境への思いがある。ダム工事は稚拙に結論を出すべきではない」と発言したのである[14]。

この発言は関係者のあいだに波紋を広げた。発言があった同日，自民党県議団の古閑三博団長や党県連総務会長の西岡勝成県議らはすぐさま副知事ら県幹部を県議会棟によびつけている[15]。自民党県議団は「計画から30数年も考え抜き推進している事業を稚拙とはどういうことか」と苦言を呈し，県幹部に説明を求め，県幹部たちは火消しに努めた。後に，潮谷は「あの時は面と向かって罵倒され，カチンときた」と振り返っている[16]。

（2） 川辺川ダムに対する知事・政党・有権者の反応

a. 熊本県民の川辺川ダムに対する反応

以上のような新聞報道に対して，実をいえば，川辺川ダム建設問題というのはこの時点において，熊本県民全体にとりたてて関心のあるテーマではなかった。人口180万・面積7500キロ平方メートルの県において，県北部と南部では東京と熊本以上に心理的な距離がある。熊本県北部の住民たちは川辺川ダム建設問題に関心がない。このような同じ県内における特定地域問題への無関心は川辺川ダム建設問題に限ったことではない。過去には水俣病問題も同様に，熊本県南部海岸部にある水俣市の被害区域以外，他地域の関心をひかなかった[17]。とりわけ，川辺川ダム問題の舞台である熊本県南部山間部の人吉・球磨地域は，相良藩として肥後国とは異なる独特の歴史を持っていることも関係する[18]。同じ球磨川流域であり50キロメートルと離れていないながら，下流の八代市と上中流の人吉・球磨地域においても心理的距離感があることを，この地を長年取材しているジャーナリストの高橋ユリカも感

14　熊本日日新聞2001年3月8日。

15　熊本日日新聞2001年3月8日。

16　熊本日日新聞2001年4月18日。

17　水俣病問題は熊本県全体に多額の税収入をもたらした日本チッソが絡むために，なお複雑である。

18　江戸時代の遠江（静岡）・相良藩とは異なるが，鎌倉時代に遠州（静岡）・相良から入国したとされている。

じている[19]。

　熊本県の人口の３分の１を占め，県庁所在地である熊本市の住民において
も川辺川ダム問題は重要事項ではない。全国配信の報道番組や全国紙の一面
などにおいて全国的に報道されて初めて，川辺川ダム建設が問題となってい
ることを感じた県民が多い[20]。熊本県は，地元紙熊本日日新聞の県民購読率
が70％以上と高いものの，多くの住民は，自分の住む最小単位である自治
体に関わりがないことは関心をもちにくい[21]。

　　これは知事・潮谷義子自身も同じであった。県外の佐賀県を故郷とし，熊
本市中心部に数十年間住んできた潮谷にとって，県南部の川辺川ダムは，行
政に携わる以前は全く関心をもつテーマではなかった。その川辺川ダム建設
問題に対する彼女の政治的姿勢が，業績評価として支持の理由となる。

b.　熊本県政治家の川辺川ダムに対する反応

　この川辺川ダムに対する関心の地域間温度差は，地元密着を基本とする政
治家にも反映される。熊本は衆院選小選挙区で５区域に分かれており，熊本
５区が球磨川流域を全て含む。この５区以外の代議士は，川辺川ダムに大き
な関心を見せず，公約に川辺川ダム問題に関する見解を入れることもない。
５区以外の自民党代議士は，地元有権者の無関心を別としても，川辺川ダム
は建設推進されるのが当然であり，「問題」という認識をもっていない。

　川辺川ダムに対して明確に反対の姿勢を打ち出している民主党が，熊本１
区に民主党・松野頼久代議士を擁しているものの，松野頼久が川辺川ダム反
対の動きに参加することはなかった。球磨川流域には，民主党幹部である菅
直人がたびたび視察に訪れているが，松野頼久が案内したことはなく，松野
頼久の支持者はそのことを疑問に思ったこともない。2003年衆院選では，
熊本２区から立候補した松野信夫が民主党比例区で復活当選したが，松野信
夫は川辺川ダム反対派市民運動に協力する弁護士であり，彼のみ政治姿勢に

19　2003年10月29日，ジャーナリスト・高橋ユリカ，インタビュー。

20　地元ニュースは，地元新聞である熊本日日新聞による報道，地元テレビ局に
　　よる報道番組などがある。地元局配信のテレビ番組は主に夕方に集中しているた
　　め，地元ニュースをテレビで見る層は職業限定的である。

21　逆に，都心郊外では自分の住む最小単位の自治体が何をしているか無関心で
　　ある住民が多い。

川辺川ダム問題に対する見解を示している。

　県議会議員レベルでは，再選インセンティヴから基本的に有権者の関心にしたがって行動するが，これに加えて，昇進インセンティヴから県議会内の会派内と会派間の力関係が作用する。県議会の会派内の力関係とは，球磨川流域の自民党議員に対する配慮である。例えば，県北部から選出される自民党県議は，地元有権者が誰も関心を持たない川辺川ダム建設に対して関心が薄い。「あんなもんさっさとつくりゃいいんだ」という若干投げやりな発言になる[22]。しかしながら，球磨川流域から選出される県議が長老議員で力が強い場合は，どの自民党県議もダム建設推進に関心があるかのように配慮する。

　各県議は基本的に「地元住民の声を代表する」ことを第一義とするため，球磨川流域選出の議員がダム建設推進を声高に主張することを，その職務の一環とみなすという程度の理解をする。これは会派が異なる議員からも理解される。例えば，非自民の会派「県民クラブ」の議員でも，球磨郡選出の若手議員が川辺川ダム建設推進の主張を議場でおこなうことに対して理解を示している。

　県議会において建設推進を主張する県議はたいてい球磨郡の若手議員であり，長老議員からねぎらいの言葉をかけられている。球磨地域の県議が若手議員だけであったならば，自民党県議団はさほど川辺川ダムに関与しなかったかもしれない。実際は県議を5期つとめる松村昭議員が球磨地域から選出されており，彼を尊重する必要性が出てくる。

　県議会議員の行動のもう一つの要因は，会派間の力関係である。自民党県議団にとって，川辺川ダムが建設されないことで自分たちの力が弱いと認識されることは，何よりも避けたい事態である。したがって，県議会最大会派としての体面を保つために彼らは強硬に建設推進を唱える。

　もっとも，自民党県議においても，杉森猛県議はダム建設反対を公言してはばからない。また，後日談であるが，自民党熊本県連の幹事長を務めた島津勇典は，「あれ(ダム建設)は，法律上の条件がクリアされていないから建設できないんだ。たとえ私が知事だったとしても，同じだったとおもう[23]」

22　2003年3月，県北部選出自民党古参県議へのインタビュー。
23　2005年9月28日インタビュー，熊本市。

として，現実問題として建設の可能性を否定している。したがって，自民党県連が見せる建設推進の強硬姿勢は体面上の問題でもあった。

一方，自民党県議団に対抗する第二会派の県民クラブは，国政レベルの政党の地方支部ではなく，民主党系や社民党系の団体が推薦する議員の寄り合い所帯であるため，ダム建設に対して一致した行動をとらない[24]。

c. 川辺川ダムに対する潮谷知事の姿勢

2000年4月の就任当初の「環境アセス」発言修正から，潮谷知事は，一貫して「国の説明責任」「十分な話し合い」を要望し続けてきた。それは要約すれば，事業主体が国であることを強調し，賛成・反対派の双方に対して国が責任をもって説明をするべき，というものである。

2000年9月に，就任後初めて川辺川ダム建設予定地を訪れた際には[25]，「住民の苦渋の選択と，未来への不安をしっかりと受け止めさせていただく。ダム反対，賛成が渦巻く中で，どうすれば地域が息づくかを忘れてはならない」と述べ，「工事を急いで，悔いを残すべきではない」と述べている。

国に対しては，説明責任を果たしながらの円満な対応を要望してきた。それは，事業主体は国であって県ではないと強調することにもつながる。2001年2月28日，球磨川漁協総代会が漁業補償案を否決した際に，潮谷知事は「今，これだけ先鋭な賛成，反対の声がある中で，事態の重さを国も考えると思う。円満な話し合いを続けて欲しい。事業主体の国が決めることではあるが，禍根を残さないことが大事だ」と，事業主体のみならず判断主体も国であって県ではないことを指摘している[26]。

このように，潮谷知事は，川辺川ダム建設問題に対して，賛成とも反対とも述べてこなかった。しかし，県の総意としては，流域市町村の促進決議などを根拠に推進の姿勢をとってきた。したがって県議会における知事答弁は，「川辺川ダム計画は，必要不可欠な事業計画として半分以上が進ちょく

24　2005年12月になって「川辺川ダムに反対する県議の会」として行動をおこした。

25　知事は，県内地域振興局ごとに行政視察を行っており，4年間の任期で1回は訪れるようにスケジュールが組まれている。今回の川辺川ダム建設予定地訪問はその行政視察の一環であった。

26　熊本日日新聞2001年3月1日。

している。平成10年のダム基本計画の変更の際も，県議会の大多数の賛成で，変更に異議なし，とする意見を国に提出した。県の財政状況は厳しいが，環境に配慮しながら事業に取り組みたい」[27]というものになる。県議会における知事答弁を読む限りでは，知事は建設推進の立場と捉えることができる一方で，県幹部のチェックが入らないインタビューの場における一連の発言は全て「慎重姿勢」であった。

　このように，事業主体は国であることを強調し，知事自身にはなんら権限がないこと，推進・賛成の両方の意見を受け止めて慎重に判断したいと発言し続けていった経緯から，潮谷知事の川辺川ダム建設問題における立場は曖昧にうつり，「二枚舌」とも言われた。「あいまいな発言は二枚舌に映る」とは毎日新聞記者・米岡紘子が2002年6月に評した言葉である[28]。実際，潮谷知事が見せる立場の曖昧さは，反対派からも賛成派からも知事に対する攻撃があることからも理解できよう。知事自身「賛成，反対派の双方から私の人格が傷つくことを言われる」。と潮谷の個人的支援団体の集会において述べている[29]。2004年の段階でも，川辺川ダム反対の市民運動に携わる活動家は，「知事ってダム反対なんですか，賛成なんだと思っていました」と仲間内で述べている。

　以上のように，川辺川ダム問題は，熊本県にとってというよりもむしろ知事にとって大きな課題の1つであった。知事就任から1年たった2002年の5月において，県で一番大きな問題は，と問われた知事は，「県財政，川辺川ダム，水俣病問題」の3つを挙げている[30]。これらの課題は2006年時点でも変わらず，知事いわく「まるで狼少年みたいなものよ。今度こそ山場，今度こそ山場，といって次から次へと山場なんだもの」[31]。

27　2000年9月19日熊本県議会。
28　毎日新聞2002年6月19日。
29　熊本日日新聞2001年4月1日。
30　熊本日日新聞2001年5月24日。
31　2006年7月14日インタビュー，熊本市。

4．川辺川ダム住民討論集会の開催

事業主体が国であるゆえに知事は権限を持たないと述べ続け，ダム建設に対して推進とも反対とも述べてこなかった潮谷知事が，結果的に意図的に行動したことになるのが，知事による川辺川ダム住民討論集会の開催である。

（1）　住民大集会開催のいきさつ

a．潮谷の素朴な疑問と県幹部の反対

知事就任以来，川辺川ダム問題に対する知事発言の影響の大きさから，潮谷は疑問をもった。そもそも，なぜ川辺川ダム建設はこれだけ騒がれる問題なのか，と。先述したように，熊本県の多くの住民にとって，川辺川ダム建設問題は関心のないテーマだったのである。おそらく，既存政治家であるならば，このような疑問を持たなかったかもしれない。熊本県における多くの政治家にとって，川辺川ダム建設問題は所与の問題であり，なぜ問題が存在するのかを考える段階ではなかった。

潮谷は言う，「これだけ騒がれている問題だから，ひろく県民の目の前で話し合いの場をもつほうがいいと思ったの[32]」。彼女の夫・潮谷愛一は言う，「カンタンなことだ。あいつは，分からないことがあったら，素直にまわりに聞く。だから住民討論集会なんだ[33]」。この公開形式の討論というアイディアは，知事就任2年目の2001年の夏からあたためていた。

まず，潮谷は，県幹部三役にアイディアを投げた。「前例がない」として即座に却下された。それでもしぶとく，夏の間中，ことあるごとに県の幹部に投げ，ほとんどの幹部が首を横に振るなかで一人，「知事がそこまで言うならばやりましょう」と引き受けたのが，当時企画開発部の次長であった鎌倉孝幸であった[34]。以後，住民大集会を開催するにあたっての細かい事務や

32　2003年5月20日インタビュー，人吉市。
33　2003年3月13日インタビュー，熊本市。
34　2003年12月30日，潮谷知事インタビュー，熊本市知事公邸。2005年9月23日，潮谷知事インタニュー，熊本市慈愛園。

手法は全て鎌倉が担当することになるのであるが[35]，そもそものアイディア
は潮谷である。

公式には，集会の開催は，2001年11月5日に民間団体である「川辺川研
究会」が「ダムによらない治水」の方法を，記者発表したことによるとされ
る。それより前10月中旬には，すでにこれらの民間団体から公開討論会を
おこなうべきだという申し入れも再三あった。これを受けて，国交省と「川
辺川研究会」がその方法を討論する場を県がもうけた，ことになっている。

初めて公開討論会の実施を明言した2001年12月3日夜の記者会見では，
「県民がダムに関する国の信念を聞くことができる機会を設けたい。事業主
体の国が県民に対し，説明責任と情報公開を果たす方法論の1つだとおも
う」「国土交通省は，流域市町村に対しては事業の説明をしてきたが，流域
以外の県民が得るのはマスコミを通じた情報に限られ，国から直接分かりや
すい事業説明を聞くことができる場がなかった」と述べている。

続いて12月5日に開会した定例県議会においては，「幅広く県民が参加し，
オープンかつ公正に議論する集会を県主催で開催したい」と述べ，「これま
で事業主体の国に，関係者への説明と理解を得る努力を求めてきたが，事業
の妥当性や環境問題などでさまざまな意見があり，球磨川漁協が臨時総会で
漁業補償案を否決している」ことから，国に対してさらなる説明の場の提供
として住民大集会を開催する旨を明らかにした。

知事が述べるように，国交省も「国の説明責任」を求める潮谷発言を受け
て，2001年4月から流域住民や市町村議会に対して説明会を37回開いてき
た。しかしながら，2001年11月28日，球磨川漁協総会が補償案を否決し，
したがってダム本体着工には国による漁業権の強制収用が視野に入ってきた
ことをふまえ，潮谷知事は「国は本当に説明責任を果たしてきたのか」「再
度分かりやすくする責任が出てくる」と指摘した。

集会の開催を公式発表してから実施までが数週間程度であったために，当
時の印象を「ずいぶんあっというまに決まった感じ」であったと述べる県職
員が多い。しかしながら，潮谷によれば「説得するまでが大変だった」ので
あり，少なくとも半年前から働きかけていたが，このことはあまり知られて

35　鎌倉は，潮谷が知事に就任した2000年から6年間，川辺川ダム問題で潮谷
　　の片腕でありつづけ，2006年3月をもって定年退職した。

いない[36]。

b. 直接民主主義論と議会軽視論

住民大集会は，法的にはなんら効力をもたない，単なる公開討論の場である。しかしながら，この集会の政治的な位置づけをめぐって「直接民主主義論とか議会軽視論まで飛び出したのよ」と潮谷は言う。つまり，住民の意見の集約の場として県議会が存在するにもかかわらず，直接住民から意見をきく集会とはどういうつもりなのか，という論である[37]。

住民大集会/住民討論集会の位置づけをめぐって，議論が存在したことは，第3回住民討論集会でも司会を務めている鎌倉の発言に認められる。

> 「私ども行政，確かに説明責任というのが特に最近，アカウンタビリティとして出てきました。やはり住民に理解を得るというのが一つの視点です。私どもは日本の民主主義の根幹は，地方自治法上，議会制民主主義，間接民主主義をとっております。そういう流れの中で，我々，国，県，市町村は川辺川ダム事業を議会の議決等を経て推進をこれまでしてきたところ，これは厳然たる事実であります。さらに説明責任というのは，できるだけその努力を積み重ねるという趣旨のもとにですね，住民のみんなが理解することは１００％あり得ない，いろんな多様な考え方があります。そういう中で，できるだけ行政は多様な住民の人の声も受けながら説明責任を果たしていくように最大限努める。それがあったからこそ私どもはこのような大集会，討論集会を開いてきたというふうに認識しております。」（2002年6月22日　第3回川辺川ダムを考える住民討論集会[38]）

36　各種委員会や議会記録は県議会が9月と12月開催でその間に集会が開催される運びとなったために何も発言がなく，記者発表資料を調べても，集会開催については2001年12月の開催直前にようやくあらわれる。地元新聞に一報がのったのは2001年12月3日の夕刊であった。

37　この指摘は1960年代70年代の革新首長たちが住民運動を利用したことと重なる。

38　引用は，国土交通省九州地方整備局川辺川工事事務所・熊本県企画振興部企画課による「第3回川辺川ダムを考える住民討論集会」発言録（平成14年9月）

鎌倉の発言は，間接民主主義の間隙を埋めるかたちで，行政の説明責任を果たす役割として，討論集会が存在するという，討論集会の位置づけを述べたものである。討論集会が間接民主主義の間隙を埋めるものとして存在するという位置づけで落ち着いたとしても，それでは川辺川ダム建設問題において県議会はどこに位置づけられるのかという疑問が出てくる。ここから，議会軽視論が出てくるのが以下の発言である。2002年6月の県議会総務常任委員会における発言では公明党の竹口博巳委員が以下のような発言をしている。

「議会で肝心なことを(知事に)お尋ねすると，県も一緒になって推進してきた事業であるにもかかわらず，今，住民討論集会を開いているから予断を持ったことはいえないという姿勢ですね，県は。それでいいのか，議会として。(中略)やっぱり住民討論集会があっているために議会での議論に制約がかかっておるというこのスタイルはいかがなものかというのは私は個人的にずっと感じ続けているのです」(平成14年6月27日熊本県議会第3回総務常任委員会)

　つまり，目下議論中の住民討論集会の推移を見守るゆえに，議会がこのプロセスに何ら関与しないのならば，議会は何をすべきなのかと気づいたのである。これをもっと直截な言葉でいうと，続く自民党の倉重剛委員の「いわゆる議会そのものをないがしろにするような形は僕は大変いかがなものかと非常に強く思うものです」(平成14年6月27日熊本県議会第3回総務常任委員会)という発言となる。
　そもそも地方議会は，制度上の役割と実際の役割に大きなギャップが存在している。地方議会は地方行政の執行部を監視するというチェックアンドバランスの原理にもとづいている。しかしながら，現実的には執行部とのバランスに偏りがあるために，存在意義が弱い。住民討論集会の開催によって，地方議会の役割が如実に問われることとなったともいえる。
　しかしながら，この問題をつきつめると，議会は何をすべきか，に行きあたり，積極的な行動が求められることになろう。現実の議会は，議会の積極

による。

的意義を論議し，存在意義を高めるために建設的な提言を行っていく体力は
なく，この議論はそのまま収束する。以後，住民討論集会に関して，議会の
役割について問題提起する発言はみられない。

c. 国交省の反対

　住民大集会開催のアイディアを国交省は歓迎しなかった。国交省河川局は
住民大集会の開催を，ダム建設に「水を差す」ものであると捉えたからであ
る。集会開催を知ったとき，同局幹部は「県は今ごろ，何を考えているの
だ」と反発した[39]。ダム推進の立場にしてみれば，いまさら議論する内容は
ないからであり，現実に討論会の開催要望は反対派の団体から出されてい
る。国交省は，これを乗り切ればダム本体着工であり，また豊富な資料で
もって乗り切ることは容易であると踏み，結果的には住民大集会の開催に同
意した。

d. 住民大集会開催

　2001年12月9日，相良村で3000人が参加し8時間にも及ぶ住民大集会
が開催された。初めての試みであること，先述したように集会の行政上の位
置づけが曖昧であったこと，推進派にしてみれば意味のない集会であったこ
とから，集会そのものは大変な混乱のうちに終わった。

　国交省の豊富な資料にもとづく巧みな説明に対して，資料を持たないダム
反対の市民団体の論駁も科学的根拠のない感情論に終始し，議論は平行線と
なった。そもそも国交省と市民団体では情報の非対称性が存在し，国交省が
職務として行っているのに対して，市民団体側は手弁当であった。

　推進派と反対派の各陣営の怒号が飛び交う状態で，数時間にわたって司
会を務め続けたのが鎌倉であった[40]。そして，推進派の人々が「意味がない」
と席を立って帰ろうとしたときに，その背中に向かって戻るように必死で説

39　読売新聞2001年12月11日。

40　鎌倉が水俣の知人に語ったところによれば「このくらい（の混乱）なんともな
　　い。水俣のときは人が死んでるからね。こっちじゃ誰も死にゃせん」。鎌倉は，
　　水俣病問題において患者を患者の目線で理解しようとし，患者から信頼をかち
　　えて，それまで県の手に負えなかった水俣病問題を県レベルで扱えるきっかけと
　　なった人物である。

第3章 川辺川ダム建設問題 119

得を続けたのが，ほかならぬ潮谷知事であった。

　　「退場なさる皆様たちは，今，議長の方が，皆様に何時までにいたし
　ましょうかということを問いかけている時に，背を向けてお出になる方
　がいらっしゃいますけれども，それでよろしいのでしょうか。ぜひ，留
　まっていただきたいと思います。司会者も，4時間にわたる長い間に，
　混乱があったり，皆様方の思いに沿わないところがあるかもしれませ
　ん。それは，推進者の方にとっても，反対者の方にとっても，生じてい
　る現象であるかもしれません。でも県は，フェアな公正な立場を確保し
　たい。そういう思いの中で，この会をいたしているところです」（平成
　13年12月　川辺川ダムを考える住民大集会発言録[41]）

　必死で訴えるその小柄な女性の映像は，全国系列のニュース番組で放映さ
れた。その結果，川辺川ダム問題は，全国的な関心を引きつけたのみなら
ず，無関心状態だった他地域の熊本県民でも認識するところとなるのであ
る。

（2）　住民大集会開催の効果

　住民大集会の開催は，集会自体は議論が平行で混乱のうちにおわったもの
の，各方面で好意的な結果をもたらした。

a. 国交省・国交大臣の反応

　当事者である国交省は，次回からの集会開催を国主催としておこなうこと
を了承した。もっとも国交省は，そもそも集会の開催を渋っていたことから
も分かるように，次回開催の主催はおろか，次回開催そのものをすんなりと
受け入れたわけではない。

　集会開催の2日後の2001年12月11日に，国交省は球磨川漁協の漁業権
強制収用の申請をおこなうことを明らかにし，18日に県収用委員会に申請
した。国交省九州地方整備局や河川局が，一度の集会開催で説明責任を果た
したと解釈していたためである。さらに12月10日の県議会における潮谷知

41　平成14年1月熊本県企画開発部地域政策課発行。

事の川辺川ダムに関するこれまでの経緯説明のくだり，「ダム事業は必要不可欠な目的を有している」との部分のみで，「知事はダムに前向きの答弁をした」と曲解し，その解釈を大臣に上げたため，国交大臣扇千景が強制収用の申請に踏み切ったのである[42]。

　国交省の計算では，流域市町村の協議会が建設を強く要望している以上，知事がダム推進に反対するような発言はしないであろうと踏んだ，と推測されている。熊本日日新聞の報道によれば，河川局のある幹部は以下のように述べたという，「もし知事が反対すれば，逆に『ではダム事業は止まるが，知事が全責任をとってくれるんですね』と問いたい。結局，知事が反対しても，我々は河川管理者として収用に踏み切るしかなかった[43]」。

　しかしながら，現実には住民集会で国の説明責任が果たされたとは言いがたいことが，各社の新聞記事でも散見される。ダム反対派も継続して開催を要求した。これらを受けて潮谷知事は，「集会で初めて出た国の資料もあり，多くの疑問や論点をそのままにしておいていいのか。ダムでしか命と財産を守れないという信念が国にあるなら，情報を共有して対応するのが当然」として，引き続き集会を継続するように，国交省に求めている[44]。

　ただ，熊本県は，そもそも管轄外である国営川辺川ダム事業に関しては，大きな予算も組まれておらず，討論集会を継続していくには体力がなかった。第1回の開催は，県職員・鎌倉孝幸個人の労力によるところが大きかったのである。そこで熊本県は，「前回は県民の前に国に出てきてもらうために県が主催したが，2回目以降は事業主体の国自身が主催すべきだ」と粘り強く主張，九州地方整備局は「県が主催かどうかは別としても，場所や参加者の設定など，コーディネーター役は県にお願いしたい」と回答し，最終的には第2回以降の集会主催は国と落ち着いた[45]。以後，2003年12月まで9回にわたって集会は開催された（表3-2参照）。

42　熊本日日新聞2001年12月12日。

43　熊本日日新聞2001年12月20日。この認識から，のちに潮谷は「反対を表明すれば，国がダム建設を視野に五木村や相良村に出してきた振興費を『返せ』と言われるかもしれないと考えました」と述べている（朝日新聞2008年6月4日）。

44　熊本日日新聞2001年12月12日。

45　熊本日日新聞2001年12月26日。

第3章 川辺川ダム建設問題　121

表3-2　住民討論集会

	開催日	開催場所	参加人数	討論内容
第1回	2001年12月 9日	相良村総合体育館	3,000	治水全般
第2回	2002年 2月24日	八代市厚生会館	1,400	治水代替
第3回	2002年 6月23日	相良村総合体育館	1,800	基本高水
第4回	2002年 9月15日	県庁地下大会議室	750	基本高水
第5回	2002年12月21日	人吉カルチャーパレス	2,540	洪水調節量
第6回	2003年 2月16日	県庁地下大会議室	940	環境対策
第7回	2003年 5月24日	県庁地下大会議室	800	環境影響
第8回	2003年 7月13日	県庁地下大会議室	730	環境影響
第9回	2003年12月14日	県庁地下大会議室	620	総論

出典：国交省発表資料より作成

　国が主催であるものの，九州地方整備局の発言の通り，コーディネーター役は毎回，県が努めてきた。このコーディネーター役がかなりの負担でありながらも，熱意をもって行ってきたことは，多くの人が認識するところである。2002年10月，小泉改造内閣で再任された扇千景国土交通相は，新聞社のインタビューにおいて，「懇談会（住民討論集会）を進めることが最も大事だ。進行中の集会の結果を待ちたい」「地域の皆さんの声を聞くことが大事だと，潮谷知事にも九地整にも言っている」と述べた[46]。2003年5月には，福岡高裁での利水判決国敗訴を受けて，国交省の対応を問われた同大臣は，再びこの集会を踏まえていく旨を述べている。

　これら大臣の「見守る発言」は潮谷知事としては，相当に感慨深かったのであろう。2003年5月20日の大臣発言の際には，潮谷はちょうど国交省による流域地方議員への下球磨郡意見交換会に出席している最中であったが，渡された大臣発言メモを読み，「大臣も集会を見守ると言ってくださっています。したがって，国と県と市町村とともに手を合わせてまいりましょう」と連携を訴えた。

b．県議会の反応

　県議会の反応は，おそらく建前と本音にわかれる。建前上は，集会の意義を認め，その労をねぎらっている。住民大集会が開催された翌日の県議会

────────────────
46　熊本日日新聞2002年10月2日。

本会議において，自民党県議大西一史は，その集会の意義をみとめている。もっともこれは，大西によれば自民党代表質問ではなく一般質問の範疇であるから，県連幹事長が許可したとのことである[47]。大西自身が，新党さきがけのメンバーであった園田博之代議士系列のリベラルな議員であることも付け加えておく。その翌日，県議会の質問では，自民党，県民クラブ，公明党の３名が質問に立ったが，公明党県議は集会に一切ふれておらず，県民クラブ県議が集会を絶賛，自民党県議も評価するという内容であった。これら討論集会に対する県議会各会派の評価は，そのまま第５章で述べる知事再選選挙における政党の立場につながる。

　県議会の本音とは，先述した「議会軽視論」である。住民討論集会の意義が認められるほど，県議会の意義が希薄になるのであって，複雑な思いをもっていたことは，先述した県議会総務常任委員会における各議員の発言に見て取れる。

c. 県民の反応

　県民の反応は，その後の潮谷知事に対する高支持率となってあらわれる。2000年知事選では公明党推薦によって僅差で当選した潮谷であるが，新聞社調査による支持率では常に60％台を維持しており，支持理由の上位３位に必ず「川辺川ダムに関して集会を開催した」が上がることになる。

　一方，流域住民のとりわけ推進派は知事に対して不信感をもった。先述したように集会開催はダム建設推進に水を差すものとして受け止める推進派が多かった。推進派にしてみれば，ダム建設には何の問題も存在しておらず，集会開催の必要はないからである。

　歴代熊本県知事が，ダム建設推進に向けてとりたてて積極的な行動を見せたわけではないものの一応推進の立場できたのに対して，潮谷知事は何かが違うとダム推進派が不信感をもったのはあながち間違いではない。なぜなら，彼女自身の個人の信念としてはダム建設反対であるからである。もちろん，個人的信念と実際に下される政治的判断は別個である。その例として，2001年水俣病関西訴訟控訴審判決における県上告の例がある[48]。しかしなが

47　2004年６月７日，熊本県議会棟，熊本県議会議員大西一史インタビュー。
48　潮谷自身は長年にわたる水俣病裁判に関して，個人の信念としては上告に

ら，川辺川ダム建設問題に関して，潮谷は個人的信念から政治的判断を下している ということができる。

5．熊本県知事潮谷義子の権力行使

(1)　ダム建設における知事権限に関する潮谷の見解

a．県議会答弁

　潮谷は，川辺川ダム建設に関して，熊本県と知事は直接的な権限を持たないという認識をもっている。政治的判断を迫る記者インタビューにおいても「国の事業ですから県は判断する立場にありません」と述べ続けた。

　2003年当時は，４月の統一地方選で人吉市においてダム推進派候補が勝利したものの，一転５月の利水裁判で国が敗訴し，利水事業計画見直しをせまられ，これをうけて６月の漁業権収用委員会では結論がもちこされる事態となり，結局ダム建設は事業計画の見直しによってさらに数年はストップ状態になることが明らかになった。つまり，ダム建設の推進のためには行政手続きとして新たな事業計画の策定を待たねばならない一方で，ダム建設を中止させるような条件もない膠着状態だったのである。

　この状況で，ダム建設推進の立場から球磨地域選出県議・溝口幸治は，2003年９月県議会において知事と熊本県に対して建設意思の確認を行った。つまり，ダム計画推進派にとってはダム計画がゆらいでいるという不安があったのである。この2003年９月県議会における県議と知事のやりとりにおいては，珍しく知事が感情的な答弁を行っている。知事は，溝口県議の質問自体をそもそも理解不能という見解を示している。「新利水計画を待たず，治水計画によるダム計画を推進するというお気持ちは，これは，県だけではなく国に対して，多目的ダム，この点を変更すると，そういうようなご意見のお立場からの質問であるのか，私にはやや受け取ることが困難でござ

よって長引かせたくなかったにもかかわらず，県の判断としては上告せざるを得なかった。上告を決断した前の晩は泣いたと本人も述べている（日経新聞2001年12月31日）。国営事業である川辺川ダム建設問題においては個人の信念を貫いた行動をとった潮谷が，水俣病関西訴訟においては個人の信念に反する行動をとらざるを得なかった大きな理由は，水俣病問題が国のみならず県の責任にも関わるからである。

いました[49]。潮谷によれば，そして後に県幹部から確認をとったことによれば，熊本県としては新事業計画を策定することが決まっている以上，それを待つしかないのであり，ここでダムについて述べる立場にはない，のである。さらに，審理中の収用委員会と未決の利水裁判の結果も待たずして，そもそも県はダムを左右できる立場になかった，のであり，今も昔も県はダムを左右できる立場にない，のである。

b. ダム建設反対派の苛立ち

　以上の潮谷の論理は，ダム推進派に対する抗弁としては通用するものの，ダム反対派に対する抗弁にはならない。ダムを中止するには，県の意見提出によって，事業主体が中止を決定し，収用委員会も利水裁判もそれを理由に終了すればよいだけなのである。ダム反対派が潮谷を疑う理由はここにある。

　したがって，ダム反対派の人々は，潮谷がダム反対の立場であることを感じることがなかなかできない。確かに潮谷が討論集会を開催したことによって，ダム反対派の意見が広く公開され，また反対派市民運動の参加が持続するという機会を得ている。しかしながら，「知事の一言によって止まる」はずのダム建設がその一言がないために止まらないのである。

　彼らの声を代弁する記事として，丹念に川辺川ダムを取材していた毎日新聞の米岡記者の発言が端的である[50]。「川辺川ダムに対する潮谷義子知事の姿勢を，紙面で批判したことがある。（中略）「県はどうするつもりなのか」。問いへの明確な答えはいつも返ってこない。取材しながら，いら立った」。しかし，記者はこう続ける。「あれから2年，知事は今でも「中立」だ。やはり批判の声は聞こえるが，2年前とは状況が違う。今はこれでいい，と私は思う。（中略）国の事業で，ここまで地元と徹底的に議論を重ねたうえで作られたものがあるだろうか。この過程が大切だ。県がこの姿勢を貫けば，おのずと結論は出てくる。そう思う。」この記事にあるように，潮谷の個人的な思いは，ダム建設中止にあり，そこにいたる過程として住民との対話を重視しているのである。

49　熊本県議会議事録平成15年9月定例会9月22日5号。

50　毎日新聞熊本版2004年3月22日。

第3章　川辺川ダム建設問題　125

（2）　ダム建設反対の手段としての討論集会

　潮谷の行為は，ダム建設中止を目的として，その手段として討論集会を開催したという意図的な行為であることを裏付ける。

a.　熊本方式

　2003年3月，朝日新聞の全国版に以下のような見出しの記事が載った。「『熊本方式』による川辺川ダム」[51]。それは，福祉の経験にもとづく潮谷のボトムアップ手法を，長野県の田中康夫知事による脱ダム宣言のトップダウン方式と比較し，柔軟な手法として評価したものであった。このような全国紙の評価が，熊本県知事支持者に満足感をあたえ，さらに知事に対する好感度が増したことは想像に難くない。潮谷の友人たちは，その新聞記事を誇らしげに話題にした，「熊本版だけかと思ったら，全国版なのよ」と。熊本県民にとっては「全国紙のしかも全国版の朝刊に大きく載った」ことは一つの事件である。

　記事で評されている「熊本方式」に関して，彼女の夫は「分からないから周りに聞く」という論理であり，自然な流れでとった行動であるかのように言う。アイディアのきっかけは自然な感情であったかもしれないが，集会の実施にいたるまでは「やおいかん女子（一筋縄ではいかない女）」という評価そのままに，潮谷はかなりの意思をもって行動している。

　記事でも比較の対象とされている長野県田中知事とその「脱ダム宣言」を意識的に避けていることは，2001年12月の知事定例記者会見において垣間見られる。

　　記者：川辺川の関連といいますか，長野県の田中知事についてなんですが，田中知事が脱ダム宣言をされるに当たっては，地方自治体の首長としてはかり踏み込んだ発言もされておりますが，この発言や田中知事について，どのように思われるか。
　　潮谷知事：田中知事は，長野県内の状況を勘案されて，今改めてご自身の判断ということを示されたと思います。それだけです。
　　記者：では，地方自治体の首長として，そういう発言をなさるというこ

51　朝日新聞2003年3月13日。

とについても，勘案されてという，ご自分で判断されて，そういう発言
をなされているのだ，という。

潮谷知事：ええ，私は，たぶん，田中知事は田中知事として県内の状
況，それからご自身の政治的な理念の中からのご発言，と思います。
（2001年12月熊本県知事定例記者会見）

　この発言に見られるのは，田中知事と私は違うのだ，という強い意識であ
ろう。全国47人いる知事の交友関係の中でも，田中と潮谷はとりたてて仲
の良い関係ではない[52]。通常，他県の知事が他県に入る時は，その地の知事
に挨拶をするか，時間がない場合は連絡だけでもするものであるが，田中知
事が2003年に熊本の民間団体によばれて来熊する際には（実際にはキャン
セルになった），その予定は知事秘書課が把握しているものの，「会う理由も
なく」スケジュールは組まれなかった。

　この「熊本方式」については，当初敵対的であった事業主の国交大臣が，
「熊本でおこなわれている討論集会の推移を見守りたい」と発言に変化した
ことは，先述したとおりである。全国にもない試みであった自身の発案によ
る討論集会が，県民の広い支持を得，全国紙にも評価され，さらには当初敵
対的であった事業主の大臣までが評価したことに，潮谷が深い感慨を覚えて
いることは，集会の好意的評価を周囲に自ら話して聞かせることから察せら
れる。この感慨の深さは，討論集会を開催したことの自負の裏返しであろ
う。

b. ダム建設反対の個人的信念

　討論集会は，どの回においても，鎌倉の見事な司会によって全く公正に中
立に進められているが，討論集会開催の発案者である潮谷の個人的な信念は
ダム反対であることは，私的な交際はもとより公的な発言においても垣間見
られる。2003年春の統一地方選挙では，川辺川ダム最大の受益地である人
吉市市長選挙で推進派の候補が反対派の諸候補を破り当選した翌日，知事記
者会見において以下のような発言がなされた。「当選した（推進派の）現職の

52　潮谷の知事コミュニティにおける交友は，女性知事，九州各地の知事，福祉
　つながりで宮城の浅野知事（2000年〜2005年当時）などが主である。

得票は(投票数の) 31.9%, (反対・慎重を揚げた他候補) 4人は68%, ダムだけでみれば多様な意見がある」。同時に熊本日日新聞社による出口調査結果をうけて「ダムだけに絞ったら, 6割以上が事業推進に慎重姿勢を示したことになり, 環境を考える中で地域住民の意識が確実に変化している」と述べた[53]。

この発言は, 記者による「カマかけ」の答えでもなく, 自分からの発言であったことが記者会見にいあわせた県幹部も認めている。この発言は自民党県議・坂本哲志による知事の揚げ足取りに使われた。2003年6月県議会質問において,「当選した市長にお祝いも述べないで, アンケートの結果に拘泥するとはどういうことか」となじられるのである。実際は, お祝いを述べた後の発言だけが新聞で取り上げられているので県議の言いがかりであるが, それほどに知事がダム反対に近い立場であること県議側の焦りが見られる。

私的な会話においては, 潮谷はダム建設に反対であることを隠さない。例えば, 潮谷は,「(県議会第二会派の)県民クラブに苛立ちをおぼえる」と言う。その理由は, ダムに関しては県議会の建設推進決議の枠内におさまったままで, ダム反対の具体的な行動に出ないから, である。「あの人たちがもっと動けばねぇ」と苛立ちを隠さない[54]。

潮谷の個人的な交際範囲には, ダム反対派の活動に携わる女性たちを含みこそすれ, ダム推進派の活動に携わる人物は入っていない。ただ, この偏りは, 潮谷が熊本市に長年住んでいるためにダム推進派の多い県南部の球磨川流域とはあまり関わりを持っていなかったことによるだろう。また, 熊本市で政治活動をおこなう女性には, 必然的に熊本市近辺に住むダム建設反対派の女性たちが接近してくることにもよるだろう。なぜなら, 熊本市においてダムを推進するべく積極的に活動する女性はいないのである。

c. 手段としての討論集会

知事の個人的信念と, その政治的決断は別個のものであり, 事実水俣病問題に関しては信念とは異なる決断を下さざるを得なかったことは先述したと

---

53 熊本日日新聞2003年4月28日夕刊。
54 2003年11月インフォーマルインタビュー, 熊本市。

おりである。しかしながら，川辺川ダム問題においては，知事の個人的なダム建設反対という信念から，住民集会を開催し，それによって建設推進に一石を投じるという意図をもって行動しているということができる。

　潮谷の口から出た最も直接的なダム反対の意図は，2003年夏のインフォーマルなインタビューにおいての発言にある。潮谷は，討論集会の推移を見守っている（2003年当時の）この状況が，結果的にダムに対する熊本県の態度表明ひいては知事の政治的決断の保留につながっていること，法的な条件を別として討論集会がダム建設を止めている状況にあることを認識している。そして，この集会によっても「態度表明の保留」が維持できなくなった場合は，「そしたら次の手を考えるかな」と述べた。つまり，潮谷は少なくともダム建設を推進する意図をもっていないのである[55]。

（3）　知事の権力行使

　以上のような潮谷の行動を「知事の権力行使」ととらえる理由は３つある。第一に，潮谷はダム建設を推進しないという意図がある。第二に，住民集会の開催によって，ダム建設推進が一時的にでも止まっていることを認識している。第三に，これは一種の「非決定権力」とみなせるからである。つまり，潮谷は，政治的意図をもって，「推進」と発言しないことで，政治決定の速度を意図的に変えているのである。

　潮谷が，ダム建設を「中止」とせずに中立の立場であり続けるのは，いずれの判断を下すにしろ，政治的な手続きをきっちり踏まえた上での判断でありたい，つまりアカウンタビリティを尽くしたいという信念からである。中止と判断するからには，多くの人が納得するような経過が必要であると考えている。つまり行政による説明が住民の納得のいくものとなれば，住民集会の過程如何では「中止」と判断を下せる可能性をもっていたのである。

　2003年の時点で潮谷の政治家としての判断は，住民討論集会の開催のみ

55　のちに，潮谷は「結果として選んだのは「中立」という立場でした。ダムは造るべきではない。でも個人の思いとは別に，漁業補償や地域振興の面などから，知事として安易に『反対』とは言えなかった」と意図的に中立の立場をもってダム建設を停止させていたことをフォーマルなインタビューにおいて明言している（朝日新聞20008年６月４日）。

にとどまり，それ以上は「予断をもたない」こととしている。川辺川ダム建設問題が政治的決着によって結果をみるかと思われたピークは2003年4月の統一地方選5月の利水判決，6月に結審するであろうと思われた県収用委員会の3段階であった。しかしながら，5月の利水判決国側敗訴を受けて，新利水事業の策定がはじまり，川辺川ダムの水による利水計画となるか否かで，特定多目的ダムとして計画されている川辺川ダムの利水目的が保持されるか否かが左右され，それによってダム自体の計画見直しともなることによって，収用委員会も審理中断となり，判決から少なくとも1～2年は，ダム問題は不透明となった。そもそも，川辺川ダムは，国を事業主体とする国営事業であり，建設地の知事の法的権限（特定多目的ダム法）は，国に意見を述べることだけである。意見には法的執行力は伴わないものの，知事の意見は建設地の行政トップの意見としてかなりの影響力をもっている。仮に，知事がダムは不要と判断し意見した場合，中止になる可能性が高い。権限はないものの，影響力は十分にある。

潮谷知事本人は，川辺川ダム事業に関して「だって私にはなにも権限がないのよ」と繰り返し述べる。これに対して，多くの市民は知事は巨大な権力を持っていると考えている。知事が権限を持たないために発言を控えるという論理に市民は納得していない。多くの市民は，反対派であれ推進派であれ，知事の一言によってダム建設は左右されると思っている。実際，法的な根拠を持たないながらも，知事の意見がいかに重要であり，結果を左右するかは，先に示した2知事の政治的判断の事例でも明らかである。民間事業である芦浜原発に対する三重県知事北川正恭の意見，国営事業である千歳川放水路における北海道知事堀達也の意見は，それぞれ事業計画を変更させた。これら2知事の政治的判断が事業の方向性を変えたのは，知事の判断とは即ち住民の判断であるという前提が存在するからである。実際に住民一人一人の意見をとりまとめたわけではないものの「総意」とみなされることは，つまり為政者の権力というものは想像の上に成り立っているともいえる。

現代民主主義国において為政者の判断が市民の判断であるとみなされるのは，為政者が市民に支持されていることを根拠とする。その根拠とはつまり選挙を意味する。これまで日本の知事たちは，当然ながらに巨大な権力をもつ一国一城の主と形容されてきた。確かに知事たちは選挙によって支持を得ているのであるが，その支持そのものは業績評価による支持というよりも，

個人の政治的リソースによる支持であることが多い。それは，片岡(1994)の述べるように，日本の知事が戦後の官選知事から公選知事に変化してもなお，官僚出身もしくは政治家出身の知事で占められていることに一因があるだろう。彼らは，知事に就任する以前から，「国との太いパイプ」「人脈」「選挙地盤」「金脈」といった，権力のリソースを保持している。このような権力のリソースは，知事選もしくは知事選候補選考過程を勝ち抜く要因でもある。したがって1期目の知事が支持されるのは，知事就任以前のこれらのリソースにもとづいていることが多い。知事就任後の支持をリソースとして知事は権力をもつ，という構造は見えにくいのである。たとえ2期目に入っても，以前から保持している権力のリソースと新たに獲得した施政にもとづく支持を明確に分けることは難しく，支持があるために権力を発揮できるという論理は，実証することが難しい。このように，「知事は選挙で支持されるから，住民の代表であるから，権力をもちえるのだ」という陳腐ともいえる論理は，当然のこととして実証されてこなかったのである。

　なぜ知事は権力をもつのかという問いに対して「住民の支持があるから」という回答で説明できる事例は，潮谷のような素人から突如知事になった経歴をもつ知事の施政に場合に明らかになる。逆説的であるが，潮谷は前職時代の政治的リソースを持たないゆえに，1期目の業績評価による市民の支持が2期目の選挙において明確に確認できる。潮谷の権力リソースである「支持」については第5章の知事選において，述べる。その前，第4章においては，知事と政党との関係を示す興味深い事例である知事の国政選挙応援について述べる。

第4章　選挙応援と知事

写真2　2003年11月衆院選で松岡利勝選挙事務所の
　　　　天井に貼ってあった為書き

本章では，政治家の活動の最たるものである選挙運動に知事がどう関わったかを中心にまとめる。

1．知事の選挙応援

第1章で述べたように，政治家としての知事の活動のうちの1つが知事による選挙応援である。知事の選挙応援は日常の公務から離れていささか唐突である。第3章で述べたような知事の政治的判断は，行政の延長上にあることから公務の一環とも考えられ，知事の政治的判断という行為そのものに批判が向かうことはさほどない。第5章で述べる知事自らの選挙つまり知事選という場面では，知事とは政治家であるという事実から，知事選に関する行為を批判されることはない。知事選は，ルールとして保障されている知事の政治活動である。これらに対して，本章で述べる知事による選挙応援という活動は，行政と関わりがなく，ルールも存在しないために，解釈が難しい。

（1）　知事による選挙応援の解釈

知事が特定候補の選挙応援に赴くことに違和感を覚える住民や，戸惑いを見せる行政職員は多い。これには，以下3つの要素がからみあっていると考える。第一に，第1章で指摘したように日本の地方政治の特徴の1つである非政党性があげられる。日本の地方行政においては，政党政治がなじんでいない。第二に，知事とは行政者であり全体の代表者であるという認識が有権者のあいだで強いこと。地方政治の特徴の1つである地方政治は中立であるべきたという規範論も関連する。第三に，知事自身が中立性を好み，政党との関係をあいまいにしてきたことも一因である。

a．日本の地方行政と政党政治

日本の地方政治においては，元来政党政治がなじまないという指摘がある。第一には，そもそも日本の文化として，地域政治には対立が好まれないという指摘である。第二には，行政学の分野において地方には行政しか存在しないという指摘がある。

地方には，行政しかないという議論は，古くは戦後直後の辻清明や長濱政寿によっても論じられている。辻は戦前戦後連続論として，地方は戦前から

続く中央依存であるので，地方には自治すなわち政治が存在しない，という立場であるし，長濱は戦前戦後断絶論であるが，中央（政治）とは切り離された地方という意味で，これも地方の政治性を否定するのである。実際，地方には政治がないという観点から，戦後の地方における政治は行政学の分野によって担われ，政治学としては研究されてこなかったことは先述した。

現実の日本の地方政治は，確かに政党政治になじんでこなかった。都道府県でも市区町村でも議会は会派主義をとるものの，議会の会派がそのまま中央政治の政党配置と同じ形式をとることは稀である。保守系の政治家においては，確かにCurtis（1971）が指摘したように，中央の政治家を親分として系列議員という派閥が存在するし，組織政党である共産党や公明党が台頭してくると，地方においてもこれら政党の地方支部が作られ，共産党・公明党所属議員は存在する。しかし，後者は絶対数として少数派であり，多数派である前者は政党所属意識を持っていない。とりわけ，地方選挙においては，多くの議員が「無所属」として立候補する。これは近年みられるような有権者の政党離れの風潮に沿ったものではなく，元来存在している傾向である。近年では，これらの「無所属」の意義が多用になり，「保守系無所属」「完全無所属」から「本当の無所属」というように，参道に並ぶ「元祖団子屋」のような区別が必要になっている。

地方において，政治が登場したと感じられるのは，保革時代であろう。保革時代においては，革新首長と連動して，住民運動や市民運動が盛んになる。しかしながら，保革時代というものは，中央の政治対立とともに大都市において革新首長が登場したという現象であり，議会配置は旧来と変わりなかったのである。保革時代における革新政治家の割合は，国政に比較し，都道府県レベル市町村レベルでは低かった。その後，安定を求める政党相乗り時代を経て，無所属知事が増えるにおよんでますます地方政治は首長に党派性を求めにくくなったともいえる。

地方の政治性というものは，比較政治学的にみても興味深い。欧米諸国では日本のように画一的な地方制度を持っていない。したがって，地方の政治において政党が登場することは至極稀である。地方に政治性がなじむかという問題は，ダールとタフトが指摘した「規模と民主主義」同様にクロスナショナル的な問題でもある。

b. 行政者としての知事の印象

　知事が特定候補の選挙応援に赴くことに違和感を覚える市民や行政職員は多い。それは，知事を政治家としてではなく，行政者としてみるときに生じる。政治家としての知事が特定候補を応援するという論理には，何ら問題がない。アメリカの例でいえば，大統領も州知事も自分の所属する政党のキャンペーンに積極的に応援にいくことは当然とみなされている。例えば，テキサス州の知事は共和党であることが多いが，テキサス州知事が共和党キャンペーンに参加することに，テキサス州の民主党支持者は違和感を覚えない。

　日本でも政党政治家出身の知事が，選挙応援をすることにはそれほど違和感を持った報道はなされない。例えば，東京都の石原慎太郎知事は自民党出身であり，2期目のみ自民党の支援を受けているが，自民党候補の応援に出向くことは当然とみなされる。しかし，これらの例は例外的であり，日本の場合は知事や市町村長が政党政治家であるという認識が薄い。なぜなら，第1章で述べたように，多くの知事が日常の行政事務に忙殺されているからである。行政職員にとっては，知事とは多くの時間を県庁内の知事室で執務を行っている存在であり，また行政職員たちの上司である。住民にとっては，知事とは多くの県主催の行事に登場し，挨拶する存在であり，しばしば報道されるのは県議会で執行部を背景に答弁する知事である。2003年の総選挙における選挙事務所のスタッフの反応，「知事ってそういうこと（選挙応援）されないんじゃないかな」，はそのことを裏付ける。

　行政者としての知事は，住民全体を代表する存在としてみなされる。したがって，仮に知事が選挙応援に出向いたとして，知事に応援されなかった候補は，知事個人の影響力・集票力におびえるほか，まるで住民全体から否定されているような感覚に襲われるといっても過言ではない。もちろん，知事の選挙応援は，政治家としての知事の活動であると認識するものの，その一方で，知事という存在は常に公の存在であることを拭い去ることができず，公務として応援しているかのような感触をぬぐうことが心理的に難しい。このことは，他県における選挙応援においても同じである。知事を行政者としてとらえがちである場合，他県の選挙であっても，公務として県民全体を代表して応援しているかのような錯覚に陥る。

　このように知事を行政者として捉える傾向は，知事が選挙応援に赴くことに対して「公務を削ってまで行くべきか」というような批判に象徴的であ

る。知事の選挙応援という政治活動はルールがない。したがって，知事自身が，公務と政務のバランスを決める必要があり，つまりは，知事の政治姿勢如何である。

c. 知事自身の政治姿勢

　知事の選挙応援が問題となるのは，なによりも知事自身が，自らの政治姿勢を曖昧にしていることにもよる。政党政治家であった知事は，政治家としての人脈や個人としての信念で応援するだろう。それは他県への選挙応援でも同じである。

　しかしながら，そもそも，行政出身や民間出身の知事の場合は，政治家としての経験も浅いうえに，日常の公務に忙殺されて，自らを政党政治家と意識することが少ない。その典型例が，民間出身の熊本県知事・潮谷義子の例である。近年では，政治家出身であっても，政党の支持を得ずに当選することがあり，また政党再編期に所属政党を変遷した政治家も多く，政党との関係を計りかねている知事も多い。例えば，千葉県知事の堂本暁子は，2001年の知事選において政党の支援を得ずに当選した経緯から県内においては，いずれの政党とも等しく距離を保っているが，県外においては，自らの政治的人脈をもとに応援にかけつける。神奈川県知事の松沢成文は，民主党出身であるが，2005年の千葉県知事選においては，民主党候補ではなく自民党候補の森田健作を応援した。松沢自身は，知事が選挙応援をするという行動に関しては，「知事も政治家であるから当然のこと」という考えを持ち，「僕は無所属で元民主党だから，そういうスタンスで」応援すると述べている[1]。

　現実的に知事や市町村長は，多くは政党相乗りによって当選するか，もしくは政党が出てこない選挙によって当選するかであり，特定政党と明確な関係をもっていないことが多い。したがって知事は特定政党と「契約」しているわけではない。知事が応援する候補が特定政党の候補である場合に，知事選においては「相乗り」や「無党派」という形態で曖昧化された知事と政党の関係が如実にあらわれる。その如実な関係に，知事自身を含め周囲も違和感を覚える。つまり，選挙応援は知事にとっても政党との関係をはっきりさせねばならない試金石である。

1　2006年5月21日，東京，インタビュー

もっとも，政治家としての人脈や，個人としての信念で応援する場合もある。例えば，女性知事が他の都道府県の女性知事候補の応援に駆けつけるケースはよく見られる。2000年熊本県知事選では，潮谷の応援に大阪府知事の太田房江が応援にきているし，2002年4月の徳島県知事選では，潮谷自身も知事選候補の河内順子氏の応援にかけつけている。

これらの政治家としての知事の選挙応援は，住民や職員からの批判や違和感などはないものの，政党や議会との関係から，批判がくることが多い。例えば，上述した大阪府知事の太田による2000年熊本県知事選の潮谷への応援は，大阪府の民主党県連から批判された。なぜなら，太田自身が民主党の支援を受けて当選しており，潮谷は民主党の支援する候補の対立候補だったからである。

（2）　知事の選挙応援の例
－2000年6月衆院選における熊本県知事・　潮谷の選挙応援
a. 自民党・公明党への恩義

2000年6月の総選挙は，潮谷知事にとって初めての「知事としての国政選挙」であった。知事になって2ヶ月，未だ政党との距離感がつかめない状態であったため，県議会でも最大議席数を誇る自民党の意向に素直に従った行動をしたことが新聞記事から読める。とりわけ，4月の知事選において，自民党と公明党の支援により当選したという経緯から，この2政党に関しては要請されるままに応援に赴いている。

潮谷は，選挙応援は，4月の自分の選挙において支援を受けたことの「恩返し」ととらえており，以下の朝日新聞の引用にあるように選挙応援を疑問に思っていない。「『お力添えのお礼』という潮谷知事だが，知事選で対立候補を支援した『非自民』政党とは距離を置く。共産党以外相乗りだった故・福島譲二前知事が，各党と等距離を保っていたのとは違いが際立つ。知事として特定候補に『肩入れ』することに反発の声もあるが，『自分の理念と一致していればかかわります』と気にする様子はない[2]」。実際，潮谷は自民党の要請にしたがい他県の宮崎県まで応援に出向いている。表4-1は2000年6月総選挙における潮谷の選挙応援一覧である。1区から5区まで満遍なく

2　朝日新聞2000年6月3日。

第4章　選挙応援と知事　137

表4-1　2000年6月衆院選における知事応援

日付	候補	
2000/5/8	熊本1区自民党　岩下栄一	事務所開き
	熊本3区自民党　松岡利勝	事務所開き
2000/5/21	熊本2区自民党　林田彪	女性後援会決起集会
2000/5/26	公明党県本部	女性集会
2000/5/28	熊本4区自民党　園田博之	事務所開き
2000/6/13	熊本1区自民党　岩下栄一	出陣式
2000/6/13	熊本3区自民党　松岡利勝	遊説
2000/6/18	熊本1区自民党　岩下栄一	女性後援会
2000/6/18	熊本5区自民党　矢上雅義	遊説
2000/6/21	宮崎2区自民党　江藤隆美	決起大会

応援に訪れ，とりわけ1・3・5区では選挙期間中も応援している。

　一方，自民党そして公明党には，女性知事を用いることで女性人気をあてこむ思惑があった[3]。しかしながら，地方政治において保守政党が一枚岩ではないことが，この知事による選挙応援によって明らかになる。この保守分裂選挙において，潮谷の選挙応援自体が槍玉にあげられ，バッシングを浴びたのであった。

b. 熊本5区におけるバッシング

　2000年衆院選の熊本5区は，小選挙区制であるにもかかわらず候補者が7人も乱立する珍しい事例である[4]。自民党本部が公認した自民党前職代議士・矢上雅義と，矢上に反発し地元町村会長の推す保守系候補の金子恭之はじめ[5]，各政党とも候補者調整がつかなかった。

3　もっとも知事が「投入される」選挙区は接戦であることが多いため，2000年総選挙では1・3・5区，2003年総選挙では1・3区の自民党公認候補の応援に出向いているが，応援した候補が落選することは多い。

4　2000年衆院選小選挙区においては，神奈川4区，東京3区でも立候補者数7人。

5　自民党前職である矢上雅義は，日本新党に参加し，1996年選挙では新進党候補として自民党候補を破り，当選後に自民党に入党した経緯から，地元自民党そして公明党にもあまり受け入れられていなかった。そのため，自民参議・田代由紀男と代議士・園田博之の秘書を務めていた金子を擁立した。小選挙区制下で

潮谷知事は自民党熊本県連の指示に従うまま，6月18日，5区内の最大の都市である八代市において「5区の代議士は矢上さんしかいない」と応援演説をおこなった。これに対して，5区の金子派の首長たちが猛反発したのである。翌19日，球磨郡町村長会など4団体(町村議会議長会，球磨郡母子寡婦福祉連合会，免田町地域婦人会)は，「特定候補支援は知事として公平さを欠く」と，県庁訪問をした上で抗議文を提出した。「地域の実情を無視して一党一派の特定候補を応援することは，知事の県民党的立場から公平といえるだろうか」と意見した[6]。一般市民からの抗議もあいつぎ，「なんで対立候補だけを応援するのか，裏切られた気分だ」という女性もいた[7]。これらの抗議を受けて知事は，22日に予定していた矢上候補の総決起集会の出席をとりやめ，代わりにビデオメッセージを寄せ，代理で黒田武一郎副知事が出席した[8]。

　知事にしてみれば，これら一連の選挙応援は，自民党県連からの要請を受けた上での行動である。知事は「一般的に公認という形で要請があれば，それは自民党の中で問題がきちっと整理されて要請されてくると理解する。双方の思いをくみ上げた形の中で県連が調整をとって要請されたと私自身は今まで理解していた」[9]と述べている。確かにこの事態は，自民党熊本県連の分裂に知事が巻き込まれたという面もある。その際に噴出した知事への批判は，しかしながら，政治家としての知事と行政者としての知事を厳密に区別すること，県議会含め政党と今後どのような関係を築いていくか，を知事に自覚させる出来事となった。衆院選後の6月知事定例記者会見において，潮谷はあえて，熊本1区の民主党議員・松野頼久が知事に挨拶に訪れていることに触れて，さりげなく自分が「一党一派に偏っていない」ことをアピールするのである[10]。

　も，政党内部で中央と地元が分裂すれば候補者が収斂しない例の1つであろう。

6　熊本日日新聞2000年6月20日。

7　熊本日日新聞2000年6月21日。

8　知事が出席できないならば副知事という方法は，熊本県自体が，選挙応援を知事の政治家としての行動であると整理しきれていなかったことを表している。

9　熊本日日新聞2000年6月23日。

10　2000年6月30日熊本県知事定例記者会見記録より。

c. 知事批判の論理とその後

　球磨郡町村会が抗議したような「知事が選挙応援に出てくるのはおかしい」という意見は，一見もっともであるように受け取れる。それは，知事を政治家としてではなく行政者として認識している場合におこりうる。選挙を経た政党政治家として知事をみるならば，知事が他候補の選挙応援をすることは，論理的には問題がないのである。この論理は，自らも選挙運動に参加している球磨郡町村長たちに向けられる。自民党熊本県連の幹部は，「町村長も自らは金子支援を打ち出しておきながら，知事を一党一派に偏るなというのは意見が通らない」と応酬している[11]。首長たちがいかにして選挙応援に関わるのかという問題は，現実には整理されておらず，各政治家の思惑に左右されて混沌とした状態にある。

　潮谷による選挙応援に猛反発した首長たちであるが，選挙後の潮谷知事との面会は終始なごやかであった。選挙後の熊本日日新聞は「『しこりなし』を強調」というタイトルで次のように描写する[12]。「27日，球磨郡町村長会の13人が，来年度事業の要望で県庁に潮谷義子知事を訪ねた。同会は，先の衆院選熊本5区で無所属候補を支援し，自民候補を応援した知事に抗議する一幕もあっただけに，選挙後の初対面に熱い視線が注がれた。『総選挙では知事にご迷惑をかけました。ご配慮いただきありがとうございます』と会長の高岡隆盛相良村長。知事が自民候補の集会出席をやめたことにお礼の言葉も述べた。これに対して，知事は『衆院選はそれぞれの思いがある戦いでした。よい学びの場を与えていただきむしろ感謝しています』と，衆院選で苦悩した思いをオブラードに包んで表現。約30分の会談中，衆院選に絡む話はこれだけ。あとは川辺川ダム事業の推進で一致するなど円満ムード。『県にお願いすることも多く，衆院選での知事との問題をひきずる必要はない』とはある村長。支援した候補が当選したこともあってか，参加者たちは知事との間に『しこりなし』をしきりに強調。足早に各部局への陳情に向かった」。

　このことは，知事に対して反発しにくい県下の首長という上下の力関係を示すとともに，町村長たちは知事による選挙応援への反発を貫き通せるほど

11　熊本日日新聞2000年6月21日。

12　熊本日日新聞2000年6月28日，渡辺。

の整理された論理をもっていなかったことを示している。知事の選挙応援という行為は，球磨町村長のように反発するにしても，新聞報道にあるように批判するにしても，また知事の選挙応援という行為を理解するにしても「しこり」や「違和感」が残るのである。

d. 知事周囲の戸惑い－自民党と女性団体

こういった潮谷知事の一連の選挙応援は，知事選で彼女を支持した人々を困惑させた。とりわけ，潮谷知事の選挙応援が，自民党一辺倒であったことから，政党に関わらずに結集した非自民系の潮谷支持者たちは複雑だった。潮谷は，副知事時代の潮谷を応援するグループである「オーロラの会」に象徴されるように，非自民系やそもそも政党とはかかわりのない人物との交流が多かったのである。

例えば市民グループの「環境ネットワークくまもと」の所属メンバーとして2000年知事選でも積極的に潮谷を支援し，同時に「オーロラの会」のメンバーでもある原育美は，「恩返しはすると思ったが，ここまで表に出るとは……」と，朝日新聞の取材に対して述べている[13]。「自民党と距離を置いていた人たちの存在を潮谷知事が見極めていてくれれば，配慮はしてくれると思うのだが……」。

その一方で，潮谷を支援した女性たちの中では，政治家としての潮谷を理解する声もある。松橋町議会の西岡ミチ子議員は，「知事になれたのは『自公女（自民党・公明党・女性団体）』があったから。恩返しは当然」と述べる[14]。

このような潮谷周囲の戸惑いは，潮谷の政治的態度が突然自民党一色になってしまったことによる。自民党の存在をあまり意識しないで，2000年知事選で潮谷を応援した支持者は多い。なぜならば，自民党県連が知事選において女性票をつかむために，女性を前面に出して自民党は裏方に徹する戦術をとったからである。パレードや演説会には必ず女性たちを前面に出し，また女性団体との連絡役には，いわゆる自民党の強面議員ではなく，さわやかな若手議員を用いた。事実，女性団体を総括する「さやかの会」の会長で

13　朝日新聞2000年6月15日。

14　同。

ある平野多嘉子は，常日頃から「自民党なんて大嫌い」と言って憚らないのであるが，「ま〜，あの県議さんはいいわ」と評している[15]。

潮谷が2000年衆院選で自民党候補を応援したことは，こうして巧妙に隠されてきた自民党カラーを顕わにすることになり，知事選における呉越同舟が衆院選において明らかになったということができる。同じことは，後述する2003年の衆院選においても繰り返される。

しかしながら，自民党と女性というものは対立事項ではない。つまり，女性団体というひとくくりは，政党配置とは独立する存在なのである。このことは第5章で述べる知事選においても明らかになる。熊本県議会で唯一の女性県議である平野みどりは「女性，女性とひとくくりにするのは失礼」と表現する。平野は，2000年知事選では彼女自身の党派性や彼女の支援団体を考慮した上で，潮谷の対立候補である阿曽田を応援したのであるが，女性でありながら潮谷を応援しなかったとしてバッシングを浴びた経緯がある。このような現象は，逆に潮谷と自民党が決裂した場合にも同じである。つまり，潮谷を応援した女性団体には，薬剤師会女性部といったように職能組織の女性部が多く含まれており，自民党と深い関係にあるからである。

e. 潮谷の政治的姿勢

潮谷を行政者としてではなく政治家としてみるにしても，彼女にそもそも政党色が薄く，その周囲も様々な党派性を持った人々であったことが，潮谷による選挙応援を問題化した原因である。つまり，潮谷は，知事としての政治姿勢を明確にする必要があったのである。しかしながら，潮谷はその後も政治家としては，政党との曖昧な関係を続けた。

2001年参院選では，熊本選挙区（改選数1）から5人が立候補し，自民党前職の三浦一水が当選した。一方，自民党比例区から魚住汎英が当選したが，潮谷知事が応援に行ったのは三浦一水氏のみであった（表4-2）。2001年6月24日の集会では，「県のニーズを引っ提げ，いろんな要求に労を取ってくれる」と応援している[16]。7月の定例記者会見においても，三浦応援の理由として「実績を踏まえ，県民にとってどうなのかを考えた。これからも

15　平野多嘉子，インタビュー。

16　熊本日日新聞2001年6月25日。

表4-2　2001年7月参院選における知事応援

日付	候補	
2001年4月16日	熊本選挙区自民党　三浦一水	後援会事務所開き
2001年6月24日	熊本選挙区自民党　三浦一水	支援集会
2001年7月12日	熊本選挙区自民党　三浦一水	出陣式

このスタンスは変えない」と述べており，当選後の三浦・魚住の両議員については「県の課題でパートナーシップを組みたい」として，両者と等しく距離をとることを強調している[17]。

　この2001年参院選では，民主党比例区から，田原すみれ候補が立候補していた。田原氏は県立大津養護学校PTA会長であり，2000年知事選では知事支援団体である「さやかの会」のメンバーとして潮谷を応援した経緯がある。しかしながら，田原氏に対する潮谷の応援はなかった。民主党候補である田原氏はともかく，魚住氏に対する応援がなかったことは，自民党県連の指示そのままである印象が強い。なぜなら，魚住汎英氏は，1996年の衆院選では熊本3区に新進党から出馬し，同区の自民党公認・松岡利勝と大接戦の泥仕合を繰り広げた経緯があり，2000年4月の参院補選に出馬して参議に鞍替え，のちに自民党に入党するものの，自民党県連との親密さがあまりないからである。

　これら選挙応援の説明として，潮谷は，2000年は「支援いただいたことのお礼」とし，2001年には「県民にとって」と視点を変えているが，結果として自民党一辺倒であることには変わりがない。潮谷自身は「私はどの政党にも与していない」と発言している一方で，熊本の政治関係者は当然であるかのように「潮谷＝自民党」とみなしている。2003年11月衆院選が近い10月29日，熊本1区民主党候補である松野頼久選挙事務所において秘書に「知事には選挙応援をお願いしないのか，事務所開きや出陣式の案内は出さないのか」とあえて聞いたことがある。秘書は笑って答えた。「知事は自民党でしょう。こちらからは案内も出しませんよ」[18]。

17　朝日新聞2001年8月1日。
18　選挙後は松野頼久代議士が県知事潮谷義子に当選挨拶に訪れていることを，潮谷自身が定例記者会見で述べている(熊本日日新聞2000年7月1日)。

２．2003年11月衆院選挙における松岡利勝応援

　本節では2003年11月9日におこなわれた総選挙を取り上げる。この選挙において知事がどのような態度を示し，知事の周囲や有権者はどのように受け止めたのか述べていきたい。

（１）　2003年衆院選熊本選挙区

a．衆院解散前

　2003年11月衆院選は残暑厳しいころから，解散総選挙がささやかれ，国会会期末の10月10日，大方の予想どおりに衆院解散となった。各候補の具体的な選挙活動はそれよりも早く8月終わりから9月はじめにかけて始動している。9月下旬から10月初旬にかけては，多くの候補が地元の選挙区において，選挙事務所を設置し「事務所開き」を行った。選挙事務所の場所は，地元事務所とは区別して，交通の利便のよいところ，とりわけ，熊本では駐車場の確保が第一であり，多くは「○○さんの便宜」という形で数ヶ月借りることになる。そして，「事務所開き」をおこなうにあたって，政治関係者には招待を，マスコミ関係にはお知らせを配布し，一般にお披露目をする。

　知事が国政選挙において，有権者に見える形で関わりを持ちうる最初は，各候補がおこなうこの「事務所開き」への対応である。続いて告示日に開催される「出陣式」や「出発式」，選挙期間前と期間中の集会や街宣，当選の祝電と続く。応援の方法としては，実際に集会や街宣に同行してマイクを握るという行為から，為書き・電報送付，名簿貸し，依頼などがある。

　各候補は，知事に対して，政党支部を通して応援の申し入れをする場合もあれば，候補が直接申し入れをする場合もある。受ける知事側は，本人が受ける場合もあれば，県秘書課が受ける場合もある[19]。小選挙区制度下では稀になったが「草の根選挙」や「手作り選挙」志向の候補者は，知事のみなら

19　熊本県知事潮谷の場合は，私設秘書がおらず，秘書課が全てのスケジュール管理をしていたという事情がある。私設秘書が存在する場合は，選挙の応援要請は私設秘書に行くのかもしれない。

ず各政治家に対していかなる招待も応援要請もおこなわない。また，共産党候補は自党の政治家以外にこれらの応援要請はおこなわない。

こういった国政レベルでの選挙において，知事が選挙応援をするか否かは，先述したように知事にとって各政党との距離を確かめる試金石である。一方，政党や候補者にとっては森喜朗元首相のようなマイナス効果は別として[20]，政治家の応援はありがたいものである。とりわけ，知事クラスの応援は，地元新聞が大々的に報道することもあいまって，その効果は大きく期待できる[21]。それが全国的に有名な知事であれば，全国紙でも報道される可能性がある。

熊本県潮谷知事の全国的知名度は高いとは言えない。女性知事としても2番手であり，熊本県という土地がそもそも全国的に注目を集めにくい土地である。九州以外の地域では熊本に女性知事がいることは知られていない。潮谷の存在を知っていても，全国紙や全国報道番組において熊本県知事潮谷を目にすることは滅多にない。したがって，知事と政党の関係により敏感であるのは地元新聞である熊本日日新聞であった。また，来春2004年に知事選を控えておあり，知事の政治的姿勢がより問われる時期であったこともあり，知事の選挙応援を熊本日日新聞記者は注意深く取材していた。

衆院選解散に先立つ10月3日，県庁でおこなわれた知事定例記者会見において，熊本日日新聞記者の宮下和也は今度の衆院選では応援をするのかと質問をした。知事の回答は以下のようであった。「特定の候補者から支援の要請があったという場合には，まず公務が入ってればそれは絶対ダメということなんですけれども，それ以外の中で，やはり本人の政策，それから政治姿勢，それから本人の人間性，それから信念，そういったものをやはり総合的に判断して対応するという形になるかなというふうに思ってます[22]」。前回選挙の2000年6月総選挙においては，自民党に対して「支援いただいたことのお礼」として，自民党の要請そのままに応援した。これに対して，2003年の総選挙においては，若干知事としての立場を整理した上での発言に変化している。しかしながら，2003年の総選挙においても，潮谷知事の

20　首相のマイナス効果については，蒲島・今井(2003)。
21　知事の選挙応援の効果については，河村(2002)。
22　2003年10月3日熊本県知事定例記者会見より引用。

選挙応援は批判を浴びることになるのである。

b. 2003年衆院熊本選挙区の事情

　熊本県は5つの選挙区にわかれる（表4-3, 図4-1）。熊本県選出の現職代議士は, 1区が民主党, 残る2区から5区までは自民党で占められていた。熊本1区は, 2000年総選挙における「1区現象」の典型例であり, 県庁所在地である熊本市の東半分のみで構成され, 都市化された地域である。2000年総選挙では民主党候補の松野頼久が前職自民党代議士の岩下栄一を破って当選した。岩下は, 98年の細川護熙辞職による補選で, 細川の後継とされた松野を破り, 代議士2年目であった。松野頼久は, 祖父を元参議院議長松野鶴平, 父を元自民党代議士松野頼三とする3世議員であり, 知名度も高く政治的人脈も豊富であるが[23], 細川の秘書を務めたことから民主党候補として出馬している。

　これに対して熊本2区から5区までは自民党の牙城である。熊本2区は, 熊本市の西半分と県北西部の玉名地域を含む。2000年総選挙では, 保守党の野田毅と自民党の林田彪が連立政権与党として競合するため, 野田を選挙区, 林田を比例区としてコスタリカ方式をとった経緯がある。2002年12月に保守党であった野田毅が自民党に復党したことから, 次回は選挙区から出馬の予定である林田は野田に対して警戒心を強め, 同じ自民党内でありながら, 軋轢が存在する。

　熊本3区は, 熊本県北東部の阿蘇から菊池・鹿本の広大な地域を占める。この地域を地盤とするのは自民党農林族と言われる松岡利勝である。後述す

表4-3　2003年総選挙前における熊本選挙区現職

	現職	当選回数	所属政党	備考
1区	松野頼久	2	民主	自民対立候補・岩下栄一は元職（98－2000年）
2区	野田毅	10	自民	自民党比例区選出・林田毅（2期）とコスタリカ
3区	松岡利勝	4	自民	自民党元県議・坂本哲志が立候補
4区	園田博之	5	自民	
5区	金子恭之	1	自民	

23　松野頼久は3世議員であるが, 父・松野頼三とは選挙区が若干異なる。何よりも松野頼三自身が, 明確な地盤を持たず選挙に弱かった。

るように，この松岡利勝に対して，元自民党県議の坂本哲志が反旗を翻すのである。これに対して熊本中部を占める４区は安泰であった。４区の天草を地盤とする自民党代議士・園田博之は，２世議員であり，自民党からさきがけ，そして自民党へと復党した経緯があるものの，衆院議員を５期つとめ，有力な対立候補も存在しない。そして熊本県南部の球磨から水俣を占める５区は，先述したように2000年選挙時に自民党公認の矢上雅義を破った金子恭之が2001年11月に正式に自民党に入党し，自民党公認候補としての地位を得た。これによって５区の保守分裂は解消され，有力な対立候補は存在しない。

　したがって，自民党熊本県連にとって悩みの種は，前職のいない１区，コスタリカ問題の２区，そして保守分裂の３区であった。この中で，潮谷知事が巻き込まれたのが３区の松岡と坂本の戦いである。

（２）　熊本３区：松岡利勝と坂本哲志
a. 松岡利勝

　松岡利勝は2001年から2002年にかけて，小泉首相が推進する構造改革に対する「抵抗勢力」として全国的知名度の高い農林族代議士であり，公共事業依存の利益誘導型政治家の典型とみなされていた。同じく利益誘導型で

第 4 章　選挙応援と知事　147

図4-1　熊本選挙区

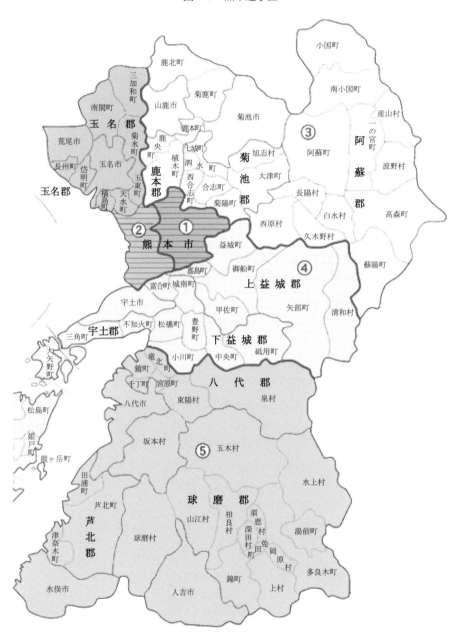

ある北海道の鈴木宗男代議士に近い存在であり，不正な利益誘導の疑惑に囲まれていたことが原因で，熊本県には興味がない他県民にまで松岡利勝の名前は知られていた。2002年6月に鈴木宗男があっせん収賄容疑で逮捕される以前は頻繁にテレビ出演しており，公共事業の擁護をストレートに発言し，その直截さに驚愕した視聴者も多い。松岡利勝に対する認識は，「東の宗男」に対して松岡を「西の宗男」と称することで，端的に表された[24]。

以上のような松岡利勝に対する全国的な認識は，地元熊本県においても認識されるところであった。熊本県では，松岡利勝に対する不満が少なからず存在し，それは彼を直接知る地元有権者が感じた不満もあれば，全国的な認識を目の当たりにして認識したという双方の流れがある。

熊本県の都市部にあたる熊本市は都市型選挙が展開される地域である。熊本1区では，先述したように「1区現象」の典型であり，2002年熊本市長選では無所属の市長を選出した[25]。松岡利勝の選挙区は熊本3区であって，熊本市を含まないが，熊本市に隣接する地域は熊本市に通うベッドタウンであり，都市型選挙が展開される地域である。これらの地域では，熊本県民として選挙区民として松岡氏が選出されていることを恥ずかしく思っていた人々は多い。熊本3区に住む，典型的な都市型有権者である石原菜保子は，ジャーナリスト・桜井よしこが講演会で鈴木宗男に言及したとき，「熊本にも同じようなものがおりますけれども」とコメントしたことを，苦々しく記憶している。その石原は，3区有権者でありながら，生活圏がほとんど熊本市内にあるために1区の松野頼久候補の応援に奔走していた。

このようにメディアを通して地元にもたらされる逆輸入的な松岡批判とは別に，地元支持者のあいだでも松岡の評価は揺らいでいた。熊本3区の中で松岡の地盤は阿蘇郡にあるが，阿蘇郡以外での土建業者の不満は大きかった。AERA2002年2月18日号では，地元県議で松岡支持筆頭ともいえる荒木詔之が，松岡の資金集めのやり方をめぐって松岡とその秘書を詰問した様子が記されている。実際，熊本3区に入ると松岡利勝の「強引なやり方」に

24　利益誘導は再選インセンティヴのある政治家としては当然の行為である。

25　ただし，熊本1区民主党代議士の松野頼久は父親が元自民党代議士の松野頼三，熊本市長幸山政史も父親が元自民党県議で本人も自民党県議であったという意味では，完全に「非自民」ではない。

ついてネガティブな評判を度々耳にする。

松岡氏に対する批判は，全国的には土建政治・利益誘導型政治といった政治スタイルに向けられているが，地元では土建政治そのものの批判ではなく松岡個人の人柄に不満が向けられている。地元3区や熊本県庁では，松岡の人柄に対する不服こそあれ，政治スタイルに対する批判はそれほど聞かれない。

例えば，先述したAERA2002年2月18日号は，「2年間，熊本県農政部長をし(中略)村上公佑氏は『松岡先生にはお世話になり，感謝している』と語る。地元の『利害』を中央，この場合は農水省に承知させ，予算獲得，事業導入のうえで『大いに役立った』ということが，この代議士を手放しで誉めたてる根拠のようだ[26]」。こうした松岡評価は，村上に限らない。県庁内部では世間一般で言われているほどには松岡の業績評価が悪くはないことが，2003年衆院選の潮谷知事による松岡応援において明らかになる。

いずれにしろ，松岡は全国的なイメージとして土建政治の象徴であり，そして地元では松岡の「強引なやり方」に対して不満があった。したがって支持は低調傾向にあった。

b. 坂本哲志

元自民党県議である坂本哲志が立候補を決意したのも，これら2つの声の代表となる意識があったからである。2003年夏に坂本は立候補を決意した際，有権者の(反・松岡としての坂本に対する)期待を感じていること，現職自民党代議士に対する不満が存在すること，勝算は十分にあるとの認識を示している[27]。実際，彼の立候補を強くとめる自民党県議はいなかった。松岡に対抗する勝算のある候補が保守系から出るということは，民主党公認候補では松岡批判の受け皿とはなりえなかった政治的風土を示している。坂本自身，民主党とは距離があり「自分は自民党」と断言している。

坂本哲志は，特定郵便局長を父親にもつ熊本日日新聞記者であった。1991年の県議選に当選して以来，熊本4区の代議士・園田博之とともに動き，県議会の会派においても自民党県議団からさきがけ系，さきがけ系の会

26　AERA2002年2月18日号。
27　2003年7月28日熊本県議会棟議員執務室におけるインタビュー。

派から自民党県議団と渡り歩いて4期目に入った自民党県議である。2003年総選挙に出馬するにあたっては、現職自民党代議士を相手にする立候補であるため、自民党からの公認や推薦は得られなかった。

一方で、県議の中でも、「4期組」の連帯や過去にさきがけ系の同一会派に所属していた経緯から、民主党・社民党系の県議である鬼海洋一や渡辺利男はじめ、自民党を離党中の大西一史や無所属の堤泰宏が坂本の選挙を応援した[28]。堤以外の県議は3区とは地盤を異にするが、名簿提供、為書き、辻立ち、といった具体的な応援を行っていた。とりわけ、同じ園田博之代議士の秘書も務めた経験のある大西は、父の代からの選挙事務長を坂本事務所に送り込み、自身も連日辻立ちするほどの応援であった。

したがって、坂本は松岡の批判の受け皿として有力候補であった。自民党参議院議員三浦八水の秘書を長く務めた大代純市も「私は坂本を応援するよ」と述べている[29]。

c. 松岡利勝vs.坂本哲志

自民党県議も3区内で堅く団結しているとは言い難い。実際、2000年衆院選の熊本5区では自民党本部が公認し、自民党県連も後援した自民党前職の矢上が落選した代わりに、当選した保守系候補である金子を自民党に入党させて丸く収めた経緯がある。したがって、熊本3区の場合も自民党前職に対立する候補が保守系無所属で自民党入りを目指していることが確実である場合には、いずれか当選した方を自民党支部長にすればよく、自民党県連としては松岡利勝を当選させる強いインセンティヴを持っていなかった。そして、確かに坂本は将来的には自民党復党を公言していたのである。

松岡利勝は、締め付けの必要を感じたのだろう。2003年衆院解散前の10月1日、県議会が終わるのを待って、県庁敷地内の芝生で熊本3区内の自民党県議7人全員と松岡本人がともに並んでいるポスターを撮影している[30]。

28　坂本はさきがけ解散も含めた中央政界の再編期に社会党系議員とともに「県民クラブ」に所属していたことがある。大西は、2002年の熊本市長選挙において現職自民党公認市長を破った幸山政史を応援したことから自民党を離党する。

29　2003年10月インタビュー。

30　かつて自民党所属の県議会議員は、系列代議士によって派閥が形成され、松岡利勝系列の議員は「松勝会」という派閥を形成していた。しかし、中選挙区か

ポスターには「一致団結」と書かれており，県議をまとめあげる意識が見える。系列代議士と地方議員の関係は広く知られているものの，このように県議の集団と国政候補をともに撮影したポスターは稀である。

一方，坂本のポスターは，「きれいな政治」をひたすら訴えるものであり，明らかに松岡氏のダーティなイメージを意識した戦略である。選挙公約も，「きれいな政治」「きれいな道路」「きれいな福祉」など，すべてに「きれいな」をつけている。本人も選挙後の記者会見で認めている通り，マニフェスト選挙とも言われた中で熊本3区は，政策論争以前に信頼関係の問題であった[31]。

この2人の対立は，組織選挙と草の根選挙の対立と表現される。その様相は互いの選挙事務所の比較においてもあらわれる。

松岡利勝選挙事務所は熊本県菊池郡菊陽町の国道57号沿いの広々とした土地にあった。コの字型にプレハブがならび，奥は2階建てで1階が総合事務所，2階が関係者以外立ち入り禁止，その脇に炊き出し用の離れがある。左右には，各団体の事務所が並び，選挙の集票が団体単位でおこなわれていることが分かる。事務所周囲には，推薦団体数を誇るように，30数本もの各団体ののぼりがはためく。

奥の事務所には，壁・天井一面に為書きが貼られ，パネルには電報が貼られていた。自民党国会議員の為書きが30数枚並ぶなかに潮谷知事の為書きもあった[32]。選挙前に知事は現職5人全員に電報を送っている。例えば，松岡あての電報の文面は以下の通りである。「今回の選挙は，日本の将来を方向付ける重要な選挙です。松岡利勝先生が勝利され，地方の真の自立に向けて，地方の声を反映した改革が更に推進されることを期待しております。どうか松岡利勝先生の為に，熊本県の為に，皆様の力をおかしください。そして熊本と国政の架け橋となっていただき，ご活躍いただきますことを心から

　ら小選挙区制に変わった時点で，この系列は有名無実となった。松岡応援にみられるように，国政選挙区ごとに県議は一団となって，国政候補を応援することが求められる。

31　2003年11月10日熊本県庁県政記者室における記者会見。

32　潮谷知事から松岡利勝候補への為書きは，潮谷本人の知らないところで友人が気を利かせて贈ったものである。潮谷本人は為書きの存在に驚いていたが，貼られていたのは事実である。

願っております。熊本県知事潮谷義子」

　一方，坂本哲志の選挙事務所は，松岡選挙事務所からさほど離れていない
場所にあり，同じ国道57号近くであるが国道沿いではなく中に入ったとこ
ろにあった。2階建てのシンプルなプレハブは，1階が出入り自由の事務
所，2階が関係者事務所となっており，団体の仕切りは存在しない。推薦団
体ののぼりは一切なく，壁も数枚の為書きのみであるために壁面が見える。
坂本事務所のスタッフによれば，推薦願いはどこの団体にも出していないが
数十枚の推薦状が届いた。その多くは，大きな団体の推薦ではなく支部推薦
や有志推薦であり，また松岡と坂本の両方に送った推薦もある。

（3）　潮谷の松岡応援

　以上のような，熊本3区における松岡と坂本の保守対立に，潮谷知事は松
岡応援という形で応答するのである。

a. 事務所開きと記者

　2003年10月5日，松岡利勝は地元選挙区に選挙事務所を設置し，事務
所開きを行った。それに招待された潮谷は，友人・中尾桂子が運転する車に
のって「さやかの会」の会長である平野多嘉子とともに駆けつけて応援演説
を行った。熊本日日新聞は，その様子を県政記者によるコラムにおいて「知
事も駆けつけ・・・」というタイトルで暗に批判した。以下は，記事の引用
である。

　　「次期衆院選の対応は『政策，政治姿勢，人間性，県の将来像にとって
　　（有益か）どうかなどを総合的に判断する』としていた潮谷義子知事は五
　　日，菊池郡菊陽町であった松岡利勝議員の講演会事務所開きに出席し
　　た。・・（中略）・・集まった支持者らに『（松岡氏が）国政に必要である
　　との認識の中で，情熱を込めて歩み続けてください』と呼び掛け，松岡
　　氏と固い握手を交わした。・・（中略）・・知事の"お墨付き"第一号をも
　　らった格好の松岡氏は『ありがたいの一語』」（熊本日日新聞2003年10
　　月6日，太路）

　記者は，松岡候補は知事にとって政策，政治姿勢のみならず人間性も評価

される人物であるとあえて話題にすることによって，この知事の判断の是非を読者に問いかけているのである。現実に，複数の記者が知事の松岡応援に非常に納得がいかなかったことは，彼らの取材態度にあらわれている。記者に言わせれば「松岡利勝を応援するということは選挙民の意識とかけ離れすぎていないか，それでいいのか」ということになる。多くの記者が潮谷知事の松岡応援に少なからぬ衝撃を受け，知事の周囲はじめ知事本人に何度も理由を尋ねている。それほど，記者たちは県民意識と知事の意識のズレが気にかかっていた。

　記者たちのこのような態度と疑問を潮谷自身は認識していた。なぜなら記者会見やぶら下がり取材において，記者がこの件についてしつこく聞いてくるからである。そして疑問調の新聞記事から，この選挙応援が看過されない問題であることを彼女も認識せざるを得なかったのである。

　松岡利勝事務所開きの応援演説のあと，潮谷はその事務所開きを取材した熊本日日新聞記者・太路に自ら電話をかけた[33]。知事が松岡氏の政策に共感しているのは，「クリーンエネルギー政策の計画などに共感しているということ」なので，「もし記事にするのなら，これを記事にいれておいて」と言われた，と太路記者は言う。つまり潮谷は記事にするならば誤解のないようにしてほしいと思っており，裏返せば自分の行動が物議をかもす行為であることを十分に認識しているのである。

　その一方で太路記者は言う。政治のプロから見れば，潮谷の松岡応援はそれほどショックな話ではない。県庁においては松岡利勝の評価は世間で悪評されるほど低いものではない。県関係国会議員の中で，松岡氏が最も国に対する有益なパイプであるとの認識が県庁にはある[34]。

　このような潮谷知事の動きの一方で，熊本市長・幸山政史は10月6日の定例記者会見で以下のように述べた。「特定の候補者を応援することはありえないし，するつもりもない」「今回の衆院選は政党中心の選挙。その中に私が飛び込んで応援することはありえない。自治体の長として市民全体のことを考えると当然の姿だと思う[35]」。熊本日日新聞は，県政記者と市政記者

33　熊本日日新聞記者・太路秀紀インタビュー。
34　熊本日日新聞記者・太路秀紀インタビュー。
35　熊本日日新聞2003年10月7日。熊本市長幸山政史は，2002年11月の市長

154

で担当が異なるが，いずれの記者も知事の国政選挙応援にかなりの関心を
もって取材していることが伺える。

b. 事務所開き応援への反応

　潮谷の松岡応援の決断は，周囲の友人に相談することなくおこなわれた。
松岡利勝の選挙事務所開きへの応援に自家用車を提供した友人の中尾桂子
は，「あれはしかたないのよ。知事が決めたから，私が車を出して，平野先
生[36]（さやかの会の会長）をひっぱって，行ったの。公用車は使えないから
ね。平野先生も，正直な人で「（松岡氏のことを）いやあ，あんな人」と言っ
ていたけれど，しょうがないのよ」と述べている。そして「これがどう出
るかは本当にわからないのよね」と，知事の今後の選挙について懸念して
いた。

　潮谷による松岡利勝の選挙事務所開きへの応援は，投票日よりも1ヶ月以
上も前の出来事であるがそのインパクトは強かった。何よりも，松岡と対す
る坂本候補の事務所のショックは大きかった。坂本事務所のスタッフは「な
んなんですか，あれは。勘弁してくださいよ」「泣きそうになった」という
感想をもらしている[37]。その感想の一方で，スタッフは知事の松岡応援は選
挙結果に響くような要因ではないと認識していた。それほど松岡の評価が低
いことに自信を持っていたのである。むしろ潮谷知事の松岡応援は，「知事
はどうしたのか」という知事を心配する声のほうが多く引き出している。潮
谷の周囲の人々に「知事はどうしたの」という用件で電話をしてくる人もい
た。

　これらの反応に対して，県庁秘書課は知事の政治家としての行動には関知
しないとしてノーコメントを通した。しかし秘書課はトラブルを避けるべく
機転を利かせることもある。前回2000年6月の衆院選応援において知事の
選挙応援が問題となったとき，秘書課は応援を要請された日に急遽公務をい

　選で，県議を辞し，自民党からも離党勧告を受けた上で，自民党公認前職市長を
　破って当選した経緯から，脱政党の姿勢を強調してきたという立場の違いがある。
36　平野多嘉子は，九州女学院短大教授であった。
37　坂本哲志・選挙事務所スタッフ，インタビュー。

れて応援欠席とした[38]。2003年11月の衆院選においても，告示日は屋久島で九州地方知事会議，選挙期間中は2泊3日の韓国訪問という日程が組まれていた。

c. 松岡応援

潮谷知事は選挙期間中に再度，松岡利勝の応援に赴きマイクを握った。衆院選投票日2日前である11月7日夜8時，植木町のJA関連の会場では，松岡利勝演説会が開かれていた。300人ほどの参加者が狭い会場にぎっしりとつめかけ，会場外にもあふれていた。多くは中高年の自営業男性であり，記者や県庁秘書課職員もそれらの支援者と同じような格好をして混じっていた。この集会に潮谷が応援にくることは直前まで明らかにされていなかったが，記者たちは独自の情報網で知り，正式な取材申し込みをせずに一般支持者たちに混じっていた。そして，秘書課職員は暗黙のルールながらも知事の護衛という仕事もあることから，同じく一般支持者たちに混じって待機していた[39]。

会場入り口では，農政連，公明，防衛を考える会，酪連，はつみ会（松岡夫人の組織する会）の各団体ののぼりが掲げられ，各団体から支持者が多くきていた。ひな壇横には，松岡本人，地元参議院議員の三浦一水，地元県議の古閑三博，同じく県議の早川英明，が並んでいた。

そこに開始10分ほどしてから途中入場してきたのが，潮谷知事である。会場にいたのは20分足らずであるが，そのうち10分間にわたって本気で熱のこもった応援演説を行った。まず松岡に対して「水俣という公害に奔走してくださり」，農業県として誇りをもっている熊本において「WTO農業交渉で果たした松岡氏の役割はすばらしく」，彼の公約である「緑のエネルギー革命はすばらしい」として褒め上げ，さらに以下のように続けるのである。「過去の出来事の中に，表現下手，強引さだけが目立つ形で報じられる松岡

38　作為的に公務をいれたことは当時の秘書も認めている。

39　とりわけ，熊本県の場合は，2000年に前知事・福島譲二が急死した際に，「知事を一人にした」として秘書課が批判されたという経緯がある。もっとも，福島の事故は完全にプライベートの時間中であったことから，秘書課批判はあたらないが，これ以後，秘書課による知事管理を厳しくしたことは歴代秘書たちが認めている。

利勝と言う人物について，私どもも県政から国政の物事を申し上げてまいります時に，本当に不器用さを感じます。しかしその中で県政は，大きな安心感と支えを感じ取ってまいりました」「どうかみなさま，情熱をもって，松岡利勝をもう一度国政の場に送っていただきますように心からお願い申し上げます[40]」。このように潮谷は，松岡個人の不評を認識したうえで，なお松岡は県と国とのパイプ役として必要であることから応援する旨を述べている。演説後は松岡と固く握手しすぐに退出した。

　会場では，複数の記者たちが一斉に退出する知事の後を追って知事を取り囲んだ。記者たちの注目は松岡よりも知事にあったのである。潮谷は記者たちの質問に対して先の定例記者会見で繰り広げられた問答を短く繰り返したあと会場を後にした。納得できない熊本日日新聞記者・宮下は，会場から去って車中にいる知事と長らく電話で話したという。

d. 選挙結果

　選挙の現場での関係者の予想通り，知事の選挙応援は有権者の投票行動に大きな影響を与えるにはいたらず，熊本3区は坂本哲志が松岡利勝を破って当選した（表4-4）。松岡はかろうじて比例区で復活当選した。坂本の当確が出たのが11時，そして松岡の比例区当確が出たのは日付がかわって午前1時すぎであり，その間，松岡選挙事務所は「なんで〜」と悲嘆にくれる支持者，怒声，いら立つ関係者で混乱していた。

　夜が明けて，月曜日10時，松岡は知事室を訪問しお礼に来ている。潮谷知事はこの松岡の訪問を評価する。なぜなら，彼女に言わせれば，選挙後に本人自らお礼にきたのは松岡だけだからである。同じく応援に赴いた1区の岩下氏（落選）に対しては[41]「お礼の電話もな

表4-4　2003年総選挙熊本3区結果

確定票	名前	政党	備考	
79,500	坂本哲志	－	新	
76,469	松岡利勝	自民	前	比例区当選
26,317	池崎一郎	民主	新	
4,571	福山紘史	共産	新	

投票率73.24%

40　引用は熊本日日新聞2003年11月13日。
41　1区の自民党候補である岩下の応援には，11月5日の個人演説会において応援演説という形で行っている。潮谷は，岩下の長女と自分の息子が同じ保育園であったというつながりで応援に行ったと説明するが，後日談では，それ以上の関

かった」「代わりに小杉さん（県議）が気を使って電話をくれたけどね」と述べる。

　松岡が知事室を辞して数分後の10時半，知事は県政記者たちに対して臨時記者会見を開いた。選挙前の記者たちの質問に辟易し，選挙後も質問をまとめて受けて片付けようとしたのである。記者たちが聞いたのはやはり松岡応援の理由であった。潮谷は「彼の農業政策が支持できること，水俣病問題で自民党内の委員会で動いてくださっていること，誠実なお人柄でもあるので」応援したこと，そして他の政党からは応援要請がこなかったこと，国政とのつながりを考えるとやはり与党とのつながりが大事であることは事実であると述べた。

　さらに，かねてから知事の選挙応援について疑問をもっていた熊日記者の宮下は，知事の選挙応援の影響を認識しているかを尋ねた。しかし潮谷は，その選挙応援の影響を「有権者の投票行動に与える影響」であるととらえ，「わたしにそれほどの影響があるとは思えない」と回答している。実際，潮谷知事の選挙応援が実際の投票行動に与えた影響の大小は検証できないが[42]，選挙の現場にあった人々は一様に知事の選挙応援の影響を否定する。確かに知事が松岡を応援したという事実は，坂本側にとってはショックな出来事なのであるが，その反応はむしろ「知事はだいじょうぶか」というものであったし，影響があると判断する関係者はいなかった。坂本自身は，後日「もし，私が負けるということがあったら，それは知事の応援のせいかもしれない，とは思った」と述べているが，その程度の影響力であった[43]。

　しかしながら，記者会見において宮下が聞いたのは，有権者の投票行動を左右する要因としての知事の選挙応援ではなく，広い意味での知事の政治的影響力であり，今後の自分の選挙や自治体の長としての判断を尋ねたのである。つまり，知事はなぜ特定候補を応援したのかという説明責任があると指摘しているのである。これらの指摘に潮谷が気づくのは，実際に県庁外での様々な反応を目の当たりにしてからであった。

　係はないと吐露している。

42　一般論としての知事の選挙応援の投票行動に与える影響としては，河村（2002）の研究がある。

43　2005年5月，衆議院議員会館インタビュー。

3. 潮谷知事の松岡応援の理由

なぜ，潮谷は松岡利勝を応援したのか。以下では，選挙関係者の見解，本人の説明，そして個人インタビューにおける理由の順に述べる。

（1） 選挙関係者の見解－自民党の圧力と潮谷の自民党依存
行政や政治の立場にあるものたちの見解は，自民党が知事に選挙応援の圧力をかけ，知事がまた自民党に依存しているという見解である。

a. 県庁内部の意見
まず，秘書課は知事が政治家として行動することには関知しないとして，基本的にノーコメントを貫く。しかしながら，複数の職員の解釈では，もし最大会派である自民党と仲たがいした場合，県議会の運営に支障をきたす恐れがある。相乗りによって当選したならともかく，自民党によって当選したという経緯から自民党にはやはり弱い。前知事の福島はキャリアも長く何よりも強力な個人後援会をもっていたから，各政党と均等に距離をおくことができた。潮谷知事ではそれができない。その上での判断ではないか，というものである[44]。県庁内における松岡利勝の評価は，一般有権者が抱く松岡のイメージほどには悪くないことは先述した。

しかしながら，なぜ松岡なのかという疑問がある。知事が選挙応援中に述べている「水俣の問題で尽力」にしても，松岡の貢献がそれほどに大きかったのか疑問をよせる職員は多い。水俣病に関しては，松岡利勝は1998年から99年のあいだ，自民党水俣病問題小委員会委員長をつとめ，水俣病の原因企業であるチッソに対する中長期的な支援策について，チッソの普通株式を国が買い取り，一時的に公的管理下に置くことなどを軸とする松岡私案といわれる提案をした。この松岡私案が，潮谷が言うほどに水俣病問題に貢献しているかは疑問の声も多い。そのときに委員長という立場であったならば，誰でもそのような提案をしたと言われているからである[45]。また，水俣

44　2003年11月，県庁秘書課職員へのインタビュー。
45　2003年11月，熊本日日新聞社記者へのインタビュー。2005年9月26日，

の地においては，松岡の「貢献」はほとんど知られていない[46]。

　したがって，自民党の候補者たちのなかでも松岡をとりわけ応援することとなったのは自民党熊本県連の指示通りであるという見解が，以下に示す県議会議員たちの意見である。

b. 県議会議員の意見

　非自民の県議である大西一史の意見は以下である。「おそらく，自民党県連から何らかの圧力はあったと見るのが普通だろう[47]」。なぜなら各事務所からの選挙応援要請は県連を通しておこなわれるからである。知事に直接折衝するのが自民党県連の幹部である以上，相談を通して何らかのパーセプションを潮谷に与えることは十分に考えられるのである。

　このことは，松岡の地元阿蘇地区選出の県議である佐藤雅司の発言によっても確かめられる。佐藤は，潮谷知事が松岡の選挙応援にくることを県連からの連絡で知ったのだと言う。さらに，佐藤は潮谷と同じ理由を繰り返す。「知事が松岡にだけ応援をくれるのは，松岡が水俣病のことで一番よくはたらいたからだ」。加えて「県内では他の自民候補はあまり応援する要素がない。（２区の）野田さんは落下傘な雰囲気が抜けていないし，（４区の）園田さんは地元に帰らないし，ずっと熊本県自民党県連は松岡に頼ってきた[48]」。

　しかしながら，自民党県連の幹部は「自民党の圧力」と「自民党に依存する知事」をオブラートに包む。岩下候補の応援に出向いた知事に続いて，マイクを握った自民県連の島津勇典幹事長は「知事という職責にあれば，出席しにくい部分もあっただろう。心から敬意を表す」と気遣うのである[49]。同じことは，松岡の対立候補でもある坂本自身がフォローする。「知事には知事の立場があるのだろうと思います。知事は自民党とは関係ないけれども，知事があちらに応援に行かれたときは少し動揺しました」。続いて，「知事選のときは私が大津（地区）の票をとりまとめたんですけれどもね[50]」。と述べ

　県庁職員インタビュー。

46　2005年9月26日，県庁職員インタビュー。

47　2003年12月，県議会棟におけるインタビュー。

48　2003年11月，松岡利勝阿蘇事務所インタビュー。

49　熊本日日新聞2003年11月6日。

50　2003年11月10日県政記者室における記者会見。

て，若干の恨みをこめている。

c. 野党の懸念

　県議会第二会派の県民クラブに所属する平野みどりは，県議会議員55人中唯一の女性県議であり，社民党系の推薦を受ける立場にある。2000年知事選では潮谷の対立候補を応援したことから，唯一の女性県議でありながら女性知事候補を応援しないとしてバッシングを浴びた経緯があることは先述した。県議会においては，5人所帯の県民クラブの一員であり，第二会派つまり野党として潮谷の政治的姿勢に注目していた一人である。なぜならば，知事選が半年後に控えており，野党会派としても来る知事選における姿勢を定める必要があったからである。

　総選挙に先立つ9月25日，平野は自身のホームページにおいて，「潮谷知事も応援で忙しく・・・なっては困ります。知事は総選挙に巻き込まれることなく，どの候補者も支援しないという立場を明確にしていただきたい。」と述べ，「首長として当たり前ですが，来春の知事選に出馬されるおつもりなら，名実共に「県民党」でお願いします。そのためには，この総選挙での知事の行動はチェックされていますよ」と続けている。第二会派として「県民党」志向の知事を利用するという見解も成り立つが，この総選挙での知事の政治的姿勢が知事選への布石となることを指摘している。

　県庁の秘書課は，県議はじめ政治関係者のホームページをこまめにチェックしている。平野県議のウェブ上の書き込みは直ちに印刷され[51]，知事に届けられた。平野県議は書き込みの翌日に，知事から「読みました」という返事を秘書経由でもらっている。しかし平野県議の「知事の中立姿勢」という期待は，潮谷の松岡応援によって裏切られる。10月6日，平野県議は「与党のバックアップで知事になられた3年前と今とでは状況が違う。恐らく，今回も与党が盤石だという読みもあってだろうが，中立を保つことは，真の『県民党』になられるチャンスではないか。私自身の中では，この3年間で潮谷知事の評価が年々高まっていただけに，記事が事実とすれば残念でなら

51　潮谷は「目がね・・・」と言って，メールも読まなければ，ウェブサイトチェックもあまりしていなかった。メールやインターネット関係のものは，全て印刷される。

ない」と述べている。

　平野県議は，潮谷が8月に「（知事選に出るとしても）組織もお金もない
し」と述べていることを記憶している[52]。このことから平野県議は，潮谷は
宮城県の浅野史郎や千葉県の堂本暁子のような草の根選挙をする自信がない
のであろう，したがって全方位外交で行くであろうとコメントしている。同
時に，この選挙において潮谷の自民党依存が目立つと，第二会派や連合系が
困ることを自覚している。

　このように，行政や政治関係者のあいだでは，知事の松岡応援は，自民党
の圧力そして一方では，知事の自民党依存という関係で解釈される。そして
潮谷の自民党依存は知事に「県民党」として次期知事選を戦って欲しい野
党・県民クラブの懸念であった。

（2）　潮谷の周囲の戸惑い

　潮谷の友人たちは，潮谷の真意を分かりかねていた。第一に，松岡応援に
自家用車を提供している中尾桂子は「あれはしかたないのよ。知事が決めた
から」として，知事に従う姿勢を示すのみである。さやかの会の会長である
平野多嘉子も，渋々従い，二人とも約半年後の3月におこなわれる知事選へ
の影響について心配していた。事実，知事選に向かって女性たちの結集を呼
びかけるときに「こんどこそ，自民党の援助を排除して，真の県民党選挙を
やりましょう」「しぶしぶであっても，あの松岡利勝の選挙応援に駆り出さ
れる知事であってはなりません！」という意見にみられるように，知事の支
持者たちは，自民党から何らかの圧力があっての選挙応援だったのであろう
と解釈していた。

　夫である潮谷愛一は，潮谷義子の松岡応援は自民党依存という意見に反論
する。「あれは恩返しだ。松岡には，知事になってから大変お世話になって
いる，世話になったら返すのが基本だ。家内はとりわけ，裏切りが大嫌いだ
から。松岡に世話になっている坂本が立候補なんて裏切り者だ，しかも県議
選に出て数ヶ月で辞めてるだろ。松岡を応援したのは計算じゃあないよ[53]」。

52　2003年8月，潮谷のホームである慈愛園において，潮谷は平野県議，大西
　県議，そして県職員との懇談に応じている。
53　2003年11月12日，慈愛園におけるインタビュー。

潮谷は，これらの当惑に対して相当敏感になっていた。選挙後10日たった頃，潮谷は周囲に「わたしあなたに聞きたかったのよ」と声をかけ，松岡応援についての周囲の反応を尋ねている。周囲はむしろ知事を心配していると聞き，「そうなのよ，みんな心配してくれるのよねぇ」と答えている[54]。

潮谷義子は「やおいかん女子」と評されたように，人に言われたからやるというタイプではない。したがって，自身にかけられた圧力の存在をそもそも認めない。現実は人に言われたからやることになったとしても，いったん自分の中で納得させなければ行動にうつさない。常に自分の行動には理由があって，自分で責任をもつことを信条としている。したがって，これらの応援が何らかの圧力があっての行動なのか，自己の判断であるのかは，彼女へのインタビューによっては明らかにできない。オフレコの記者に対しても，友人や家族に対しても，自分の行動は自分の判断ゆえだと答えるからである。

衆院選後のあらゆる集会で，知事はこの件について釈明をする羽目になる。潮谷には，人柄評価，業績評価，そしてバンドワゴン効果による3層の支持者がいることは先述した[55]。そのうち，業績を根拠として支持する者たちが，必ず松岡応援の理由を尋ねるからである。これら支持者たちは，潮谷の回答如何では支援を辞める覚悟でいた。衆院選直後から半年後の春におこなわれる知事選に向けて知事とその周囲は動き出す。そして現職知事である潮谷を応援する際にネックとなるのはこの松岡応援であった。

4．潮谷知事による松岡応援の反響

（1）　野党・県民クラブの反応

行政や政治関係者が潮谷の松岡応援を，潮谷の自民党依存として解釈したことは先述したとおりである。例え潮谷の本意が自民党依存ではない別の理由であったとしても，政党や会派の構図というものを考えて行動する政治家たちには，この選挙応援は「潮谷と自民党の近い関係」以外のなにものでもない。とりわけ，数ヵ月後には知事選をひかえ，各会派とも知事選をいかに

54　2003年11月中旬，インタビュー。
55　第一に潮谷の人柄を根拠とする支持者，第二に潮谷知事の政策に賛同する支持者，第三に潮谷の選挙に便乗する支持者である。

戦うかを決めかねているときであった。

　松岡応援からまだ日も浅い11月13日におこなわれた連合熊本第8回定期大会に潮谷知事は出席して祝辞を述べている。大会後，県民クラブの鬼海県議は「知事から熱烈なラブコールをいただきましたよ」と皮肉った。連合と関係のある県議としては，潮谷が知事選で連合に対しても推薦願いを出すか，そして連合は推薦を出すのかという問題がある。同じく渡辺県議は「知事選はどうするかな。今の知事は県民党じゃないね，自民党だ」と述べ，続いてこれら県民クラブそして連合の本音であるが「でも勝てる候補っていないんだよね」と述べている[56]。

　野党・県民クラブからは，12月県議会において鎌田聡と渡辺利男の2県議が知事に対して，この選挙応援について尋ねている。まず，民主党熊本県連支部長でもある鎌田の代表質問が，政治家としての知事の選挙応援というものについてよく整理されているので少々長い引用となるが紹介したい。

　　「今回の選挙戦で，知事が，熊本一区と三区の自民党候補の応援に行かれたことが報じられていました。知事は，選挙戦での候補者への応援について，マスコミの取材に対しまして，候補者のこれまでの実績や政策，人柄を重視して，御自分のスケジュールがそれに合えば応援に出かけるとコメントをされていました。知事が選挙戦において特定の候補者を応援するのはいかがなものかという御指摘もありますし，県民を代表する立場にある知事は中立であるべきだという声も聞かれました。しかし私は，これまでの選挙における知事の特定候補への応援については，応援先の政党が偏っていることについては大きな不満を持っていますが，知事が政治家として，御自分のスタンスをあいまいにせずに，みずからの信念に基づき，失うものもあるとは思いますが，勇気を持ってそのスタンスを明確に県民に示されることについて異議を唱えるものではありません。現に，長野県の田中康夫知事も，民主党のマニフェストに共感をいたしまして，政権交代を実現するために，私ども民主党を精いっぱい応援をされています。ですから，知事は中立であるべきという意見に同調するつもりはありません。潮谷知事の今回の行動は，私ども

56　2003年11月13日，連合定期大会後のインタビュー。

からすると相手候補を応援されたわけですから，そのことについて非常に悔しい気持ちはありますが，それが知事のスタンスであり，私どもとの距離感というものを改めて確認させていただいたわけですので，それはそれで仕方ないと思っています」（平成15年11月熊本県議会議事録12月1日2号）

このように，鎌田は，知事の選挙応援は政治家としての知事の活動であると，相反する立場でありながら認めているのである。その一方で，熊日新聞社の記者たちが追及したのと同じように，この潮谷の政治家としての判断が県民の意識とずれているのではないかという指摘が続く。

「ただ，気になるのは，知事が，実績や政策，人柄を評価して応援された自民党の一区と三区の候補者が落選されたということです。三区の方は比例で復活当選はなさいましたが，知事が実績や政策，人柄を評価した候補者に対する県民の評価は，選挙区で当選に結びつくほど多くは集まりませんでした。そこに知事の評価と県民の評価にずれが生じているなと私は感じました。このことについて，知事はどう受けとめていらっしゃるのかをお聞かせいただきたいと思います」（同）

これに対する知事の答弁は，やや要領を得ない。

「私の評価と県民の評価にずれがあるという御指摘でございますが，私が応援した候補者が落選されたことをもって，そのまま県民の評価と私との間にずれがあるという見方はやや一面的ではないか，そのように思うところでございます。県民の皆様の投票行動は，その時々に応じて，さまざまな考えのもとで行われるものであり，その結果においてもさまざまな要因があるものと考えています」（同）

確かに，「一面的」という反論はありうるだろう，しかしながら有権者の投票行動に関するくだりは，一面的であるという反論の根拠にはなっていない。

その3日後の議会において渡辺県議が同じく知事の選挙応援に関する質問

を行っている。渡辺県議の質問は長いが，要約すると以下のようになる。

まず，渡辺県議は，より直接的に，潮谷と自民党の関係に踏み込んでいる。

> 「三年半前の総選挙では(略)知事選で自民党さんに大いにお世話になったことでもあり，ここは武士の情けと，私も当時は黙って見ておりました。しかし，今回の総選挙でも同様の行動をされたことに対しては，失望の念をあらわさずにはおられません。政治家は結果責任ですから，これからどんなに県民とのパートナーシップを言われても，反対の候補を一生懸命応援していた人々にとっては素直に受け入れられないのではないでしょうか」(熊本県議会議事録平成15年11月定例会12月4日5号)

次に，行政者としての知事にもふれ，政治家としての知事は行政者としての知事との不可分であること，政治家としての知事の政治行動は制限的であることを主張する。

> 「ある政治学者が，アメリカ大統領の権限と比べて自治体の首長の権限がはるかに強大である，首長は大統領と首相の双方の強さをあわせ持っていると言われています。知事の姿勢や言動が県政に与える影響はまことに大なるものがあります」(同)

最後に，知事の主張する「県民のため」という指摘に対して，

> 「熊本県の利益のためにどう働いたかという視点で国会議員を判断するならば，必要なのは与党議員だけということになるのではないでしょうか。政治家が地元と中央のパイプ役たらんと欲し，地元も政治家を政策的受益のための道具と考えるならば，必要なのは与党議員だけとなります。特に中央政府からの補助に依存する度合いの高い地方であればあるほど，ムネオさんのような議員が一番頼りになることになるのではないでしょうか」(同)

と指摘する。

これら野党議員の指摘は，以下4点に要約できる。第一にそもそも知事の選挙応援というものは行政者としての知事という立場もあいまって影響力が強いこと，第二に潮谷と自民党が依存関係にあること，第三に県政には中央とのパイプが必要であること，第四に潮谷の政治的な判断が県民の感覚とずれているのではないかという指摘である。第一の点においては知事とは政治家でもあると説明することができるし，第二の知事と自民党の関係については知事の政治姿勢として説明できると，質問した鎌田県議も認めている。第三の問題である地方には中央とのパイプが必要であるという点については，後述する潮谷の説明にあらわれる。第四の潮谷の政治的な判断が県民の感覚とずれているのではないかという指摘は，潮谷自身が新聞報道や県議会以外の場面における批判や反響の大きさでもって経験する。

（2）　支持者の反応

　潮谷の支持者のうち，彼女の人柄やパーソナリティにほれ込んで潮谷を支援している者たちは当惑しながらも潮谷を変わらず支持していることは既に述べた。ここで述べるるのは，潮谷に対して，その政策に賛同して支持を表明している業績評価による支持者たちの反応である。

a.　オーロラの会

　オーロラの会とは，潮谷が副知事になったときに，彼女を応援しようという趣旨であつまった知人友人の勝手連的な懇親会であり，年に2回ほど，20から30人ほどが飲み屋に集う雰囲気をもつ会である。2003年度の2回目のオーロラの会は12月2日に開催された。この日は県議会開会中であり，通常は県議会開会中には懇親会などの予定を入れないが，「オーロラの会だけは出たい」という知事の希望で知事の参加が決まった。12月2日という日は，前日に知事が県議会において出馬を表明した翌日でもある。

　この日のオーロラの会は，知事があらわれるやいなや，会員の1人が「これだけはまず聞いておきたい，どうして松岡利勝を応援したのですか」と知事にたずねている。今後の知事選において潮谷を支援していく前に確かめておきたい，という理由であった。他の会員も，同じ思いで大きくうなずき，知事を注視した。一方で，「その質問はしてほしくなかった」とハラハラしながら見守っていた会員もいる。

潮谷は、「確かに人物はう〜んという感じだけれども、応援したのはちゃんと理由がある、説明させて下さい」と答え始めた。それは記者たちに繰り返し述べてきた理由と同じである。第一に水俣病問題で松岡私案がいかに事態を解決したか、これを副知事時代に目の当たりにしたこと、第二に、イグサのセーフガード発動に関して動いてくれたこと、第三に、彼の緑のエネルギー革命にかけてみようと思ったこと、林というのは森林のみならず水と海の源であること、バイオマス産業も重要であること、以上の理由から応援した、と述べる。

さらに、「知事選に影響が出るとまでは考えていなかった。知事選となったときに、この松岡応援がマイナスになるかもしれないことは認めます。けれども、松岡さんには当選後のあいさつに来られた時に、（あなたの今後を）ちゃんと見ていますからね、と言っておいた」と述べた後で、出馬の決意に話をもっていき、熊本の財政問題に触れる。「熊本県を再建団体に転落しないぎりぎりまで、ようやくもってきた時であるので、今知事が交代すると県財政は元に戻ってしまうかもしれない」という危惧が大きく、したがって出馬を決意したと言う。そのまま一気に続け、「今度の選挙こそ初めての選挙といっても過言では」なく、「組織もお金もないという状況です」と締めくくったため、会員たちは、それではカンパしましょうという話になって、そもそもの質問であった松岡応援については、それ以上誰も突っ込まなかったのである。

知事を支持する人々は、知事が自民党の圧力を受けて応援したと考えている。「私たちの知事」が自民党の圧力に屈しているのは許しがたいが、自民党の圧力には従うしかないということを理解していた。オーロラの会の後で会員の1人は「確かに自民の支援ナシで選挙となるとキツイと思う、とりわけ地方の郡部は・・」と言葉を濁している。

b. 熊本県女性議員たちの集会

12月4日には「みんなで語ろう！熊本の未来」と題して、熊本県内の女性議員たちが政党に関係なく集まり主催した集会が開かれた。これは、潮谷のミニ演説会の一種である。呼び掛け人である坂本香苗・元合志町議員は、4年前の選挙応援の思い出から語り始め、今回の知事の出馬表明を受けて続けて応援していきたい、そのためには今までの知事の取り組みをしっかりと

検証しておきたい，それによって応援の輪をひろげ，ともに考えてまいりたい，知事一人の県政ではない，と挨拶した。

　続いて，潮谷による50分にわたる県政講演のあと質疑応答となり，2，3の政策についての質問ののちにたまりかねたように挙手して以下の質問をしたのが熊本市議会議員廣瀬賜代であった。いわく，「今回の衆院選で，『西のムネオ』と悪評高い候補者の応援をされた理由はなんだったのか？」という質問であった。

　潮谷は，すでに何度も繰りかえされているこの質問に対し「パンチを食らった」と述べつつ，これまでと同じように回答した。とりわけ，この場において初めて，以下のように松岡を国政とのパイプとして必要でることを語るのである。「これは大変残念なことで，言うまいと思っていたことなのですが，国のいろんなところで，声の大きい方の声が届いているという現実が実感できるのです」。さらに，自民党の圧力ではないことを強調し，決して恫喝に屈服したというような行動ではないことを述べる。また，このような自民党との関係に関しては「けれども，決して自分の去就を考えての応援ではありません」と弁解する。最後は自分の選択が間違っていたかは，今後，県民によって判断されることだとは思うが，「いきさつは分かってください」と懇願調で締めくくられた。

　廣瀬によれば，質問の意図は2点あった。1つは，単純に理由を知りたかったこと，もう1つは，潮谷が質問に答えるかどうかで潮谷を捉えなおそうとしたこと，である。そして，廣瀬は潮谷の回答に満足する。「私は，逃げずごまかさずとても正直に話していただいたという印象を受け，それこそが欲しかった答えでした[57]」。

　オーロラの会の例でも女性議員の集会の例でも，潮谷の松岡応援の理由をたずねた人々は，回答に納得することを目的としているというよりも，どんな内容にせよ回答してくれることに満足する。そして，潮谷の回答を得た人々は，知事選において潮谷を支援していくことを決める。

　潮谷によれば，友人たちは潮谷にこういったそうである。「なぜマイクを持ったかは分かった，だけど認めたわけではないからね」と[58]。あなたの考

57　2003年12月4日廣瀬賜代のホームページから。
58　潮谷へのインタビュー。

えには賛同できない，けれどもあなたを信じているから応援する，と言えるのは友人である。一方で，政党関係者は友人ではない。そこで選挙において，政党推薦を出すか出さないかという問題が生じるのである。

（3） 潮谷による説明

　これまでの潮谷の松岡応援の理由を，記者会見，県議会，集会における釈明からまとめると以下のようになる。第一に，公務の妨げとならないこと。第二に，応援する候補の政策・政治姿勢・人間性・信念などを総合的に判断すること。その上で松岡利勝である理由として，第三に，松岡の水俣病・イグサ問題における業績，国政とのパイプとしての役割，緑のエネルギー革命への期待を挙げる。そして，決して自民党の圧力ではないこと，もしくは知事選を見据えての自民党への迎合でもないことをアピールする。

　以上の公けの場で複数人を相手にした説明とは別に，非公式の場で潮谷本人による松岡応援の説明をまとめると以下の通りになる。第一に個人的感情であるが相手候補の坂本哲志に対する遠慮というものがそもそももてない，第二に松岡でも緑のエネルギー革命を本気でやればできるはずだ，第三に県議会最大会派である自民党県議団への気遣い，第四に政治的バックグラウンドを持たない知事の国とのパイプ役の必要性である。

a. 潮谷知事と坂本哲志

　潮谷知事の坂本候補に対する個人的感情は，決してよくない。坂本候補が県議時代におこなった再三の質問内容が知事の意向とずれていることからも相性の悪さが分かる。熊本県議会議事録によれば，坂本県議は知事の政策が県民には理解されがたいとして，詳細な説明をもとめるべく知事に質問をしている。これに対して，潮谷知事にとっては，県民は理解しているのに坂本県議だけ理解できていないという印象に近かった。つまり，互いの県民に対する理解度が異なっているのである。

　坂本県議の求めた説明は「パートナーシップ」についてである。潮谷知事はこれを熊本県政の方針として早くから定め推進してきた。このカタカナ言葉は，同時に導入された「ユニバーサルデザイン（UD）」とともに，県民はじめ県議にも受け入れられるのに時間がかかっている。熊本日日新聞に掲載される県民の投書や川柳においても，当初は「ユーディーユーディーって言っ

てもなんのことかわからんばい」という声が多かった。それでもUDについては，子供たちへの教育に力をいれ，子供から大人へという経路もあってかなり浸透したといっていいだろう。4年目になればUDについて理解できてきたという投書もみられるようになる。

一方「パートナーシップ」については知事就任4年目になってもその概念が浸透しているか微妙であった。なぜならパートナーシップが何と何のあいだの話なのか分かりやすい1つの典型事例がなかったからである。知事としては，民間病院とNPOそして行政との連携のもとに展開しているDV相談や，ベンチャー企業のバックアップなど産学行の連携，といった具体的政策が進行しており，十分に浸透していると感じていた。また，行政の中でも自治体間や異なる自治体レベル間の協同，執行部と県議会の関係においても「パートナーシップ」と言葉を用いてきた。とりわけ，県民が県政に参加することを強く求めていたわけであり，行政の一方的な施政を待つのではなく，県民が能動的に動いてほしいというメッセージでもあった。

問題は，このメッセージが漠然としすぎていたことにある。パートナーシップを協同といいかえただけでは理解が進むはずもなく，何と何の協同であると説明されても，協同して何をするのか，という点についての具体的計画の進行が，目玉政策としてのアピールに欠けていたのである。平成15年6月に発表された「県パートナーシップ指針」策定において，熊本日日新聞は「漠然としたイメージ一掃」という副題をつけて報道した[59]。つまり，県民のあいだでは，それまで確かに漠然としたイメージがあったことになる。

潮谷知事の4年目である2003年になっても，パートナーシップの方針が浸透していないとして県議会にて質問した坂本県議に，潮谷知事はよい感情をもたなかった。他の県議会議員はすでにパートナーシップを評価した上での質問，もしくはパートナーシップを用語として組み込んだ質問を行っている。問題の2003年6月25日県議会における一般質問では，坂本県議は以下のように質問を行っている。

「このこと(筆者注：パートナーシップ)につきましては，平成十二年六月議会で私がお伺いをいたしましたが，三年間たった今でも私自身よく理解ができていませんので，いま一度質問をさせていただきます」とはじめ，「平

59　熊本日日新聞2003年6月3日。

成十二年の県総合計画に『パートナーシップ二十一』とタイトルを高々と掲げながら，三年たって県民に理解されていないから，改めて策定委員会までつくって理解をさせようとするそのことそのものに，既に県と県民のパートナーシップが崩壊しているのではないかとも思います[60]」として，潮谷の掲げるパートナーシップを実体のないものとして批判するのである。

続いて，「県が掲げた理念を県民は理解できない，県は県民に理解をさせるもの，それも委員会までつくって理解をさせる，これは既に，パートナーシップ，いわゆる県民との対等の関係ではありません。知事が掲げた理念が三年たっても浸透しないのは，理解できないのが悪いのではない，理念が余りに難解なのだというふうに思います。政治というものは，もっとわかりやすいものでなければならないと思います[61]」として，知事に意見し，「これからパートナーシップを理解してもらうための委員会をつくって，来年二月までにまとめ上げて，それをどうしようというのですか。四月はもう知事選です。一期目に掲げた理念が県民に広く行き渡っていないから，一期目の終わりにいま一度その周知を図るというのは，知事流の言葉をかりるならば，いかがなものかと思います。理念にこだわるより，この不況下，もっとわかりやすく元気が出る県にするための方策を考えるべきだと思います。改むるにはばかることなかれとまでは言いませんが，パートナーシップはそのまま残しておいて結構ですから，もっと具体的で生活に密着した政策の展開を優先して考えるべきではないでしょうか[62]」として締めくくった。

これに対して，知事の回答はにべもない。「三年の歩みを経過した今日，パートナーシップの理念は，私は県民の間に理解され浸透していると考えております[63]」として，坂本の「浸透していない」という見解を真っ向から否定する[64]。

この6月の県議会での応酬を，10月の段階までひきずっている潮谷がど

60　熊本県議会議事録平成15年6月定例会6月25日4号。

61　同。

62　同。

63　同。

64　坂本は自民党県議であり，県議会与党であるが，第3章で述べたように，潮谷と自民党の関係は川辺川ダム以来微妙である。2003年度の熊本県議会の質問は，一見，与野党が逆転しているような印象を受ける。

れほど悔しく感じていたかは推して知るべしである。潮谷知事の坂本県議に対する感情は，世間一般でよいイメージをもたれていない松岡利勝に対する選挙応援を遠慮するほどのプラスの感情温度にいたっていなかったのである。

　非公式な場面において，松岡利勝候補を応援した理由について尋ねられた潮谷がまず最初に挙げたのが，相手候補の坂本の話であった。「相手候補の坂本さんは，パートナーシップについて全然分かっていない。今，世界がパートナーシップに向かっているのに。6月県議会でも水をさすような質問をしたでしょ。あれは本当にもうダメね。私はあれは売られたケンカだと思うよ。売られたケンカなら買うしかないもの[65]」。以上の理由は公式の席では述べないものの，坂本に対する感情が松岡応援を遠慮するほどのものではなかったことは確かである。

b. 松岡への期待

　松岡を応援した第二の理由は，公式の場でも述べるように松岡の公約にある。松岡が2003年総選挙において公約とした「緑のエネルギー革命」を潮谷知事はこの時点でなかなか良い政策だと述べていた。緑のエネルギー革命とは，二酸化炭素を排出しない，自然界に存在する資源を活用してエネルギーを生み出していく方法を目指すものであり，熊本県としてはちょうどバイオマス産業に力を入れようとしているところであった。

　松岡応援の翌8日，非公式な場面で潮谷は「あれは本当にできる話だと思う。あの人，本気だせばできるのよ」と述べ，「松岡さんには，これからもずっと見ていますからね。有権者はよく見ているんですからね，と言ってある」[66]とも述べている。

c. 自民党県議団への気遣い

　第三に，県庁幹部も指摘した自民党に対する気遣いである。潮谷は，自ら

65　2003年11月8日インタビュー。
66　松岡利勝議員は2003年衆院選後，こまめにホームページ上で活動報告をするようになった。活動は，知事の演説内容そのまま，水俣病小委員会，WTO交渉，緑のエネルギー革命の3つがメインである。

もかつては自民党と距離があったこと，とりわけ保守本流の松岡利勝に対しては，潮谷の友人たちには違和感が強いことは認めている。「確かに私の周りでは，松岡嫌いな人が多い。みんな正直だから，無理して応援しようとはしない。平野（多嘉子，さやかの会会長）先生なんか，本当に自民党が大嫌いでね」と言う[67]。

それでもあえて応援したのは，別に「県連から言われたわけではない」と言う。「むしろ，県連の島津さんは本当に心配してくださって「無理しなくていい」とも言ってくれたくらい[68]」とも述べ，自分の判断であったことを強調する。

前回選挙における恩義でもないことは，「2000年知事選で松岡が動いてくれたということはない」として，その関係を否定する。したがって，「前回知事選に対する恩義ではない。むしろ知事選で動いてくれた恩は園田（博之）先生の方にある[69]」。

しかしながら，潮谷の松岡応援はやはり自民党との関係を考慮していることを否定できない。なぜなら，潮谷は県政の「円滑な運営」をこころがけており，そのためには最大会派である自民党県議団とは良好な関係を持つ必要があるからである。事実，潮谷は熊本3区のみならず1区の岩下候補の応援にも出向いているのであるが，それに関しては，はっきりと行きたくなかったのに行ったことを述べている。「あれは別に行きたくなかったのよ」，「岩下さんなんて，保育園が一緒ってだけだもの」[70]。

d. 国政とのパイプ

行政上も政治上もバックラウンドを持たない民間出身の知事である潮谷にとっては，県関係国会議員というものは国とのパイプとして重要である。しかし，全ての議員がパイプ役になってくれるわけではない。潮谷は熊本県の国会議員について以下のように述べる。「2000年6月衆院選では園田先生に恩返ししようと思って応援したけれども，園田先生は，東京にばかりいて

67　2003年11月インタビュー。

68　同。

69　同。

70　同。

熊本には全く帰らない政治家なのね。それほど，熊本にとっては力のある政治家ではない。そんな中で，松岡さんは本当によく動いてくれた，イグサのセーフガードでも水俣病の問題でも。その他の1年生議員（金子恭之・松野頼久）なんて本当にダメでしょう[71]」。この点は，阿蘇郡の佐藤県議も指摘しているように，多くの政治関係者が認めている。なぜなら，熊本県選出もしくは比例の議員のうち，松岡以外の3期以上の議員としては野田毅と園田博之が存在するが，両者とも滅多に熊本に帰らない。野田は未だに落下傘候補的な要素が抜けておらず[72]，2世議員である園田は地元から叱られるほどに地元に帰らないことで有名である。その中で，松岡がもっとも熊本県知事にとって頼りがいのある存在であったのである。

　地方にとって，地元と中央を頻繁に行き来し実際に地元のために動いてくれる地元選出の国会議員は重要である。2000年代においても地方は自立しておらず，中央との政治的パイプが必要とされる。とりわけ潮谷知事のように，行政上も政治上もキャリアがない場合は国とのパイプがほとんどなく，県関係の国会議員に頼らざるを得なくなる。知事の霞ヶ関詣でにおいても，彼ら地元国会議員の力がものを言うのである。潮谷のこの見解は，2004年12月4日の熊本における女性議員の集会において「言うまいと思っていた」が述べたことは先述した。知事として建前上は，県政が自民党とその国家議員のパイプ如何であるということは認めてはならないからである。

　その一方で，「このような恩義はあるけれども，私は4年間，政党の利益となる行動は一切してこなかったし，これからもしない[73]」と断言する。「春の知事選についてはこれから考えていく」とも述べ，2003年の衆院選での応援は，自身の知事選とは全く無関係であったことを述べる。

71　同。

72　野田毅は，1972年，義父・野田武夫から地盤を受け継いで熊本1区から立候補し，以来30年以上熊本を地盤としているが，元々東京出身であり，義父の野田武夫の元々の地盤が神奈川である（1963年に生地・熊本に選挙区変更）ことからも，未だに「落下傘」扱いされる。

73　2003年11月インタビュー。

5．知事選にむけて

潮谷知事が，2004年春の再選に向けて出馬を決意するのは2003年11月の衆院選の数週間後のことである。熊本日日新聞記者の宮下は，潮谷知事の松岡応援という行為から潮谷の感覚が民意とずれていることを批判し，知事の松岡応援は明らかに失敗であると言う。これを上回るほどの知事に対する信頼がなければ，次の知事選で市民たちの支持を得る「県民党」というかたちに持ち込むのは難しいだろう，と予測した[74]。

実際には，潮谷の個人集会での反応に見られるように，潮谷個人の周囲においては松岡応援という「失敗」を上回るほどの潮谷知事に対する信頼は存在した。しかし，政党が「県民党」というかたちに持ち込むことを許さなかった。潮谷の支持者の多くが，潮谷の松岡応援の説明を聞き，引き続き潮谷を支持していくことを決めた一方で，潮谷の松岡応援という行為は，自民党以外の政党にとってネックだったのである。自民党以外の政党は，潮谷が「県民党」を標榜することで自民党とともに潮谷支持に回る，つまり相乗りすることができた。しかし，潮谷が一自民党候補である松岡を応援した以上，潮谷が「県民党」を標榜してこれに相乗りすることは，非自民政党たちにとっては許せない展開となる。続く第5章では，2004年熊本県知事選における選挙の形について，述べる。

追記：

2005年9月の衆院選においても，潮谷知事は熊本3区の自民前職・松岡利勝の9月7日におこなわれた集会に姿を見せ，マイクを握った。その際には，「松岡先生は私たちの生活基盤を担う国へのパイプ役。皆さんの一票を積み上げてほしい」と述べて，従来の見解をそのまま繰り返している。そして松岡支援の理由として，「水俣病問題の解決に向け，松岡先生には当選してほしかった。県や県民にとって重要な課題だから，県民党の立場とのズレはない[75]」と述べている。2003年衆院選の松岡支援では，支持者たちに詰問

74　2003年11月インタビュー。
75　熊本日日新聞2005年9月14日。

されたにもかかわらず，松岡支援を貫く姿勢は潮谷の頑固さをあらわす一方
で，県民党の立場とのズレに言及しているあたりが，潮谷が選挙シーズンご
とに記者たちと論争を繰り広げ，勉強していることをうかがわせる。

第5章　傀儡知事から県民党知事へ：
2004年熊本県知事選

写真3　2004年3月熊本県知事選潮谷義子候補出陣式

本章では，1期目の選挙を「自民党の傀儡」として経験した潮谷が，2期目の選挙において「県民党」という形を模索したその経緯を描く。知事選をいかに戦うかはその後の県政に大きく影響を与えることは第1章で述べた。2004年4月に実施された熊本県知事選は，無風で現職圧倒優位という選挙結果に対して，潮谷の選挙陣営においてはアマチュア団体と政党のあいだで主導権争いが繰り広げられていた。本章では，保守的な政治風土に誕生した女性「傀儡」知事がいかにして「県民党」として主体的に知事選にのぞむことになったのか，その経緯を丹念に追う。これによって，女性知事の誕生とその存続のメカニズムを探る。

1．政党推薦と県民党

2004年熊本県知事選は，結果として表5-1にみられるように無風選挙であった。（経過は表5-2）自民党（県連）と公明党の推薦[1]を受けた前職潮谷義子が，無所属の泡沫候補を大差で破って再選を果たす。ここで注意したいのは，自民党と公明党が現職知事を推薦決定し，熊本県政史上初めて共産党が候補を擁立せず，しかしながらその他の政党が現職知事を推薦する相乗りにはならなかったことである。そこで，以下では，知事選における各政党の思惑と知事の思惑について述べる。

（1）政党推薦のかたち
a．相乗りと政党支持なし

片岡（1993）によれば，知事選挙が国政にとって重要性をもたないときは，各政党は県連や県支部に任せることが多い。県連にとって，候補者の選考に当たって重要であるのは第一に当選可能性である，なぜなら県議会における政党の目的は，県政を与党としてコントロールすることにあるからである。第二

表5-1　2004年4月4日実施
熊本県知事選挙開票結果

得票	名前			
493,335	潮谷義子	（無現	自・公推薦	65歳）
66,605	後藤道雄	（無新		52歳）

投票率38.67%

1　知事の政党推薦とは，政党本部の判断であるが，本章における政党の行動は県政レベルであり，したがって政党とは各政党の県本部を意味する。

第5章　傀儡知事から県民党知事へ：2004年熊本県知事選　179

表5-2　2004年熊本県知事選　経過表

日付	
2003年10月　5日	知事、自民党松岡利勝代議士の事務所開きに参加
2003年11月　7日	知事、自民党松岡利勝代議士を応援演説
2003年11月　9日	衆院選投票日
2003年11月24日	潮谷県政の4年を検証する集い、女性たちの主導で開催
2003年11月25日	自民党と折衝、自民党県連は島津幹事長に一任(非公開)
2003年11月28日	自民党県連、知事に出馬要請(公表)
2003年11月28日	公明党と折衝(非公開)
2003年11月30日	県民クラブと折衝、政党推薦受けないよう要請される(非公開)
2003年12月　1日	県議会・自民党県議の一般質問に対し、出馬表明
2003年12月〜	女性たちが主導するミニ集会開催25回以上
2004年　1月〜	知事とさやかの会で幹部会数回、政党によらない選挙を模索
2004年　2月　8日	共産党、候補擁立見送り
2004年　2月　9日	知事、県内6政党に推薦願いを提出
2004年　2月10日	事務所開き、自民党県連・公明党推薦決定
2004年　2月23日	民主党、推薦見送り
2004年　2月25日	社民党・新社会党、推薦見送り
2004年　3月18日	知事選告示日
2004年　4月　4日	知事選投票日

に的確性として行政手腕や中央とのパイプなどのリソースを持っていることであり，候補者の党派性はむしろ広範な支持をさまたげるとされる。第三に支持団体にとっての受容可能性もまた，政党としては重視する項目である。第四に費用であり，候補者の知名度が高ければ宣伝に費用がかからず，選挙費用が節約できる。

　一方，個々の地方政治家が知事選候補に対して応援をする判断基準としては以下3点である。第一に，知事選候補には地域的なつながりがあることを重視する。地元の出身者であるかどうかは非常に重要である。第二に，パトロネージの可能性である。応援した候補が知事になることによって，何らかの利益を得る可能性がある。第三にバンドワゴン効果を期待する。県政主流派として発言力を増すために勝ち馬にのる必要がある。

　これらの説明から，官僚出身知事は知事候補者として最適の人材であるとみなされた。官僚出身知事は，政党色が薄く，各政党が相乗りするのに最適であり，行政手腕や中央とのパイプももっている。官僚知事に不足しているのは，知名度そして地域との関連性であるが，これは各政党相乗りの無風

選挙とすることで回避された。したがって，1980年代からの知事選は相乗り知事が圧倒的に多いことは第1章で述べたとおりである。これに対して，1990年代後半から，政党の支持を受けない知事候補が当選しはじめた。

知事選候補者にとっては，政党推薦のかたちとして（1）政党相乗り，（2）一部政党の支持，（3）政党の支援を拒否する，の3択となる。一般的な当選可能性としては，政党相乗りが最も可能性が高く，政権与党である一部政党からのみ支援を受ける選挙，政党の支援を拒否する選挙の順になる。一般に，政党推薦は，候補者の側の要請を政党支部が受け，支部が本部に上げて，推薦もしくは公認となる。したがって，現職知事が再選を目指す場合の政党推薦の過程は，知事と県議会各会派もしくは政党支部との駆け引きによって決まる。そこで，知事選が近くなるにつれ，知事の「政治姿勢」が注目されるのである。

b. 県民党

2期目を目指す選挙にあたって潮谷が模索していた政党との関係は「県民党」である。もっとも潮谷自身は，自分では「県民党」という言葉ではなく「県民中心」と言っており，「県民党」というネーミングはマスコミがつけたものだと主張しているが[2]，マスコミも知事周囲も潮谷は「県民党」を目指していると認識していた。いずれにしろ，県民党という言葉は明確な定義を持たない。事実上，全政党からの幅広い支援を受けるという意味で，県民党は相乗りと同義であることが多い。

例えば，中日新聞福井県版によれば，福井県内では県民党イコール相乗りである。「栗田知事もこの県民党で当選を重ねた。県民の利益を生み出すのは，伝統の県民党か，脱相乗り方式か―。県内有権者の『回答』は，全国からも注目されている。」と2003年福井県知事選について描写している[3]。ここでは，県民党という言葉は，旧来の政治を象徴する相乗りと同義で用いられる。

「相乗り」と「県民党」がほぼ同義であるにもかかわらず，「相乗り」がやや批判的な含みを持つことから，多くの知事が自ら好んで用いるのは相乗り

2　2004年5月28日熊本県知事定例記者会見。
3　中日新聞福井県版2003年3月16日。

第5章　傀儡知事から県民党知事へ：2004年熊本県知事選　181

ではなく「県民党」という言葉である。とりわけ，1990年代の後半から政党の支持を受けないで当選した知事たちが増えているが，これらの知事が実質上相乗りと同義である「県民党」という言葉を用いることにマスコミは敏感である。なぜなら，これら知事たちはいずれの政党からも支援を受けずに完全な無所属という形態で当選したものの，その後の県政運営において各政党との等距離を保てずに次第に議会最大会派の政党との距離を縮めざるを得ず，その政治姿勢の転換をカムフラージュするために「県民党」を用いるからである。例えば，2005年春に千葉県知事である堂本暁子は再選を目指すにあたって「無党派で立候補したが，自民党や公明党の国会議員や県議会議員の方々にはお世話になった」とし，「無党派から県民党に変わった心地だ」と述べ，自民党・公明党へ秋波を送っている[4]。

　県民党という言葉が，政党相乗りではなく「政党の支持を得ない」という意味にもとれるように使っている例は，堂本1期目のように2000年に完全無所属で当選した栃木県の福田昭夫知事において見られる。「私は県民の皆さんにいつも言っているんです。私は『無所属・無派閥・県民党』ですから，どこの政党とも等距離を置きながら意見交換をさせていただきますよ，と。政治というのは一人ではできませんので，『無所属・無派閥・県民党』がいいとは言いながら，どこの政党でもお呼びがあればお邪魔しますよ，また意見交換もしますよという話です」[5]。福田の発言は，無所属と無派閥は同義であるから，県民党も無所属と同義であることを意味している。

　当初，潮谷はこの「県民党」を福田と同じように「完全無所属」という意味あいで用い，2004年の再選を目指す知事選において「県民党」という形を模索する。「県民党」という言葉が曖昧であるように，潮谷の知事選を前にしての政治姿勢は曖昧であった。潮谷は，常に特定政党の利益となるような政治をしてきたわけではなく，どの政党とも等距離で県政を進めてきたと強調する。

　これまでの潮谷の対議会行動は，第2章で述べたように県職員に従うままに議会最大会派の自民党寄りであり，政治活動においても第4章で述べたように自民党候補の選挙応援をするため，自民党の知事であるとみなされがち

4　朝日新聞千葉版2004年12月15日。
5　平成16年7月13日栃木県知事定例記者会見。

である。その一方で，議会とは離れたところでは第3章の川辺川ダム討論集会のように自民党とは異なる政策位置にあり，この点に関しては後述するように，非自民各会派は潮谷に好意的であった。さらに，彼女の支援者たちの中には非自民である者も多く，政党に関わらずに集っていることが多いことは先述した。したがって，彼女は「県民中心」という言葉を用い，政党と自らの位置関係を曖昧にすることで，全ての方面からの支持を得たいと考えていた。これを，マスコミが「県民党」と名づけたのである。

（2） 熊本県各政党支部の対応

　2004年春に予定される熊本県知事選に関して動きが見られるのは前年2003年秋である。知事選が話題になるたびに，「とはいえ，出せる人いないでしょう」という声があちこちで聞かれた。この声は，現職である潮谷知事に対する県民の高い支持率を前提としているのであるが，「とはいえ」と表現されるのは，候補者を選定する作業を担う政党組織の知事に対する評価が複雑であることを意味する。

　知事選を迎えるにあたって，知事選候補者を推薦するか否かという決定は，実際に候補本人から推薦要請がある前にあらかじめ決まっているものである。以下では，潮谷のこれまでの議会対策・政治姿勢そして政策に対して，これまで熊本県議会の各会派はどのように対応してきたかについて整理する。2004年春に予定されている熊本県知事選挙に関しては，中央政治は一切関与しなかった。その時期の中央政治が自民党と公明党による連立の小泉内閣で安定していたことによる。したがって，これら知事と政党の駆け引きは地方政治の枠内でおこなわれた。

　政党組織は中央に本部が存在し地方には支部が存在する。その支部の中でも全ての政党が県議を県議会に送り込んでいるわけではない。熊本県の場合，民主党議員は県民クラブ中に1名，県民クラブの他の議員は民主・社民の推薦を受けている議員である（表5-3）。先行研究が示唆するように，政党の目的が議会与党になることで県政をコントロールすることであるならば，

表5-3　熊本県議会会派構成（2003年12月時点）

自民党	県民クラブ	公明党	共産党	新社会党	無所属	（合計）
37	5	3	1	1	7	54

政党はこれらの所属・推薦議員を通して，知事に対するコントロールをおこなうと考えるのが適切である。推薦した候補の当選可能性が高いことも必須である。推薦は会派ではなく政党単位であるため，以下では政党ごとに叙述するが民主党に関しては会派も含める。

a. 自民党，自民党県議団

　自民党県議団にとって，１期目の潮谷知事に対する評価は大変に低かった。2000年知事選こそ自民党と公明党の推薦によって当選し，自民党の「傀儡」知事である可能性を指摘された潮谷であるが，その後の県政運営は必ずしも自民党にとって好ましいものではなかった。

　そもそも潮谷の思想がややリベラルであるために，保守的な自民党県議とは相容れない素地があったとも言われる。県議会において知事批判を展開するのはむしろ自民党県議の方に多い。とりわけ，川辺川ダム建設問題に対する知事の慎重な姿勢，市町村合併に対する知事の自主的合併を求める姿勢，ユニバーサルデザインとパートナーシップという施策方針に関する批判が多く，県政与党を標榜しておきながら，県議会の質問においては潮谷知事に対して感情的に厳しい。県議会傍聴を通しても，県議会議事録を見ても，自民党県議団はまるで野党であるかのように錯覚する。

　川辺川ダム建設問題において知事がダム建設に慎重であり中立であり続けたことは第３章で述べた。一方で自民党県議団は３分の１がいわゆる「土建屋」であり，建設業界とのつながりもあって，ダム推進の姿勢を崩していない。ダム建設に関わる地域である人吉・球磨選出の議員は，激しく知事に対抗している。直接的な利害に関わらない他地域の自民党県議もダム建設には推進の立場である。県議会では，知事の「県は判断できる立場にない」との再三の答弁にもかかわらず，知事のダムに対する姿勢を問う場面が繰り返された。

　市町村合併の問題は，県議にとって選挙区変更の可能性を秘めており，自らの思い通りの合併となるかどうか，県の介入を期待，もしくは不干渉の思惑が働く。また，熊本市の政令都市化によって地域活性化という戦略を支持する県議も存在する。ところが，潮谷知事は，市町村合併に対しては「自主的な合併が望ましい」として，県は最初に合併のパターンを示したのみで一切介入策をとらなかった。不介入という姿勢が「知事のリーダーシップの不

足」と目に映るようである。

　ユニバーサルデザイン（UD）とパートナーシップは潮谷県政の柱である。ユニバーサルデザインを県政の柱にすえることは，具体的には県営住宅や県の建築物にUDを採用することのみならず，「誰にでも使える」という概念を利用してあらゆる政策に関して「誰にでも対応する」といった形で導入することでもある。パートナーシップとは，行政だけで熊本をつくっていくのではなく，産業界との連携や，アカデミズムとの連携，ひろくは県民との連携つまり住民参加を求める方針である。これら概念が分かりにくく，横文字であることも加わって，理解が追いつかない県議が続出した。そのため，「何のことだか分からない」と県議会において批判する議員が4年目になっても存在したのは，第4章の坂本哲志の例で述べた。

　以上の批判は，県議会という公式の場で繰り返された批判である。自民党県議団は，2000年知事選で潮谷候補を推薦し応援した経緯から，県議会においては自らを「与党」として位置づけているにもかかわらず，潮谷知事に対して辛らつな批判を浴びせる県議は少なくなかったのである。

　したがって，現職知事である潮谷が次期選挙に出馬表明する以前から，知事に反感を持つ自民党県議たちは独自擁立候補を模索した。熊本3区の松岡利勝代議士が知事職に興味を示しているとの噂があがったのもこの頃である。結果的には，独自候補を擁立する動きは成功しなかった。なぜなら，第一には，適切な候補が存在しなかった。つまり，それほどまでに，県民のあいだで潮谷知事の人気が高くなっていたことを意味する。第二に，自民党県議団の中で潮谷知事と接触の多い島津勇典幹事長が責任をもって潮谷知事を支援することを決意していたからである。知事選の半年前9月，島津幹事長は非公式な場面で以下のように発言している[6]。「私たちが出したんだから，責任もって応援しますよ。そんな人の腹に手を突っ込むようなことをしなさんな」。幹事長の島津は，すでにこのころから自民党としてはどういう形になろうとも潮谷を推薦するしかないと考えていた[7]。第三に，潮谷が11月の総選挙において自民党候補を応援するためにマイクを持ったことが，結果的に自民党県議たちへのプラス材料として影響している。

6　2003年9月，熊本県議会棟廊下にて。
7　2005年9月，熊本県自民党会館にてインタビュー。

第 5 章 傀儡知事から県民党知事へ：2004 年熊本県知事選 185

11月25日，現職である潮谷の他にめぼしい候補がないまま，自民党県議団は知事選への対応を決定した。まず，3期までの若手県議と島津幹事長が会議を開き，その結果を受けて4期以上の県議が知事選対応の会議を開くこととした。どちらの会議においても，すんなり決まったわけではなく，知事に反感をもつ県議が存在したことは，会議後の自民党県議の多くが「まあしょうがない」と言葉を濁していることからうかがえる。その多くは，川辺川ダム問題に関する不満であった。1期目で人吉市区選出の溝口県議によれば「最後には，島津幹事長に決定をお任せすることでおさまった」[8]。これを受けて4期以上の県議の会議でも，知事への不満を持つ自民党県議は多いものの，最終的に県連会長の古閑三博と幹事長の島津勇典が潮谷知事への応援を決定した。

島津幹事長はなぜ，潮谷知事への応援を導いたのか。第一には，信頼関係が潮谷と島津のあいだにあったことにある。島津は，政策的に潮谷の考え方に近い。川辺川ダムの問題には「私が知事だとしてもああしていたと思う」と述べ，松岡利勝応援にしても「無理しなくてよい」と気遣っている。一方，潮谷は島津を「良識ある人」として信頼する[9]。第二には，必ずしも一枚岩ではない自民党内を一本化するためには，1人の候補に早々と決定しておく必要があった。「反潮谷」という目的だけで，さほど強力でもない候補を持ってこられた場合には自民党県議団は分裂する危険がある。第三には，何よりも，知事選で自民党勝利とするためには「勝てる候補」である潮谷知事を主導して支援することが賢明であること，そのためには，他党よりも先手を打って支持を表明する必要がある。

以上の思惑から，12月の潮谷の知事選出馬表明前である11月に自民党県議団は潮谷知事に対して「出馬要請」をおこなう。それに対し，潮谷側は県議会において自民党県議の質問に答えるかたちで「出馬表明」をするというお土産を用意することになったのである。そして，この「お土産」の価値，つまり県議会の知事答弁において初めて出馬表明することはしっかりと県職員によって守られた。県議会での出馬表明以前に，記者たちは知事本人から

---

8 2003年11月25日インタビュー。
9 潮谷と島津夫人は友人関係にある。もっとも潮谷はその友人が島津の配偶者であることを，島津邸を訪問するまで知らなかった。

出馬表明の言葉でもあればと知事を取り囲むが，秘書課や広報課の職員たちがしっかりと知事を守り，知事は何も発言することなくその場を去ることができたのである。この現場を見ていた夫，潮谷愛一は「県職員は自民党なんだな」とつぶやいた。つまり，自民党県議の一般質問の答弁において出馬表明という段取りになっているから，その前に表明されては困るという認識を県職員がもっており，それは自民党への気遣いである。

このようにして，自民党県議団は現職知事を一番に支援する政党という立場を手に入れた。そして，一番乗りを確保した以上，自民党県議団としては，他党が相乗りしてこようとこまいと大した問題ではなかったのである。

b. 民主党と県民クラブ

熊本県議会の第二会派である県民クラブは，民主党と社民党系の議員たち５人で構成されている。県民クラブは，前回2000年知事選で潮谷の対立候補である阿曽田を支持した立場から，県議会においては野党の立場で臨んできた。しかしながら，自民党県議たちの潮谷の政策や政治姿勢に対する反感とは逆に，県民クラブは潮谷知事に対して，自民党寄りの議会対策を別とすれば，その政策に対する評価が高かった。それは，川辺川ダム問題における住民討論集会の開催に対する評価でもあり，また福祉問題における潮谷の適切な政策展開に対する評価でもある。

しかしながら，県民クラブの一員である鎌田聡・民主党熊本県連代表はジレンマを抱えていた。2004年春に予定されている県知事選は2003年11月の衆院選と2004年7月の参院選に挟まれている。2004年7月の参院選は，熊本選挙区において議席が2から1に減少することで，自民党現職の木村仁と民主党現職の本田良一が争う激戦が予想されていた。2003年の11月の総選挙は，熊本においても比例区で民主党票が自民党票を上回り，熊本１区の現職松野頼久の当選に加えて，熊本２区でも比例復活によって松野信夫弁護士が当選するという満足の行く結果になった。衆院選で決定的となった，二大政党制ひいては自民党対民主党という構図をそのままに，勢いよく2004年7月の参院選を迎えたいという流れにおいて，その２つの国政選挙に挟まれた時期にある知事選は扱いが難しい問題であったのである。

民主党は，このような国政選挙の流れから，自民党が推す候補に「相乗り」することはなんとしても避けたかった。「相乗り」の印象が民主党に対

するマイナスイメージをひきおこし，2004年7月の参院選に影響を及ぼす可能性がある。しかも知事選と参院選は選挙区がまったく同じなのである。一方で，潮谷に対して推薦を出さない場合，自民党に対する「不戦敗」を意味することになり，7月の参院選にむけて気がそがれると考えられるのである。

　知事選において独自候補を擁立するという手段もまた，民主党にとっては難しい問題であった。現職である潮谷知事は，前回選挙で民主党推薦候補を破って当選し，今なお高い支持率を誇る「勝てる候補」である。これに対抗する場合には，かなりの票をとれる可能性のある候補をぶつけねばならない。2003年当時，めぼしい候補が前回知事選で敗北した阿曽田清のみであった。知事就任時よりも支持率をのばしている潮谷に阿曽田が勝てる可能性はさらに低下しており，知名度からして現職知事の強さ，そして何よりも阿曽田自身が態度未定で準備の期間が十分ではないことがネックであった。

　阿曽田自身は，最後まで2004年熊本県知事選に再挑戦する可能性を匂わせていた。2003年12月末のインタビューにおいては，現職知事に対する不満を述べている。「知事というものは，旗をもって先頭をいく，そういう役割だ。リーダーシップとはそういうもの。今の知事は何もしていない。私が知事だったら改革派知事になっている」と述べ，「現知事は，福祉福祉で何もしていないではないか」と批判している[10]。

　そして民主党にとって決定的なことに，潮谷知事が2003年11月の総選挙において「西の宗男」と言われた自民党候補・松岡利勝の応援に行ったことは，衝撃をもって大きく報道されたこともあって記憶に新しすぎた。自民党候補の応援を行った潮谷を民主党が推薦するわけにはいかない状況だったのである。

　以上から，民主党そして県民クラブのとった戦略は，潮谷にどの政党からも推薦を受けないことをお願いすることであった。潮谷に，1997年宮城県知事選の浅野史郎や2001年千葉県知事選の堂本暁子のような「草の根」選挙を要求したのである。つまり，知事が完全無所属であるならば，知事にとっては民主党も自民党も等しく，したがって，民主党もしくは県民クラブは，自民党と同じ立場にたてるという理解である。

10　2003年12月インタビュー。

県民クラブの5人は，潮谷からの接触に応じ，それぞれの希望を知事に伝えている[11]。県民クラブとしては政党の枠組みから応援できないけれども，個人的には潮谷を支援していること，潮谷知事ならばどの政党からも推薦を受けずに選挙を戦えるのでそうしてほしい，というものである[12]。このように民主党は，ジレンマに陥っていたが，その下部組織である連合や県民クラブの民主党所属ではない議員は柔軟に対応した。それは節を改めて述べる。

c. 公明党

公明党県議は熊本県議会に3人在籍する。公明党は他党と異なり，県レベルで独自に判断することが少ない。ほとんどが中央の意向を確認した上での行動となる。

公明党は前回2000年知事選で，政権与党として自民党と共に潮谷を推薦した。ただ，対立候補であった阿曽田はもともと旧・新進党の出身で，当時の公明党の現場レベルでは，潮谷よりもむしろ阿曽田に親近感を覚える向きも少なくなかった。それにもかかわらず，党として潮谷推薦に踏み切ったのは，国政において自自公政権から自公保政権へと連立政権の枠組みが変わり，自民党と公明党の協調関係をアピールしたいという野中広務自民党幹事長(当時)の要請を受けたからである。

こうした経緯もあって，知事与党でありながら，公明党熊本県本部は諸手を挙げて潮谷再選を支持したわけではなかった。県議会での公明党の議席はわずか3であり，これに対して圧倒的多数を占める最大会派・自民党県議団ばかりを潮谷知事が優遇することにも強い不満を抱いていた。県議会において単独過半数を占める自民党と公明党は必ずしも蜜月ではなかったのである。公明党県議は，自民党県議団が全て独占している県議会常任委員会の副委員長ポストを提案された際，「第二会派(県民クラブ)を飛び越えて受けることはできない」としてあえて固辞している[13]。中央政治の自公の枠組みとは異なり，議席配分も異なる地方議会においては自公の枠組みはそもそも必

---

11 潮谷は，自らの知事選の出方を決めるために，秘密裏に各会派に接触している。

12 2003年12月，県民クラブ県議へのインタビュー。

13 朝日新聞2000年5月17日。

要性がないのである。

　しかしながら，公明党熊本県本部として，自民系でも民主系でもない単独候補を擁立することは集票力からして無理である。まして中央の意向を反映するだけである公明党が地方政治の主体的なアクターとなることは難しい。結果的に，2004年知事選に対しても中央政権と同じく「自公」という枠組みを壊すことなく対応した。こうして公明党は前回選挙に続いて再び潮谷推薦を決定したのである。

d. 共産党

　共産党は2003年当時，県議会に１議席を保有しているが，１議員であるために，この政党は知事の頭から除外されている。県議会対策においても，政治活動においても，知事の頭には共産党に対する戦略というものは存在しない。その一方で，共産党は2003年４月の段階で知事を高く評価していた[14]。第一に，川辺川ダム問題に対する知事の姿勢が評価できる。共産党は川辺川ダム建設に反対の立場をとり，人吉市においては共産党の議員が反対派の活動家であることが多い。反対派は共産党という図式は人吉の住民のあいだで成立している。例えば，球磨郡でおこなわれた意見交換会の傍聴席で記者と会話していた傍聴者は，隣にいた女性と「あなた共産党？」「いえ，なんですか」「あなた記者と知り合いみたいだから，記者って反対(派)のことばかり書くでしょ。だから共産党かと思った」という会話を交わしている[15]。

　共産党が潮谷知事を評価する第二は彼女の福祉政策が充実していることにある。また市町村合併の問題も，合併に反対である共産党は知事の姿勢を評価できる。

　こういった経緯から，共産党は知事選において独自候補を擁立しないという伏線はあった。しかし，多くの人は共産党が候補を擁立しないとは思わなかったようだ。「知事選，もしかしたらないかも(無投票)しれないですよねぇ」という問いに対して，多くの人が「そうはいっても共産党がおるし」と答えている。共産党は，熊本の知事選において必ず候補を擁立してきた。人々の頭にあったのは，無投票ではなくて，対立候補が共産党１人の無風選

14　2003年４月，共産党県議インタビュー。
15　2003年５月，球磨郡。

挙という筋書きだったようである。

　県民クラブと自民党県議団が政策的に与野党逆転していたように，共産党も野党でありながら，潮谷知事と政策的に近い対場にあった。これは，潮谷の政治イデオロギーがかなりリベラルなものであることをあらわしている。

　政治イデオロギー的な近さに加えて，潮谷知事と共産党の関係がささやかれていたことがある。熊本では「（潮谷）知事は共産党と仲いいから」というセリフをあちこちで耳にする。なぜなら，過去に潮谷義子の義父である潮谷総一郎が県議選に立候補したときに支援したのが共産党であったこと，また潮谷知事の母親が入院している病院が共産党系の病院であるという事実があるからである。知事秘書の磯田は「まだそんなこと言う人いるんですか，そんな話は前回選挙の中傷合戦の１つですよ」と言う。潮谷自身に言わせれば「共産党とは何の関係もない。母が入院しているのだって，単に慈愛園の隣にある病院ていうだけじゃない」。

　いずれにせよ，共産党は2004年熊本県知事選において潮谷知事に対する推薦こそしないものの，独自候補を擁立しないという，潮谷にとっては心強い支援となる選択をとったのである。

e. 社民党と新社会党

　社民党は県議会に議席をもっていない。社民党の推薦を受ける県議は第二会派である県民クラブに存在するが党員ではない。したがって，知事の頭からこの政党は除外されているし，社民党の熊本県支部も熊本県政に参加している実感はもっていない[16]。

　新社会党は県議会に１議席を持っている。三井・三池炭鉱に近い熊本県北西部の荒尾市から新社会党の県議が１人当選する。新社会党県議は知事選半年前の９月の段階で，「（潮谷知事の政策を）おおむね評価している。川辺川の問題とかは評価できる。けれども，応援はしないよ」と述べている[17]。新社会党にとって，「自民党知事」である潮谷を推薦することはありえない選

16　熊本県における社民党は，2003年衆院選における熊本４区で民主党の代わりに公認候補を出している。もっとも熊本４区は，自民党現職の園田博之が圧勝する無風選挙区である。

17　2003年９月，県議会棟におけるインタビュー。

択であったが，もちろん地域政党になりつつある新社会党が県知事選に有力候補を擁立することもありえなかった。

　各政党の現職知事に対する選択は，現職知事を支持する・独自候補を擁立する・自主投票とする，の３択である。それぞれ，現職知事に対する積極的支持・積極的対立・知事選不参加を意味する。共産党を除き，どの政党も独自候補の擁立が事実上難しいことから，実際には，現職知事を支持するか自主投票とするかの２択であったといえよう。そして自民党と公明党は支持を，残る政党は自主投票を選ぶのである。

（3）　全政党推薦願い

　以上の政党の動きに対して，潮谷知事の行動は，まず政党の腹を探ることであった。潮谷にとっては，知事選における政党のかたちは３つでる。第一に前回と同じ自公の推薦，第二に全政党の相乗り，第三に政党の支援を受けない。潮谷は「県民党」として第三のかたちを模索していたのは報道されている通りである。しかしながら，潮谷が最も望んでいた選挙の形態は，第四の無投票当選である。無投票当選は，選挙によって議会のどの会派とも対立することがない。さらに，幅広い県民の信任を得たという証であり，2003年４月に鳥取県の片山知事が経験している。「一番いいのは，無投票なのよね」と，潮谷はかねてから述べていた。

　この無投票当選もしくは県民党を模索するにあたって，各政党の動向を探ることになる。無投票当選の可能性は，各政党が候補を擁立するのかという動向にかかっているし，どの政党からも推薦を受けないにしても，主要政党の候補擁立の可能性を確認しておきたい。11月10日のインタビューにおいて，知事は「これから政党がどう考えているのか，各政党と話し合ってみるつもり」と述べている。具体的には「自民党と，県民クラブと話をする機会をもうけようと思っている，あと公明党の竹口先生の話を聞いてみようと思っている」と述べ，県議会で集団として存在しない無所属議員や新社会党，共産党は除外されている。

a.　各政党との接触

　潮谷は，各政党との接触を秘密裏に行っている。例えば，11月30日に県

民クラブと潮谷知事は非公式に会議を開いている。熊本県庁横には，テルサと呼ばれる複合施設があり，その一部屋で，潮谷と県民クラブの県議たちはサシで話し合う場をもった。会議の存在を知った記者たちが，会議が終わるのを待って知事を待ち構えていたものの，知事はすでに県職員によって裏口から帰った後であった。しかしながら，知事のこのやり方に反発した県民クラブの県議たちは秘密にすることなく全てを話す。それが上記の民主党の対応である。

　このように，潮谷は各政党に「独自候補を準備しているのか」，「私を支援する用意はあるのか」，という探りを入れている。潮谷にとって，政党推薦なしで選挙戦を戦うことは，かなりのリスクがあった。第一に，資金がない。民間出身で，後援会活動を一切してこなかったために選挙のための資金が存在しない。前回選挙の際に結成された「さやかの会」は政治団体として登録しているが，その実態は4年前の選挙の時にしか存在していなかった。潮谷が4年目を迎える2003年度には，さやかの会とは，会長の平野多嘉子と，友人でビルの1室をさやかの会に提供する中尾桂子の2人程度であり，2003年度の時点でも県議会傍聴を続けていたのはこの2人のみである。第二に，選挙のノウハウを持っていない。前回選挙は全てを自民党にまかせていたために，今回の選挙が初めてといっても過言ではなかった。第三に，政党推薦が他にいってしまった場合の脅威がある。この第三の脅威を取り除くべく，諸会派と接触して腹を探ったのである。

　そこで知りえた結果は，自民党県連は知事を推す方向でまとめるつもりであること，公明党は自民党と知事次第であること，県民クラブは「推薦はできないけれども応援する」というメッセージを知事に送っている。この段階で民主党は候補擁立の可能性を排除していなかった。それに対して県民クラブで民主党に近い県議は「阿曽田さんが立候補するとしても（当選は）無理でしょう」と言い切る。

b. 草の根選挙の模索

　これらの感触を受け，潮谷知事は12月1日にとりあえず県議会における答弁という自民党への「お土産」という形で出馬表明をしたものの，政党との関係についてはなお「政党推薦なく，かつ政党と対立しない」道を探っていた。できれば知事選の主体は「私たち」でありたい，つまり草の根の選挙

を展開したい，と考えていた。12月1日の県議会における出馬表明時，県議会傍聴席の中央前列に知事の支援者であり政党とは無関係の女性たちがしっかりと陣取っていたのは，「私たちの知事」であることをアピールするためであった。通常，熊本県議会の傍聴席は，質問する県議の支援者で占められ中年男性が多い。その傍聴席を女性で埋めたことは，県議会議員たちに少なからぬ影響を与えたであろう。

　12月から1月にかけて，潮谷の支援者たちは，潮谷にどのように選挙をおこなうつもりでおり，どのように支援していくかを具体的に詰め始めた。表5-4は潮谷を支えるグループの会合一覧である。年が明けた2004年1月半ばには，潮谷はほとんど休眠状態であった「さやかの会」の活動を本格的に作動させている。その際に，2003年大分県知事選で，草の根選挙を展開して僅差で落選した吉良州司の選挙運動に携わった，黒川裕一が呼ばれている[18]。黒川による草の根選挙についてのレクチャーの後，さやかの会の「役員」たちは，それではどうするかと話し合い始めている[19]。潮谷はこのとき，「この熊本で都市型の選挙で大丈夫かという疑問がある」と不安を口にし，これに対して，黒川は「背後に組織があっても主体が県民党であることが確保されるならばいいのではないか」と答えている。この時点で，潮谷は，県民クラブが要請したような「脱政党」の「手作り選挙」を模索し，それが無理だとしても選挙運動そのものは「私たち」が行っていくことを考えていたといってよい。

　潮谷は，11月に「これからは（手作りの選挙運動として）ミニ集会を重ねていくつもり」と述べていたが，実際に年末から，精力的に県内各地で開催されるミニ集会を重ねていった。ミニ集会は，各地の地域団体が独自に集会を計画し，「さやかの会」を通して知事を呼び講演をお願いするものである。スケジュール管理はさやかの会が行った。知事を呼んだ団体は，地域活

18　吉良州司は，日商岩井社員であったが，2003年大分県知事選に6期24年を務めた平松守彦の後継指名された広瀬勝貞の対抗馬として立候補。政党の支援を受けずに草の根選挙を展開し，僅差で敗れた。その後2003年11月の衆院選で当選し，以後は民主党議員。黒川裕一は，映画監督を目指すかたわら熊本県においてNPO法人の代表理事をしている。

19　もっとも，後述するようにアマチュア集団であるので，話し合い始めるのみで，すぐには結論は出てない。

表5-4　さやかの会団体名簿

団体名	目的	人数	代表	設立
さやかの会		33団体 （個人会員 1,000人）	平野多嘉子	2000
熊本県地域婦人会連絡協議会	女性の地位の向上	62,000	水上ムス	1947
熊本市地域婦人会			木下トシエ	
熊本県つばさの会	男女共同参画社会の推進	263	江村英子	1986
熊本県母子寡婦福祉連合会	母子家庭または寡婦の援助	6,000	守山京子	1949
日本退職女教師連合会熊本県支部	今一度社会貢献	850	河野かおる	1963
熊本県薬剤師会女性薬剤師部会	会員の地位向上	1,065	古庄旨子	1953
(社)熊本県看護協会	健康と福祉の向上	11,629	高島和歌子	1984
(社)熊本県栄養士会	食生活改善	1,375	酒井則子	1976
熊本県商工会婦人部連合会	熊本県商工政治連盟婦人部会		杉本祥子	
(社)熊本県助産師会	母子保健の健全育成	50	田辺悦子	1957
熊本県食生活改善推進連絡協議会	食生活改善	5,884	山田弥生	1968
熊本県社会福祉政治連盟			榊田正治	
熊本市女性リーダー協議会	市の研修を終了したもの	24	中山敏子	1997
熊本市消費者団体連絡会	消費者団体の連携	8,700	木下トシエ	1977
熊本りぶるの会	自民党女性のボランティア	700	福島恭子	1996
環境ネットワーク			原育美	1994
婦人大学講座連絡会			江村英子	
くまもと高齢社会をよくする女性の会	望ましい高齢社会の実現	30	平野多嘉子	1990
くまもと川・みちを語る女性の会	すみよい街づくり	3,000	中村幸子	1994
熊本婦人ボランティアの会	ボランティア	37	藤江京子	1985
アクティブくまもと	男女共同参画社会の推進	24	原田躬予子	1995
アリスの会	老人介護など	20	山口温代	1991
プラスONE	女性の自立	11	岡部香月	1994
香風会	PTA活動	40	岡村マサ子	1988
肥後っ子を考える会			栗津	
熊本萌の会	有職婦人の地位向上	15	山中眞理子	1984
熊本県保育教会女性部会			竹原真寿子	
熊本県退職公務員連盟女性部会		1,600	中野揚子	
熊本県手をつなぐ育成会			川村	
熊本県婦人指導者研修会	虹の会		北里リヨ子	
熊本県健康を守る婦人の会			水上ムス	
熊本県環境消費者教育研究会			奥村美代子	
熊本川の女性フォーラム			河野由紀子	
熊本子どもの本研究会			横田幸子	
千丁ウィミンズネットワーク			松見善子	
さざなみ会			淀川紀久子	
IPAくまもと	あゆみ保育園		田中	
玉栄用離縁国際交流委員会				
五五七の会	婦人大学卒業生	23	江村英子	
生涯学習活動567の会	婦人大学卒業生	38	中山敏子	
	合計（概算）	103,378		

第5章　傀儡知事から県民党知事へ：2004年熊本県知事選　　195

表5-4　さやかの会団体名簿（続き）

熊本県男女共同参画交流協議会役員が代表する団体

団体名	目的		代表	設立
熊本県男女協同参画交流協議会	県内の男女参画社会を目指す	23団体	古庄旨子	2000
熊本県地域婦人会連絡協議会			水上ムス	
熊本県薬剤師会女性薬剤師部会			古庄旨子	
熊本県つばさの会			江村英子	
熊本県地域婦人会連絡協議会			山田弥生	
アクティブくまもと			原田躬予子	
(社)熊本県看護協会			山本史恵	
熊本市女性リーダー協議会			中山敏子	
(社)熊本県栄養士会			満井則子	
くまもと高齢社会をよくする女性の会			平野多嘉子	
日本ユニセフ協会熊本県支部			世良喜久子	

注）2000年時点では存在したが2004年選挙時点では存在していない可能性のある団体も含む。さやかの会事務局
　　による資料提供に加筆。個人会員数は2004年3月時点。

性化団体，さやかの会の地域支部，企業の職員研修，また町村長が計画した
ものもあった（表5-5，表5-6）。これら集会は，知事の政治活動であるため，
公用車ではなく友人や支援者の車を借りておこなわれたが[20]，前後に公務を
挟んでいる場合は秘書も同行している。いずれにしろ，これらの集会は前回
の選挙とは異なって，自民党のお膳立てではなく，さやかの会が調整役と
なって行ったものであった。県内各地で合計25回以上，集会参加者はのべ
4,000人強となった。一方，「さやかの会」は数十の女性団体の集合である
が，独自に会員を募集し会費1,000円で最終的に1,000名の会員を集めた。
さやかの会に所属する各団体の公式会員数を合計すると，のべ11万人近く
になる[21]。こういった活動は，知事が政党によらずに独自に支援を獲得しよ
うとする試みであった。

c.　全政党への推薦願い
　政党推薦は候補者から要請があって推薦の運びとなる。潮谷は，12月1日

20　熊本日日新聞の指摘があるまで，公用車を使っていた。
21　一人で様々な団体に所属するので，実際はこれより少ない。最大の会員数を
　　誇る地域婦人会連絡協議会は62,000人，次いで看護協会11,000人，消費者団体
　　連絡会8,700人，母子寡婦福祉連合会6,000人と続く。

表5-5 潮谷が参加した知事選に関する会合

日付	幹部会	備考	代表	場所	人数
2003年12月26日	熊本の明日を語る会幹事との懇談	市町村女性議員が主	西岡ミチ子	県庁知事室	7
2004年 1月11日	さやかの会・初会合	実質、知事後援会	平野多嘉子	さやかの会事務所	15
2004年 1月12日	カックレルの会	元地域婦人会・奉仕会	加藤禮子	多喜加和	15
2004年 1月16日	つばさの会	婦人大学卒業生関係	江村英子	ワシントンホテル	
2004年 1月17日	IPA例会	幼稚園関係	田中	銀杏釜飯	
2004年 2月 1日	アクティブくまもと	男女共同参画関係	原田躬予子		
2004年 2月10日	家族と話し合い	家族		自宅	

表5-6 潮谷の知事選に向

日付	名称	主催
2003年12月28日	知事と語ろう‼地域医療懇談会	NPO法人宇城そよ風ネットワーク
2004年 1月17日	知事と語ろう！ハートフル熊本	八代の明日を語る会
2004年 1月18日	水の輪会新春の集	水の輪会
2004年 1月24日	パートナーシップでやさしい熊本—みんなで語ろう熊本の未来	玉名地域未来を創る会
2004年 1月25日	おしゃべりサミットinヴィーブル合志町編	合志女性団体連絡会
2004年 1月26日		さやかの会本渡支部
2004年 2月 2日	県政報告会	阿蘇町長
2004年 2月 2日	県政の4年間を振り返って	産山村
2004年 2月 3日	潮谷知事県政を聞く集い	さやかの会菊池支部
2004年 2月 4日	清和村地域福祉計画策定に伴う講演会	清和村健康福祉課
2004年 2月 4日	潮谷知事を囲んで	子供の未来を創る女性の会
2004年 2月 7日	伴病院100周年記念講演会	医療法人潤幸会
2004年 2月 7日	いきいき福祉講演会	池田校区
2004年 2月 8日	知事と語ろう！これからの熊本	ラルゴの会
2004年 2月13日	NTT職員研修会	NTT
2004年 2月14日	今私たちに求められているものは	竜北町・竜翔女性の会
2004年 2月15日	熊本の未来を語る県民の集いin宇土	熊本の未来を語る県民の集い実行委員会
2004年 2月16日	郵政公社研修	郵政公社
2004年 2月16日	九州電力研修	九州電力
2004年 2月22日	みんなで考えよう荒尾の未来	荒尾市民の会
2004年 2月28日	玉名まちづくり推進フォーラム	玉名青年会議所
2004年 2月29日	西合志町福祉講演会	
2004年 3月 4日	倉重つよし講演会女性の集い	みかど会
2004年 3月 7日	ふるさとを語ろうin人吉・球磨	実行委員会
2004年 3月 8日	阿蘇の地域づくりの夢を語る会	実行委員会
2004年 3月 9日	みんなで語ろう熊本の未来・水俣の未来	水俣さざなみの会

注）参与観察による。参加人数は概数。主催の下線団体は政治・行政・企業以外の団体。イタリック体の紹介者

第 5 章　傀儡知事から県民党知事へ：2004 年熊本県知事選　197

に出馬宣言したものの，この政党への推薦要請を保留し続けてきた。自民党
は知事に出馬要請した以上は推薦する用意があったのだが，潮谷からなかな
か推薦願いが来ない。その上，知事は自らの支援団体「さやかの会」の活動
を再開させている。

　その一方で，潮谷は精力的に各政党の集会に顔を出し，挨拶をしている。
年明けの 1 月 8 日には，自民党熊本県連の「新春の集い」に出席し，県連会
長の古閑県議が「県政の停滞，混乱は許されない。潮谷県政の継続へ一致団
結して戦っていく」と言わせ，それを受けて潮谷自身，会場をくまなくま

けたミニ集会

紹介者	場所	参加者	
西岡ミチ子	ホワイトパレス松橋	100	難病患者家族・看護関係
つる祥子	八代厚生会館大会議室	120	一般
三浦一水	さつき園	100	三浦参議の女性後援会
島津勇典	玉名市福祉センター	200	一般
	合志町ヴィーブル	150	一般
	本渡市健康センター	200	一般
阿蘇町長	阿蘇町立第2体育館	480	町民
産山村長	基幹集落センター	140	村民
	菊池市中央公民館	100	一般
清和村長	清和村基幹集落センター	250	村民
	蘇陽町地球平和道場	100	塾生
野口修一	ライフライト矢部	100	医療関係
友住容子	池田地域コミュニティセンター	120	住民
	人吉市東西コミュニティセンター	120	一般
	NTT	30	職員
	竜北町民文化センター	200	一般
	宇土市民会館	100	一般
		30	職員
		30	職員
上野清美	荒尾シティホール	240	一般
	玉名市	500	一般
	西合志町民センター	300	一般
倉重剛	交通センターホテル	200	倉重県議の女性後援会
	JA藍田支所	150	一般
	南阿蘇ルナ天文台	80	阿蘇フォーラム関係
	水俣市もやい館	100	一般

は自民党政治家。

わって「票につなげようと必死で動きました」と述べている[22]。

　知事は自民党の支援を受けるつもりなのか，それとも推薦要請をよこさないつもりか，という苛立ちが自民党に生じた[23]。そこで，知事が推薦要請をよこさなくても推薦状を出してしまう，という姿勢を知事に見せた。このままでは「自民党推薦の知事」になると判断した潮谷が考えたのが，全ての政党に推薦願いを出すことである[24]。これで常日頃いっていた「県民中心」「県民党」の意味にも合致すると考えた。潮谷は，かねてから「県民党のスタンスで」と述べており，これを県民クラブは「政党から推薦を受けないで」という意味であると解釈していた。実際，知事もその意味で使っていたのであるが，次第にニュアンスを変化させる。最終的には，全ての政党から推薦を受けることが「県民党」というように解釈した。そして，2月9日，潮谷は全ての政党の推薦要請を出すことを決意し，10日にはさやかの会の幹部に推薦要請を各政党に届けさせたのである[25]。

　政党の支持を受けない「県民党」を貫くことができなかったのは，潮谷を推薦すると早い段階で表明した自民党を無視することができなかったからである。潮谷は，自民党との対立は県政の混乱を招くと考えている。「県政の円滑な運営」は潮谷知事の口癖であった。当時の長野県知事・田中康夫のように議会最大会派と対立することは好まず，かといって民間出身の潮谷には鳥取県知事・片山善博のように議会と丁々発止のやり取りをすることもできなかったのである。

d. 政治関係者の反応

　潮谷が全政党に推薦要請を出したのは自身の選挙事務所開きの前日であった。事務所開きは，2月11日，県議会棟内で県三役と幹部による政策説明会である「自民党政審会」が終わった後におこなわれ，自民党県議のほとんどと公明党県議のみが出席した。事務所はしたがって，背広姿の自民党県議

22　熊本日日新聞2004年1月9日。

23　同じ例は2004年1月の大阪府知事選における推薦過程でも見られる。

24　潮谷は明かさないが，全政党への推薦願いを出すことで解決策となるとアドバイスした人物が存在する。

25　具体的には，自民党・民主党・公明党・共産党・社民党・新社会党と，労働5団体・農政連など農業団体に対して，推薦願いを届けている。

でいっぱいになり，最前列には自民党県連幹部と公明党県議が座った。さやかの会のように，政党とは無関係の潮谷支持者たちは，後方でそっと見守る形であった。一部の支持者は，これら政治関係者で埋まった事務所にぎょっとしている。

事務所開きの案内は全ての県議会議員と全政党に送っているが，議会開催中ではなく自民党政審会の日という自民党県議だけが熊本市内に出てきている日におこなうあたりが，自民党への配慮であろう。自民党は，これを受け，同日中に推薦を表明し，午後には自民党熊本県連幹事長島津が自ら額縁入り推薦状をもって潮谷の選挙事務所にやってくる。

この「全政党に対する推薦願い」という行為は，政党関係者－政治家・活動家・政治記者－に大きな衝撃を与えた[26]。第一に，潮谷に政党に頼らない選挙を目指して欲しかった県民クラブにとっては，この全政党への推薦願いは，県民クラブにとっての最善策を逃すことを意味した。県民クラブもしくは民主党にとっては，自民党が推薦を出した候補に相乗りすることはできないからである。同じ理由で，社民党が推薦を断っている。

第二には，自民党にも衝撃であった。政党政治家としては，自民党から共産党まで全ての政党に推薦願いを出すことはありえないことだからである。自民党県議である溝口幸治は「政治に携わる者として，すべての政党に推薦願を出すことは私には真似できないことであるし，考えつかないことである」と述べている[27]。また，当時自民党県連会長であった古閑三博は「最初はそりゃショックだった。このやろーっと思った」と述懐する[28]。

第三には，党派性にかかわらず，潮谷の政治姿勢の整合性に疑問をもつ政治家そして記者たちがいる。当時熊本市長の幸山政史は，2002年に政党の支援なく市長に当選した経緯をもつ。その幸山は潮谷が全政党に推薦依頼を出した翌日の日記に以下のように記している。「今回の選挙では"県民党"を標榜され『どの政党にも推薦は求めない』とされていただけに，これまでの

---

26 2006年7月におこなわれた滋賀県知事選に無所属で立候補し現職知事を破って当選した嘉田由紀子も，選挙に先立つ4月「県民党という立場から，全政党に推薦依頼を出した」と述べている。

27 2004年2月12日付け溝口幸治ホームページ。

28 2005年9月27日，熊本県自民党県連会館にてインタビュー。

発言と今後の行動の整合性には知事自身の説明が求められることになる」[29]。同じことは，知事選において泡沫ではあるが対立候補となった後藤道雄も述べている。「本来，最初に政策提示ではないのか」「政治理念や基本政策が違う政党に，自らの政策を提示しないまま，やみくもに実績と人間性だけで『推薦願い』を出す考え方や手法には，県民には理解しにくい」[30]。

　このように，全政党への推薦願いは，政治関係者には疑問の残る手法であった。しかしながら，全党推薦願いは「さやかの会」に代表されるような政党とは無縁の有権者には大きなインパクトを与えなかった。政党関係者と一般有権者のあいだには，政党の捉え方に少なからぬ差がある。それは，政党と異なって柔軟に対応した団体レベルでも感じられる。

e.　一般有権者・団体の反応

　潮谷による全ての政党への推薦願いという行為は，潮谷の支持者には衝撃を与えていない。なぜなら潮谷の支持者たちは，強い政党所属意識を持つ者が少ないからである。知事選という地方選挙では，一般有権者が現職候補と政党の関係に強く注目することはなく，政党所属意識を持たない有権者が増えつつある今日において，この傾向は強化されるだろう。例えば，潮谷の支持者たちのうちの１人は，この潮谷による全政党への推薦願いという行為に対して，「県民党は政党を入れない風景と感じ取れる発言と思っていたので，こんな考えもあるのかと逆に知事の視点の高さを感じています」と，政党とは逆に潮谷を高く評価する[31]。

　同じく，政党以外の諸団体も，潮谷の全政党推薦願いに衝撃を受けていない。一般に団体による推薦は，その団体が支持する政党との関係で自動的に決まることが多く，したがって団体の推薦決定は政党の決定の後になることが多い。有権者全体へのインパクトを視野に入れる政党とは異なり，団体は自らの所属メンバーへのインパクトのみを考慮すればよいため，政党とは多少立場が異なっても推薦を出すことや政党の決定を待たずして推薦を出すことは珍しくない。選挙研究においても，また経験的にも，団体推薦という行

29　2004年2月13日付け幸山幸史ホームページ。
30　2004年2月11日付け後藤道雄ホームページ。
31　2004年2月インタビュー。

為が一般有権者に与えるインパクト
は小さいのである。

　現職知事である潮谷に対して，各
団体はそれぞれの思惑をもって推薦
状を持参した（表5-7，表5-8）。第一
に，最も早く推薦状を持参したのが，
郡ごとに構成される県内各地域の町
村会と町村議長会である。最も早く
に町村会が推薦状を持参して知事に
面会を申し入れたのは選挙告示3ヶ

表5-7　知事推薦団体内訳

		団体数
自民党友好団体　職能団体		37
	軍関係	5
学校関係		5
労働団体		5
町村会・町村議長会		22
環境団体（川辺川含む）		8
男女協同・福祉・ボランティア団体		16
地域団体		3
その他（宗教・在日）		2
（合計）		103

月前の12月後半であった。それに続き，われ先を争うように他の町村会も
推薦状を持参し知事と面会する[32]。ほとんどの町村会が推薦状を持参した中
で，最後までなかなか推薦状を持ってこなかったのは，ダム建設で揺れる
球磨郡町村会であった。これについては潮谷自身が強く認識している。「多
くの町村会から推薦状をいただきました。まだ1つの町村会がもってきて
くださらないのですけれども。（球磨郡町村会が推薦状を出すかどうかは）
私には分からないですけれども」[33]。全ての政党，全ての県民からの支持を
得たい潮谷にとって，この球磨郡町村会の推薦状は気にかかる要素の1つ
であった。これら町村会の現職知事に対する推薦行為は，町村が県知事に
対して友好関係を維持したいことのあらわれと見ることがきる。第1章で
述べたように，市町村長たちは，県庁の知事室を頻繁に訪れる。

　第二には，自民党友好団体が，自民党の出馬要請や推薦決定にしたがっ
て，潮谷に対して推薦状を持参する。農政連・商工連・漁連・建設政治連盟
などの職能団体，軍恩など防衛関係の団体，三師会や栄養士会などの医療関
係団体がこれにあたる。これらの団体が推薦状を持参した時期は自民党の出
馬要請がおこなわれた11月下旬から自民党の正式な推薦決定後の2月下旬
までとまちまちである。とりわけ，川辺川ダム建設問題で潮谷の真意を測り

32　多くの町村会は，潮谷の選挙事務所開設の前に推薦決定し，知事室に推薦状
　を持参している。選挙事務所開設後の推薦決定であっても，知事室を訪問して推
　薦状を手渡している。
33　2004年1月，ミニ集会における発言。

表5-8　潮谷義子推薦団体名簿

団体名	カテゴリー	団体名	カテゴリー
葦北郡町村会	町村	熊本市医師連盟	職業
葦北郡町村議長会	町村	熊本県老人クラブ連合会	福祉
阿蘇郡町村会	町村	熊本県歯科衛生士連盟	職業
阿蘇郡町村議長会	町村	熊本県身障福祉政治連盟	福祉
天草郡町村会	町村	IPAくまもと	福祉
天草郡町村議長会	町村	熊本県私立中学高校理事長会	学校
カックレルの会	市民団体	熊本県私立中学高校振興協議会	学校
上益城郡町村会	町村	熊本県私立中学高校協会	学校
上益城郡町村議長会	町村	つばさの会	男女平等
鹿本郡町村会	町村	自民党熊本県支部連合会	政党
鹿本郡町村議長会	町村	日本商工政治連盟	職業
菊池郡町村会	町村	熊本県商工政治連盟	職業
菊池郡町村議長会	町村	熊本県傷痍軍人会	軍
宇城町村会	町村	熊本県傷痍軍人妻の会	軍
熊本県菓子工業組合	職業	熊本県薬剤師連盟	職業
熊本県軍恩連盟	軍	アクティブくまもと	男女平等
熊本県歯科医師連盟	職業	熊本県不動産政治連盟	職業
熊本県住宅産業協会	職業	全国旅館政治連盟県支部	職業
熊本県食肉協同組合連	職業	日本行政書士政治連盟	職業
熊本県食肉生活衛生同業組合	職業	熊本県行政書士政治連盟	職業
熊本県手をつなぐ育成会	福祉	熊本県私立幼稚園連合会	学校
熊本県保育推薦政治連盟	福祉	天草郡町村議長会	町村
熊本県母子寡婦福祉連	福祉	やつしろ川漁師組合	川辺
熊本県木材産業政治連盟	職業	清流球磨川を未来に手渡す球磨郡市民の会	川辺
熊本市保育推進連盟	福祉		
ラルゴの会	地域団体	球磨川水害体験者の会	川辺
熊本県防衛を支える会	軍	川辺川を守りたい女性の会	川辺
玉名郡町村会	町村	美しい球磨川を守る市民の会	川辺
玉名郡町村議長会	町村	熊本県公務員労働組合共闘会議	労働
日本栄養士連盟県支部	職業	熊本県職労	労働
日本看護連盟県支部	職業	熊本県中小企業政治連盟	職業
八代郡町村会	町村	下球磨郡芦北川猟師組合	川辺
八代郡町村議長会	町村	熊本県林業政治連盟	職業
山鹿市長	町村	熊本県森林組合	職業
熊本県医師連盟	職業	熊本県農業教材組合	職業
日本遺族政治連盟県本部	軍	熊本県労連	労働
熊本県社会福祉政治連盟	福祉	熊本県酪農政治連盟	職業
くまもとの明日を語る会	地域団体	神道政治連盟熊本県本部	宗教
熊本市私立幼稚園協会	学校	熊本県地域婦人会連絡協議会	地域

第5章　傀儡知事から県民党知事へ：2004年熊本県知事選　203

表5-8　潮谷義子推薦団体名簿（続き）

団体名	カテゴリー	団体名	カテゴリー
熊本県畜産政治連盟	職業	県果樹政治連盟	職業
八代の環境を守る会	川辺	県漁業協同組合	職業
宇城町村議会議長会	町村	県農村振興政治連盟	地域
熊本県農政連	職業	熊本市交通局労組	労働
県料理業生活衛生同業組合	職業	セーフティークラブ肥後	その他
自治労県本部	労働	在日大韓民国県本部	その他
県鍼灸マッサージ師会	職業	人吉球磨正剛会	その他
県保険鍼灸マッサージ師会	職業	県助産師会	職業
全国たばこ耕作者政治連盟	職業	県環境整備事業	職業
県柔道整復師連盟	職業	県生コンクリート工業	職業
熊本県建設業協会	職業	熊本川の女性フォーラム	環境
球磨郡町村議会議長会	町村	自由民主党21世紀熊本を作る会	その他
熊本県町村議会議長会	町村		

注)持参順、下線は筆者。さやかの会の提供による。

　かねているダム推進派の建設政治連盟が推薦状を持参するのはかなり後のことである[34]。

　第三に，潮谷への推薦を決定しなかった民主党・社民党・共産党に近い諸団体も，潮谷へ推薦状を出した。連合は民主党の知事選への対応を待つべく２月下旬まで決定を持ち越したが，結果的に民主党の決定を待たずに推薦を決定した。共産党系である県労連は早々と推薦を決定した。また，NTTなどの企業組合も推薦を決定した。これらの団体は，潮谷県政に一定の評価をしている点で民主党・社民党・共産党とは一致しているが，以下の点で政党と異なる。第一に，共産党や社民党が自民党との相乗りを避け，民主党が半年後の参院選への対応から自民党推薦候補への推薦を見送ったのに対して，諸団体は地方選挙である知事選と国政選挙である参院選を別ととらえている。第二に，政党にとってはマイナス要因であった全政党への推薦願いが，むしろこれら団体にとってプラスに働いている。これらの団体が，潮谷への推薦を決定したのは，潮谷が民主党・社民党・共産党に対しても推薦依頼を行っ

34　熊本県建設政治連盟（熊本県建設業協会）は熊本県内の土建業者役1400社で構成される。平成５年には，建設政治連盟から自民党熊本県連に多額の寄付金が渡っていることが明らかになった（福岡，1994）。

たことを理由としているのである。

　第四に，知事の応援団体である「さやかの会」に関連する団体である。さやかの会は，30ほどの女性団体の集合であり，幅広い党派性を持つことから，全政党への推薦願いという戦略は，さやかの会にとっては決してマイナスにはならない。さやかの会を構成する諸団体は，戦後設立された職業団体婦人部や地域婦人会，1980年代以降の男女共同参画活動に由来する団体，1990年代以降に活発化した環境団体，そして福祉・生涯学習・ボランティア団体に類別できる。多くは政党とは無縁に活動し，選挙に関してはアマチュアな存在であるものの，一方で強い党派性をもつ団体も存在する。とりわけ，薬剤師会婦人部や栄養士会といった職能団体は，その本部が自民党友好団体であるために，潮谷が自民党と対立する選挙を展開する場合は対応に苦慮するだろうと，政党関係者に指摘されていた。また，多くの環境団体は反自民党的な要素をもっている。さやかの会は，女性団体と一括りにされながらも，その実態は幅広い党派性と対立要素を内包していたのである[35]。したがって，さやかの会にとっては，潮谷の全政党推薦願いという行為は，1つの解決策であった。

　その他，自治体や政党，そして「さやかの会」に関わらない団体も，潮谷に対して推薦状を持参した。例えば，川辺川ダム建設に反対する5団体が2月中旬，現職知事への推薦を決定し，選挙事務所に推薦状を持参している。川辺川ダム建設に反対する団体は，知事と政党の関係について以下の点において関心を持っていた。そもそもダム反対団体は，いかに川辺川ダム建設を中止させるかという戦略において，政党色を鮮明にすべきであるのか，政党によらない中立色を守るべきであるのかで意見が収斂していなかった。前者の立場では，建設を推進する自民党に対して，国政ならば民主党候補を応援

35　選挙において一括りにされがちな「女性たち」であるが，全ての点において一致団結できるわけではない。女性の政治参加という点においては，どの政党からどんな女性を出すかという戦略は往々にして難しい。熊本の例では，1990年代前半に，当時日本新党の党首であった参議院議員・細川護煕の夫人・細川佳代子のリーダーシップのもと，女性を県議会に送ろうとの趣旨で小池氏が県議会に当選した。後に自民党県議団に入る小池は，こまめな報告会や支持者固めといった政治活動に欠け，再選を果たしていない。

する[36]，地方選挙ならば反自民候補に一本化する[37]という戦略をとるべきであるという意見になり，後者の立場では，ダム建設反対運動と選挙運動は一線を画すべきであるという意見になる。実際には，これら2つの意見のあいだで迷いが見られ，選挙の結果はもとより選挙運動への参加自体が中途半端なものに終わっていることが多い[38]。加えて，第3章で述べたように，建設推進の自民党と，反対の共産党のあいだで，曖昧な立場に終始している民主党や社民党，そして全国政党組織とは異なる立場に立つ個々の地方政治家という状態において，ダム建設反対運動は特定政党と強く結びきにくい状況にあった。しかしながら，自民党と強く結びついた知事の下でダムは建設される，という認識から，反対運動家たちが一致していたのは「潮谷でなければダムは建設される」という思いであった[39]。したがって，自民党と訣別したわけではないものの，全ての政党に推薦願いを出すことによって，全政党との距離を保つ試みを見せた潮谷の行為は，ダム反対運動家たちにはプラスに働いたのである。

　以上の政党と諸団体の分布を，選挙におけるプロ−アマ度，と旧来のイデオロギー軸であらわしたものが図5-1である[40]。現職知事に推薦を出したの

36　2003年衆院選熊本5区では民主党候補・後藤英友がダム反対を公約として選挙戦を戦っているが，選挙戦においてダム反対運動家たちの強いバックアップを得たわけではない。

37　2003年春の人吉市長選においては，ダム建設推進の現職市長に対し，中立2名，反対2名の4名が立候補し，一本化しきれないまま，現職市長の5選を許した。市民にとっては，ダム建設のみが選挙の争点ではないと言われたものの，現職市長の多選という争点においても，候補者調整は望まれたであろう。

38　例えば，八代市では，2001年の市長選においてダム建設反対姿勢の候補が当選したが，次期選挙の2005年には落選している。同じく2005年9月の八代市の議会選挙においては，ダム反対運動を展開している現職市議会議員つる祥子が落選した。

39　もっとも，第3章で述べたように，潮谷をダム推進派と見ていた運動家たちも少なからずいたが，2003年から2004年の時期においては，潮谷がダムに対して慎重であるという見方で一致し始めている。その認識はダム反対運動家たちのおおっぴらな選挙運動参加によってダム反対者のあいだで共有された。

40　ここでは団体に注目したため，縦軸に選挙におけるプロとアマという軸をも

図5-1 知事選応援の諸団体の分布

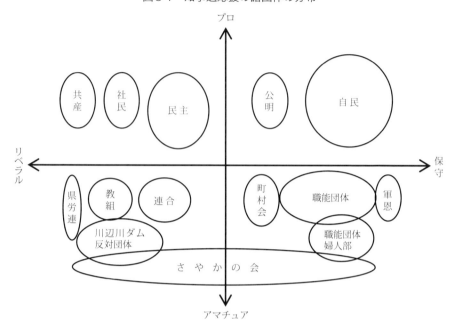

は，左上の第2象限をのぞく全てということになる。

2．さやかの会とアマチュアリズム

　県民党を目指し，全ての政党に推薦願いを出した潮谷の選挙は，プロフェッショナルに選挙を展開する政党に対してアマチュアリズムという言葉がキーワードになる。先行研究やジャーナリズムにおいては「反政党」「草の根選挙」「勝手連」と称されているが，本稿でアマチュアという言葉を用いる理由は以下の通りである。第一に，潮谷の選挙が，「政党対反政党」や「組織型と草の根型」の構図と異なり，現職圧倒優位の無風選挙であったこ

　ちいたが，LeBlanc(2004)の論考は，政党－反政党という軸を念頭におき，政党によらない首長が誕生した2002年新潟市長選を描いている。図5-1の横軸のように，政党を一次元軸であらわすことは議論の余地があるが(例えば平野2004)，政党の政策位置は本稿の主題ではないので旧来の軸を用いた。

とである。2004年熊本県知事選は，高い支持率を誇る現職が2期目を目指す選挙であり，目ぼしい対立候補が存在しない無風選挙であると見込まれていた。第二に，潮谷陣営内では選挙手法を巡ってプロフェッショナルな選挙知識を持つ自民党と，選挙に対してはアマチュアである「さやかの会」が対立した。選挙に素人な個人の集まりであるが，明確なメンバーシップを持つ「さやかの会」は組織型・草の根型といった尺度では測りにくい。第三に，「無所属候補」が乱立する日本の地方選挙においては，選挙のプロフェッショナル度合いと政党への関わり度合いが一致しない。「無所属」地方議員の個人後援会の選挙長が知事候補の選挙事務所の指揮をとる，という光景は珍しくないのである[41]。第四に，潮谷自身が政党や草の根というカテゴリーに当てはまらない。前回選挙を自民党と公明党の支持によって当選し，1期4年を務めた潮谷にとって，自らを「反政党」や「草の根」という立場に置くことは前述の通り困難なことであった。その一方で，民間出身である潮谷は，完全に政党や組織型のカテゴリーにはあてはまらないのである。

潮谷の選挙運動を担った「さやかの会」は，前回2000年知事選においては自民党の指示通りに動き，選挙運動に初めて参加した素人同然であった。これに対するカテゴリーとして，常に選挙と関わっている政党や政党友好団体がある。熊本の例で言えば，農業者政治連盟（農政連），防衛を支える会，医師会，連合，労連などがプロフェッショナルな団体である。以下では，まず潮谷の選挙に参加した諸団体を紹介したのち，実際の選挙運動においてアマチュアリズムの果たした役割に視点を置きながら述べていくこととしたい。

（1） 知事選に参加する諸団体

潮谷によって県内全ての政党と主要団体に提出された推薦願の結果は，自民党と公明党の推薦を得るという前回2000年選挙と全く同じとなった。し

41　地方議員の個人後援会の選挙長は，公職選挙法や細かいルールを始め，選挙のノウハウに熟達しており，異なる選挙区や異なる選挙レベルの議員間で貸し借りがおこなわれることがある。例えば，2003年11月衆院選熊本3区に立候補した坂本哲志・選挙事務所に，県議会議員熊本市区の大西一史の選挙長が派遣されており，本章の扱う知事選においても，「○○議員のところのXXさん」達が潮谷の選挙事務所で活躍した。

かしながら，2004年知事選が前回の3つ巴選挙と異なる点は，現職知事圧倒優位の無風選挙が見込まれていたことであり，それにもかかわらず多くの団体が潮谷陣営に参加したことである。なぜ無風選挙である知事選に諸団体は参加したのか。各団体にとって知事選で活動することはどのような効用をもたらすのであろうか。以下，各カテゴリーごとに述べる。

a. 自民党

　自民党が現職知事の知事選に参加することは，3つの目的がある。第一に，政党，自民党にとっては，当選可能性の高い現職知事の応援をおこなうことは，すなわち最大会派にして議会与党となることを意味する。政党には県議会を通して知事をコントロールするという目的がある。議会与党であることは，このコントロールの効果を補強する意味がある。

　執行部・県職員による議員への対応は議会与党と野党で歴然とした差がある。通常，議会開会1ヶ月前に知事提出議案に関して各会派に対し，県職員による説明がおこなわれる。議会与党である自民党に対する説明は自民党政策審議会と呼ばれるが，この政審会のみ知事はじめ三役が出席し，全員協議会室を用いておこなわれる。これらの取り決めは明確な規定があるわけではなく，習慣上できあがったルールである。そして実質的な駆け引きはこの政審会でおこなわれる[42]。つまり，議会与党は知事に対して県議会での知事提出議案の否決可能性を武器として，知事に対する交渉権を持つのである。

　これに対して，議会野党に対する知事提出議案の説明は課長クラスがおこなう。したがって，野党会派は知事提出議案に関し，知事に対してリアルタイムで直接的な交渉権をもたない[43]。知事は野党会派の意見を個別に聞く必要性を感じておらず，また野党会派自体も議場以外で知事と交渉しようとし

---

[42]　政審会は非公開であり，報道関係者も入室できないが，怒声などが漏れ聞こえてくるので廊下で取材可能である。

[43]　知事を筆頭に三役や部長が最大会派である自民党にのみ事案説明をする慣行を改めるつもりはないか，2007年9月県議会において第二会派・県民クラブの渡辺利男議員は潮谷義子知事に尋ねている。潮谷は「最大会派には，その背景に，それだけ多くの地域住民の皆さまが存在」するため，「最大会派に対して私自身が説明を行うことは，背景にある県民に説明している」と答えている（平成19年9月定例会熊本県議会議事録9月14日02号）。

第 5 章　傀儡知事から県民党知事へ：2004 年熊本県知事選　209

ない。例えば共産党県議会議員である松岡徹が，県議会議員になって 1 年の
あいだに知事に直接会って話したのは，自らの県議会議員当選直後の挨拶の
みであった。

　熊本県の場合，議会与党が常に絶対多数派であったため，これらのルール
が最大会派であることにもとづくのか，それとも与党であることにもとづく
のかは明らかではない。すでに県議会において絶対多数派である自民党に
とって，与党であるということは，知事提出議案の否決可能性という武器を
補強し，知事をコントロールするリソースである。選挙活動において主導権
を握ることは，知事の再選に「恩」を売ることを意味し，リソースの効果を
補強するだろう。自民党は「恩」の見返りを県議会における優遇に期待して
いるのである。

　第二に，与党であるということは，個々の議員の再選インセンティヴにか
なう。自民党県議会議員は，与党として県職員との強いパイプを自らの政治
リソースとし，再選につなげるというインセンティヴがある。県議会議員の
選挙民に対する政治リソースは，口利きや陳情がメインであることが多い。
実際には，これらの選挙民の要望のうち，街灯や道路の補修，県立高校の合
否結果などといったものは，市民自らが県庁に問い合わせれば実現可能であ
ることが多いのであるが，その仲介として県議会議員が存在し，まるで県議
会議員が選挙民の要望に応えているかのようなトリックが存在する[44]。しか
しながら，県議会議員のリソースの 1 つともされる口利きは県職員との強い
パイプを必要し，そのためには県庁職員しかも幹部級と接触回数の多い与党
である必要がある。

　第三に，現職知事を応援するということは，現職知事と同じ政策位置にい
ることを県民にアピールすることを意味する。つまり，当選した知事が主張
しうる「選挙民の委託」を，彼らもまた援用することができる[45]。幅広い県

44　もちろんこういった県議会議員を通した要望は，市民にとっては政治参加の
　　煩雑な手続きをショートカットする意味で，合理的である。このような，市民の
　　政治参加における県議会議員の利用はヒューリスティックス（heuristics）と言うこ
　　とができる（Popkin, 1991）。

45　このように選挙によって選ばれたリーダーが市民全体からの委託を主張す
　　ることについては，アメリカ大統領を題材とした mandate politics の領域におい
　　て扱われている（Grossback, Peterson, and Stimson, 2005; Grossback, Peterson, and

民の支持によって当選した知事を支援した自分たちも，当然ながら幅広く支持を得ている，という自らの正統性を主張するロジックである。

とりわけ，広く人気を博している潮谷の場合，県議会議員にとっては自らの選挙区民の多くが彼女を支援する以上，自分たちも立場を一致せざるを得ない。例えば，県議会において少々知事に対して厳しい質問をした自民党県議会議員はこうこぼす。「(地元の人に)あんまり知事さんをいじめんといてくださいって言われたってねぇ。ありゃあ，いじめとるんじゃないっつうに。まったく[46]」。

したがって，自民党にとっては，現職知事の再選選挙に支援する立場で参加することは，議会与党であることによる知事のコントロール，与党議員として選挙民に対するリソース，政党の県政における正統性を主張しうること，の3つの効用がある。

b. 自民党友好団体

自民党友好団体である農業者政治連盟や大樹，防衛関係団体などが，現職知事に対して推薦状を出すということは，2つの効用がある。第一には，友好関係にある自民党が知事を推薦している場合，自民党と歩調をそろえることによって，自らの政治活動を円滑に進めうるという効用がある。自民党友好団体と自民党は必ずしも全ての選挙において足並みをそろえるわけではない。近年では郵政民営化が争点となった2006年総選挙における自民党と大樹の分裂が記憶に新しい。熊本県においては，前回2000年知事選挙において，農政連が自民党の推す潮谷と新進党ゆかりでJA組合長をつとめる阿曽田の2候補に分裂した。しかしながら，分裂状態は，その地域における次回選挙においてすみやかに修復される。したがって，争点ごとに異なることはあるが，基本的に自民党友好団体は自民党と同じ応援位置に立とうとする。

第二には，直接的に現職知事に対して自らの応援をアピールすることである。潮谷に推薦状を出した政治団体の多くは，明確な政策協定などを結んでいないが，推薦状を出すことによって自らの政治選好を考慮してほしいとい

Stimson, 2007)。Conley（2001）によれば，歴代アメリカ大統領のほとんどが，得票割合の高低にかかわらず，当選後には自らを米国民の代表であると主張する。
46　2003年6月インタビュー。

うシグナルを知事に送っていることは明白である。とりわけ強いシグナルの出し方は，自ら知事室に額縁入りの推薦状を持参する，という方法である。

c. 民主・社民系団体

　民主・社民系の政治団体は，自らの友好政党が，現職知事に対して推薦状を出していないために，対応に苦慮した。連合は，第一の選好として民主党と足並みをそろえるべく，民主党が独自候補を擁立するのか否か瀬戸際まで待っていたが，最終的には決断を待たずして，潮谷に対する推薦を決定した。その他の団体，県労連や自治労などは政党の意向を確かめる前に潮谷に対して推薦を決めていた。もっとも共産党の「候補擁立せず」は実質的には現職知事に対する支援であるため，共産党系の団体は早々と潮谷に対して推薦を行った。

　友好関係にある政党が再選を目指す知事を推薦していない場合においても，その友好団体が現職知事に対して推薦状を出すことの効用は，知事に対してシグナルを発信することにある。現職知事に対する推薦という行為には，これまでの政策を評価し，今後もその路線を踏襲するかどうか監視し続ける，というメッセージがある。熊本県の場合，連合・自治労・県労連などどの団体も，潮谷の政策に対して不満をもっていなかった。しかしながら，今後も彼らにとって好ましい政策位置から彼女がぶれないという可能性はない。しかも，自民党関係者のみによる支援では，今後の方針が変化する恐れがある。したがって，民主・社民など野党系の友好団体はバランスをとる意味でも推薦状を持参したと言えるであろう。

d. 環境・福祉団体

　政党との関連性が薄い環境や福祉系の団体が知事選に参加することは2つの意味がある。第一には，他の団体と同様に，知事に対してこれまでの政策を評価し，今後も知事の政策を監視続けていくというメッセージである。第二には，知事選参加によって知事のみならず一般有権者に対しても自らの活動をアピールするデモ行為とすることである。知事選応援の一環として自らの主張をアピールすることは，彼らにとって知事を味方につけているというパーセプションを一般市民に与え，それによって自己の主張の正統性を得ると同時に活動の目的に近づく効用がある。

とりわけ，川辺川ダム建設反対団体は，第二の意味において積極的に選挙応援に参加した。潮谷の選挙演説の行く先において，彼らは川辺川ダム建設反対のノボリを立て，看板を掲示した。また，彼らが選挙応援にあらわれること自体が潮谷にとってはプレッシャーの１つとなったことは間違いない。９回にわたって重ねていった川辺川ダム住民討論集会によって，潮谷は川辺川ダム建設反対運動家の顔を十分に認識している。彼らは知事選を政治的に利用したのである。

e. さやかの会

アマチュア団体であり，「潮谷義子を支援する」以外の政治的目的をもたない「さやかの会」が選挙運動に参加するのは，当然ながら「潮谷義子を支援する」ためである。個々のメンバーは各自の政治信念が潮谷の信念と一致する，もしくは潮谷の姿勢に対する深い共感や信頼から応援する。もっとも，家族・親戚に顕著であるが，ネットワーキングの過程において応援参加の要請を「断れない」という理由も存在するであろう。

さやかの会がいわゆる勝手連や草の根運動と若干異なる点は，会長である平野多嘉子を頂点として役員が存在し明確なメンバーシップを持つこと，女性がメインであることである。さやかの会はもともとは，前回2000年知事選において潮谷を支援する各女性団体を横断するかたちの連絡役として存在した。最終的には33団体を統括したものの，その選挙運動のほとんどを自民党に頼り，選挙終了後には実態のない名称だけの存在となった。しかしながら，2004年知事選においては，選挙告示２ヶ月前と遅い時期にではあるが，さやかの会は明確なメンバーシップを定義し，メンバーからは会費を徴収し，選挙後には定期的に会合を持つという団体となった。

このさやかの会が，自民党に頼りきった前回2000年知事選とは異なり，選挙運動の主導をとろうとしたのは，潮谷の意向を受けて「知事を県民にものにする」というインセンティヴがある。先述したように，潮谷は，幅広く県民からの支持を得たく「県民党」構想をもって，全ての政党に対して推薦願いを提出した。しかしながら，潮谷の当初の選好は「政党に頼らない選挙」であり，彼女の支持者たちである「さやかの会」もまたそれを貫き通すものであると思っていた。さやかの会は，潮谷の「反政党」志向を体現していると言ってよい。

ここには，政党－反政党（＝市民）という軸が存在する。このような軸の存在は，現職知事応援を通した「選挙民による委託」の正統性獲得という自民党の思惑とは裏腹に，政党は民主主義的代表機能を果たしていないと市民が認識していることを意味する。自民党は，皮肉なことに，自らの正統性を知事応援によって補強するためには，自民党が知事選の選挙運動から排除しようとした「さやかの会」の活動をある程度認めねばならなかったのである。

　次項では，実際の選挙運動において，いかにして自民党とさやかの会が選挙運動の主導権争いを繰り広げていたかを記述する。先述したように，本書では政党－反政党という軸よりも，プロフェッショナルとアマチュアという軸を用いる。

（2）　知事選における選挙運動

　自民党・公明党はじめ，各種政治団体が潮谷の選挙運動にこぞって参加しようとしたことはすでに述べた。同じ選挙事務所内に，球磨郡最大の建設業者が会長をつとめる建築組合の推薦状から川辺川ダム建設反対の団体の推薦状まで，幅広く貼られたのである。選挙戦は結局，現職知事と無所属の泡沫候補の戦いとなり，いわば現職知事の信任投票という無風選挙になった。しかしながら，現職知事の選挙事務所内部では激しい対立が繰り広げられていた。

　選挙告示日には，出陣式もしくは出発式と呼ばれる支持者を一同に集める野外集会が開かれることが多い。潮谷義子も2004年3月17日の出発式を熊本市の中心街にある辛島公園で開催した。知事選規模の選挙の出発式としては格段に少ない200人ばかりの人が集まったが[47]，その顔ぶれは多彩であった。県議だけでも共産党・社民系議員から自民党県議まで，団体に及んでは「防衛を支える会」「農政連」ののぼりがはためく横で「ストップ川辺川ダム」という手作りプラカードが踊り，「さやかの会」「オーロラの会」など名称か

47　例えば，2003年11月衆院選における松岡利勝の出陣式は，野外会場に11メートルトラックを舞台とし，壇上には彼の選挙区に関係する国会・県議会議員を全てそろえ，壇下には鉢巻をした支持者であろう作業服姿の男性1,000人ほどが集まり，各団体ののぼり30数本がはためくというもので，まさしく「出陣式」そのものであった。

らは活動内容が想像できないアマチュア団体の掲示も存在した。

　式次第は，「さやかの会」の会長である平野多嘉子が「私たちの知事さんを」と声をはりあげる一方で，自民党県連会長古閑三博が「県議会の責任政党として」を絶叫調で連発した。選挙運動は初日からさやかの会と自民党の対立を反映していたのである。「こんな選挙，みたことない」とは，地方TV局のディレクターを引退した潮谷陣営の選挙事務局長・松永の感想である。興味深いことには，川辺川ダム反対団体の推薦状は，事務所の手前奥にある応接仕切りあたりの見えにくいところに貼られている，という事実が，選挙関係者以外にも知れ渡っていることであろう。

　選挙事務所は，自民党県議で不動産業を営む県議の提供であり，秘書や人員も各県議から提供されていたため，自民党関係者と「さやかの会」関係者が混在していた。「さやかの会」が事務所内で担当したのは，「さやかの会」の電話番，仕出し，細かい事務である。これに対して，自民党関係者は事務所の管理，作戦会議，選挙法関連のアドバイスを行った。選挙事務所内が，仕出しにいそしむ女性と応接セットで作戦を練っている男性という性別で区分されていた現象は，それが性別によるものであるのか，それともアマチュアとプロによるものであるのかは判別できない。熊本では，「選挙は男のもの，女は仕出し」という文化が定着しているが，潮谷義子の選挙事務所の場合，素人男性が厨房側にいたこともあれば，作戦側で談笑していることもあり，素人女性が作戦側の男性の会話に加わっていたこともある[48]。いずれにしろ，選挙事務所にいる限りでは，自民党と「さやかの会」が意思疎通して協同しているようには見受けられなかった。実際，対立していたのである。

　「さやかの会」は，選挙運動を自分たちで成し遂げようと，県内7224箇所に及ぶ掲示板のポスター貼りを担当した。このほか，「さやかカー」と名づけられた選挙宣伝カー，「投票に行こう」と街で呼びかけるパレードを担当した。県内7224箇所あますところなくポスターを貼る作業は，緻密な計画が必要である。各地の担当者を樹木状に細かく決め，告示日前にポスターを各地の担当者に仕分けして送付し，告示日の朝8時半に判明する掲示板の番号を一斉に連絡網で流し，貼り終えの確認の電話を受ける。これが政党組織である場合は，地域ごとに既存の担当議員に送り，その議員の責任でもっ

48　この選挙では，選挙のプロという女性は存在しなかった。

て貼らせる。アマチュアでかつボランティアによる「さやかの会」は，まず担当者決めから始めた結果，地域によって全てを担当してくれる部分もあれば，個々人に頼むしかない地域もあり，事務所から送付する宅配便の数が200近くに及んだ。ポスターの仕分け作業をしていた「さやかの会」事務所で，宅配便の封筒を相手に4,5人の女性がかなり殺気立っていたことはいうまでもない。

　「さやかの会」が，自民党組織のようなプロの「選挙屋」とは異なっている点として，選挙には素人であることに加えて，会のメンバーの多くが中高年の仕事を持つ女性であり，仕事と家庭の両立の必要から時間制限が大きいこと，が挙げられる[49]。選挙事務所は朝早く7時から夜遅く12時まで開いているが，女性が事務所にいる割合は夕方に多く，夜はほとんどいなくなる。これに対して，自民党関係者は夜ほど増える。実際に事務所に姿を見せたり，遊説場所に動員されたりするメンバーは限られているものの，女性団体の集合である「さやかの会」は目に見えない部分が多い構造であることが推察できる。ポスター貼りを貫徹できたことは，その見えない部分がいかに動いているかをうかがわせる。実際，知事は告示2ヶ月前の1月に5,6の女性団体の幹部数人と各30分ほど会合しただけであり，それに対して各地で開かれたミニ集会ではのべ4,000人を動員できている。

　もちろん，「さやかの会」は一致団結していたわけではない。選挙カーの運転手で選挙には素人の男性によれば，「さやかの会」の選挙カー担当の順番も，「あのグループとこのグループは一緒にしちゃいけない，とか，いろいろあるらしいよ」とのことであるし，自民党との距離をはかって対立が存在した。「選挙ポスター，無理だったらこっち（自民党）に言ってくれればいい」とは，自民党関係者ではないが自民党寄りの姿勢である選挙事務局長の発言である。自民党に頼らない選挙を目指し，1月から会合を重ねてきた「さやかの会」のメンバーたちは，これに反発し意地でもポスターを貼るこ

49　ボランティアは知事の年齢に近い60代以上の女性を中心としている。近年のボランティア選挙に見られるインターネットやメールの駆使といった手段は用いられていない。選挙事務所においても，知事の息子・姪と県議の秘書が20代であるほかは，ほとんどが50代以上であり，新しいリーダーを支持する層に典型である30・40代が存在しない。

とになったのである。彼の発言には,「素人には無理」という考えがみてとれる。

　自民党は選挙カーの遊説ルート決定と先導を全て担当した(表5-9)。選挙期間17日間で,県内全90市町村を回るようにルートが決定された。ワゴンタイプの選挙カーに知事を乗せ,ウグイス3人と「さやかの会」から交代で1人,地域ごとの道案内をする自民党関係者1人,で構成される。運転手は,知事の出身である養護施設慈愛園関係者が3人で交代する。これにセダンもついて,その時々で「さやかの会」や事務所の関係者がのる。県議と市町村議は自分の選挙区内を走るときは秘書が運転する車で同行もしくは待ち受けし,選挙区境では車数台の「ひきつぎ」がおこなわれる。大筋のルートを決めるのは県議であるが,さらに細かく決定するのは市町村議員である。時には,自分の町をつぶさに知事に見て欲しい町議会議員があまりに細かくルートを設定するので,選挙カーの運転手が悲鳴をあげたこともある。セダンは潮谷の夫所有の車であるが,慣れない地域で狭く入り組んだ道を通った結果,車体は傷だらけになった。「ひゃー,愛一先生ごめんなさい」と運転手は述べていたものである。また,ある県議のもとで知事の案内をした自民党関係者は,「ちょうど桜の木の下に舞台設定しましたから。それに,たくさん人集めました」とほこらしげに知事に報告した。潮谷は「まあ,ありがとう」とのんびりしており,無風選挙であったこともあって,知事選というよりも知事の「お出まし」に近いものがあった。

　有権者の反応も様々である。事前に知事が通ると知らされたのであろう,道の端にある石の上に座ってずっと待っている老婦人,選挙カーの声をききつけて窓をあけて手を振る主婦,農作業の手を休めて田畑の向こうから手を振る人,知事の手をとって泣き出す人もいれば,ポケットに手をつっこみながら自民党議員の動員によって集合場所に集まっただけの人,熊本市街地では我関せずの有権者も多い[50]。選挙運動に関わったさやかの会の女性は,その感動を興奮しながらこう語る。「ほんとすっごい遠くから手を振ってくれ

---

[50]　いずれにしろ,遊説に動員された,もしくは参加した有権者は全90市町村で推定16,000人,潮谷の得票(49万)の3.4%,全有権者(147万)の1.1%である。この推定動員人数は,筆者が遊説に参加した77市町村ごとの動員・参加率(y)と人口密度(x)から式,$y=7.880x^{-0.356}$を導き($R^2=0.304$),推定した。

第5章　俳優知事から県民党知事へ：2004年熊本県知事選　217

表 5-9　知事遊説行動

日付	市町村	遊説場所	動員数	聴衆	自民・公明党県議	その他
3/18（木）	熊本市	辛島公園（出発式）	500		自民党県議，竹口*	鬼海，平野，福島，松岡
	熊本市	江南病院				
	熊本市	JA熊本市	30	職員	村上，馬場	
	熊本市	県建設会館	40-50	職員	馬場	
	熊本市	商工会議所	40-50	職員	村上，小杉	
	熊本市	商工会前	30-40	職員		
	熊本市	経済連・JA・総合福祉	150-200	職員	馬場	
	熊本市	農専ビル	20-30	職員	馬場，村上	
	熊本市	ニュースカイホテル	400-500	村上後援会	村上	
3/19（金）	熊本市	自衛隊前				
	熊本市桜木	畜産会館	40-50	職員	馬場	
	熊本市小山	果実連	180-200	作業員	村上	
3/20（土）	西原村	役場	100-150	住民	佐藤	
	久木野村	役場	60-80	住民	佐藤	
	長陽村	役場	60-80	住民	佐藤	
	白水村	役場	40-60	住民	佐藤	
	高森町	役場	40-50	住民	佐藤	
	蘇陽町	役場	60-80	住民	佐藤	
	清和村	体育館	200-250	住民，作業服	児玉	
	矢部町	パチンコ	300	住民，作業服	児玉	
	砥用町	JAうき	100-130	住民	松永，守田	
3/21（日）	三角町	ラガール	100-130	住民	篠崎	
	大矢野町					
	松島町					
	有明町					
	本渡市	ニチイ前	300	住民	船田	
	五和町	役場	150	住民	池田和	
	苓北町	Aコープ	80-100	住民	池田和	
	河浦町	役場	80-100	住民	池田和	
3/22（月）	牛深市				西岡	
	新和町					
	栖本町					
	御所浦町					
	倉岳町					
	姫戸町	役場	60-80	住民	小谷	
3/23（火）	菊陽町	役場	150	住民，役場職員，福祉関係	荒木詔，荒木義	
	大津町	役場	30-50	役場職員	荒木詔，荒木義	
	旭志村	役場	50	作業服	荒木詔，荒木義，前川	
	菊池市	市役所	200-300	市職員，住民，団体	前川，荒木義	
	七城町	役場	100-130	作業服	荒木詔，荒木義	
	泗水町	役場	80-100	住民	荒木詔，荒木義	

表 5-9 知事遊説行動（続き）

日付	市町村	遊説場所	動員数	聴衆	自民・公明党県議	その他
	合志町	役場	60-80	さやか	荒木詔，荒木義	
	合志町	恵楓園前	40	入所者	荒木詔，荒木義	
	西合志町	役場	150-200	作業服，福祉関係	荒木詔，荒木義	
3/24（水）	五木村	役場	50-70	作業服	松村，松田，溝口	
	相良村	JA相良	40-50	作業服	松村，松田，溝口	
	相良村	相良商工会	70-80	ダム反対派，共産市議	松村，松田，溝口	
	あさぎり町	翠光園	100	入所者	松村，松田，溝口	
	水上村	役場	60-80	役場職員，作業服	松村，松田，溝口	
	湯前町	肥後銀行横	60-80	作業服	松村，松田，溝口	
	多良木町	多良木町商工会	120-150	役場職員，商工会，婦人会	松村，松田，溝口	
	あさぎり町	免田駅前	100-130	作業服	松村，松田，溝口	
	錦町	役場	300-400	作業服	松村，松田，溝口	
	人吉市	鮎屋	100-150	ダム反対派，ラルゴの会	松村，松田，溝口	
	球磨村	一勝地下	150	作業服	松村，松田，溝口	
	山江村	役場	60-80	作業服	松村，松田，溝口	
3/25（木）	小国町	JA情報企画センター	150	住民	佐藤	
	産山村	役場	60	役場職員	佐藤	
	波野村	役場	80	住民	佐藤	
	一の宮町	JA情報企画センター	100-150	住民	佐藤	
	阿蘇町	役場	150-200	住民，役場職員	佐藤	
3/26（金）	植木町	役場	200-250	住民	早川	
	玉東町	役場	60-80	役場職員，住民	島田	
	菊水町	役場	50-70		島田	
	鹿央町	役場	120	住民，福祉系	古閑	
	山鹿市	足湯公園	200-250	住民，市議，福祉関係	池田秀，古閑	
	鹿北町	役場	40-60		古閑	
	菊鹿町	あんずの丘	300-400	住民，作業服	古閑	
	鹿本町	役場	200-250	住民，役場職員	古閑	
3/27（土）	熊本市芳野	コミュニティセンター横	150	住民	村上	
	熊本市白浜	JA白浜	80-100	住民	村上	
	熊本市河内	JA河内	120	住民	村上	
	熊本市塩屋	塩屋漁港	60	住民	村上	
	熊本市田崎	田崎市場	250-300	市場関係者	村上	
	熊本市田崎	漁連前	30-40	漁連関係者	井手，村上	
	熊本市	シャワー通り	100-200	県職員，記者，さやかの会	小杉，馬場，藤川，杉森	平野
	熊本市上熊本	エース上熊本店	30-40	住民	村上	

表 5-9 知事遊説行動（続き）

日付	市町村	遊説場所	動員数	聴衆	自民・公明党県議	その他
	熊本市天明	JA天明選果場前	60	パート	村上，中原	
	熊本市飽田	JA飽田選果場前	80-100	パート	村上，中原	
	熊本市川尻	肥後銀行川尻支店	30-40	住民	村上，中原	
	熊本市御幸	JA御幸支店	150		中原	
	熊本市田迎	東病院	70-80	病院の人	中原	
3/28（日）	益城町	総合体育館	150-180	住民	永田	
	嘉島町	役場	120-150	住民	永田	
	御船町	役場	70-80	住民	篠崎，吉本	
	豊野町	JA豊野	120-150	作業服，住民	篠崎	鬼海
	松橋町	パルシェ	300-350	住民	篠崎	鬼海
	城南町	グラウンド	250-300	消防団，住民	篠崎	鬼海
	富合町	役場	120-150		篠崎	鬼海
	宇土市	市役所	400	住民	篠崎，九谷，小杉	鬼海
	不知火町	役場	60-70	役場職員，住民	篠崎	鬼海
	小川町	役場	250-300		篠崎	鬼海
3/29（月）	甲佐町	役場				
	中央町	役場				
	熊本市水前寺	県庁東門	300-400	県職員と部長，住民	島津，小杉，中原，馬場，藤川，井手，八浪	
3/30（火）	水俣市	産業団地	250-300	労働者	吉永，江口市長	
	水俣市	市役所	100	市職員，住民	吉永，江口市長	
	津奈木町	町民文化センター	100	住民，作業服	山本	
	芦北町	役場	300	役場職員，病院関係，作業服	山本	
	田浦町	役場	100	役場職員，作業服	山本	
3/31（水）	天水町	町体育館	100	役場職員，作業服	島津，島田	
	横島町	役場	250-300	役場職員，作業服	島津，島田	
	玉名市	市役所	120-150	市職員	島津，島田	
	岱明町	役場	120-150		島津，島田	
	長洲町	四王子神社	200-250	住民	島津，島田	
	荒尾市	市役所	100	住民，市職員	重村，島津	
	南関町	Aコープ	120-150	住民	島津	
	三加和町	役場	100-120	市職員，住民	島津	
4/1（木）	熊本市長嶺	鉄工団地	80-100	労働者	小杉	
	熊本市戸島町	東部青果市場	300	長嶺校区，会社	小杉	
	益城町	熊本総合団地連合会	130-150	作業員，事務員	小杉，馬場	
	熊本市北熊本	北熊本駐屯地	250	自衛隊員，OB，住民	小杉	

220

表 5-9　知事遊説行動（続き）

日付	市町村	遊説場所	動員数	聴衆	自民・公明党県議	その他
	熊本市本荘	九電工	100-120	九電工社員	小杉	
	熊本市春日	熊本駅前	500	背広姿	村上，井手，小杉	
4/2（金）	坂本村	役場	250	住民	高野，坂田，中村，小早川	
	八代市	ハーモニーホール広場	150-200	住民，ダム反対派，さやかの会	中村，小早川，坂田，高野	福島，中島市長
	千丁町	役場	150-180	住民，ダム反対派，さやかの会	坂田，高野，中村，小早川	
	鏡町	文化センター前	100-120	住民，さやかの会	高野，坂田，中村，小早川	
	竜北町	役場	60-80	役場職員，さやかの会	高野，坂田，中村，小早川	
	宮原町	役場	50-70	役場職員，住民	高野，坂田，中村，小早川	
	東陽村	役場	100-120	役場職員	高野，坂田，中村，小早川	
	泉村	役場	70-80	住民，役場職員	中村，小早川，高野，坂田	
4/3（土）	熊本市帯山	再春館製薬				
	熊本市清水町	機能病院				
	熊本市桜町	くまもと阪神・産交	120-150	社員	小杉	
	熊本市	シャワー通り	800	さやかの会，ダム反対派，県労連	小杉，島津，中原，坂田，馬場，荒木義，松田，溝口	大西，平野
	熊本市	下通り入り口	500	さやかの会，県職員	小杉，島津，中原，坂田，馬場，古閑	
	熊本市健軍	健軍商店街	200-250	さやかの会，県職員	小杉，中原，藤川	
			17,395			
4/4（日）	熊本市本山	興南会館（祝勝会）	400	さやかの会，ダム反対派，県職員	小杉，島津，中原，坂田，馬場，荒木義，八浪，古閑，村上，倉重，前川，松田，溝口，中村，永田，守田，小早川，佐藤，藤川，早川，竹口*，城下*	大西，鬼海，松岡

注）人名に*は公明党県議。

るんだもの，もううれしくって，こっちもいっぱい手を振り返しちゃったわよ」「そんな調子に手を振りすぎて，あ，あそこにも人が，て思ったらカカシだったのよ。あはは」。

　自民党側も，前回知事選における女性人気を心得ており，選挙カーでの遊説では，県議や町議の応援演説，知事の演説，地元首長の応援と順繰りに

続いた後，必ず地元婦人部など女性の演説をいれ，ガンバロー三唱をおこなう。また，県議の応援演説には，知事が女性であることを意識した発言も多くみられ，かえってセクハラになっていることが多々ある。例えば「知事さん，ご覧のとおり，華奢な体でがんばっていただいている」「小さな体で大きな力を発揮している」「やわらかい手でしてね」など体格にまつわる発言が多い。さやかの会側も「あれはセクハラよ」「ほんとまあ，気分わるかった」と述べている。さらに「亥年現象」と同じ論理で，2003年4月に県議選を終えたばかりの県議たちは，1年後の2004年春，我先に演説しようとはしない。県議のあいだでお互い演説を押し付けあっている姿も観察された。

選挙カーは，選挙期間後半になるにつれて，「さやかの会」からの同行者が増えた。さお竹で作ったのぼりも持参し，「さやかの会」の存在をアピールするようになった。市街地における知事の行進では，行進の中心を川辺川建設反対団体が占め，ダム反対のプラカードが目立ち，自民党県議が真っ青になって「なんだあれは」「あれをやめさせろ」ともめた。知事当選の祝賀会においても，自民党県議が多く駆けつけるなか，「さやかの会」も川辺川ダム反対団体も中央を占めるように多く参加した。こういった風景を地元TV局も映し出した[51]。

こういった争いに関して，潮谷は表立っては関与しなかった。いわば，各団体が知事をめぐって「私たちの知事であること」をアピールする争いになったのである。

（3） 誰が知事を知事にしたのか

選挙運動における自民党とさやかの会の対立をはじめ，各種団体が我先に知事選に参加しようとしたことの理由はバンドワゴン効果という言葉によって説明できるが，その結果がここでの関心である。すなわち，選挙後，「誰が知事を知事にしたのか」という認識において選挙運動参加者のあいだで対立が生じるのである。この問題は客観的な選挙結果の分析を求めているのではない。重要なのは，県民全体のパーセプションである。県民は，誰が知事

---

51 ただし，どの地方でもありがちなことであるが，熊本では，熊本のニュースが流れる時間は民放4局が夕方5時台，NHK熊本が9時前の10分であり，視聴時間からこれらを多く視聴できる県民は夕方に在宅する者に限られる。

を知事にしたと思っているのか，という認識こそがここでの関心である。

潮谷の選対事務局長を務めた松永勉は「（自民党の組織力と動員力がなければ県内前市町村の遊説も）人が集まらず，惨めなものに終わっただろう」と発言し，それを肯定する記事が地元の熊本日日新聞に掲載された[52]。「さやかの会」の反発はものすごかった。「すぐ熊日（新聞）に電話して抗議したわ」と会長は怒り，ボランティアとして手伝った女性も「あれはひどいよね」と憤慨していた。一方，記事を書き抗議された記者は「自民党がなければ選挙もできないのは事実なのに，なんで怒るのか分からない」と語った[53]。

ここには，選挙陣営内におけるボランティアと自民党が「どちらが知事を当選させたのか」という問題で対立していることがあらわれている。知事を当選させた立役者になること，それこそが，自民党とさやかの会の選挙運動参加の最大のインセンティヴだったからである。自民党は知事選応援によって，県議会における知事に対する牽制力を高めると同時に自らの政治的正統性を手に入れようとし，さやかの会は「私たちの知事」であるはずの潮谷が，自民党の支配下におかれることを防ごうとした。したがって，誰が知事を知事にしたのかという問題は，潮谷個人に認識されるというよりも広く世間一般に認識される必要がある。その意味で新聞報道の影響は大きい。

これに対して潮谷知事は，「たしかに自民党が選挙を担当してくれたことは大きい」と，率直に認めた後でこう続ける。「だけれども，あなたも選挙カーから見たでしょ，みんなの反応を。わざわざ窓をあけてくれたり，道にでてきてくれたり，ああいうのをなんと説明するのか（自民党の力では説明できない），て思うわね[54]」。潮谷にとって，この選挙陣営内におけるボランティアの働きは知事を「県民党」とするために重要であり，一方で議会最大会派である自民党との距離を遠ざけない程度に双方を立てていた。潮谷にとっては，誰が自分を知事にしたのかという問題は，自らの権力の源をどこに求めるのか，したがってどちらを向いて県政を担っていくのか，という問題でもある[55]。

52　熊本日日新聞2004年4月7日。

53　2004年3月，インタビュー。

54　2004年3月，インタビュー。

55　多くの政治リーダーはここでmandateを主張する。特定グループによって当

ボランティアの運動が過小評価されがちな傾向は，ボランティアを担う大半のメンバーが家庭と仕事の両立をせねばならない女性であり，選挙事務所の顔出しや遊説の動員に対応できない事情にあろう。政治を生業とする，もしくは自らの仕事が政治と密接に関わりあるプロフェッショナルな選挙参加者とは異なって，政治に対してアマチュアであるボランティアたちは自らの時間を100％選挙に費やすことはできない。それにもかかわらず，実際の遊説動員は少ないものの，県内7000箇所のポスター貼りとのべ4000人のミニ集会という実績は，ボランティアのもつ潜在的な力を示すのではないだろうか。

しかしながら，知事と議会という制度に対して，制度外である住民の力とは顕示しなければ効力を持ちにくい力である。2004年知事選後の初議会の直前，潮谷知事と自民党県議団は対立する。知事が議会に根回しなく提出を予定した副知事2人制条例制定案について，自民党は「説明責任を果たしていない」として提案先送りを申し入れて知事にひっこめさせたのである[56]。根回しなく条例案を諮ろうとした知事に対して，県議会における自民党の持つ力を知事に再認識させたと言えよう。

このように，「だれが知事を当選させるか」という点において対立した諸団体は，知事に対する牽制力を強めたい自民党，県民党として知事を支えることを目指したボランティア団体，個別要求のアピールとして選挙運動を利用した川辺川ダム建設反対団体のような諸団体が争ったのであった。

3．考察

（1）　小括

2004年熊本県知事選は，2期目を目指す現職知事・潮谷義子に対して泡

選したのではなく，選挙民全体の委託を受けたと言うことによって，自らの民主主義的正統性を主張すると同時に，政治的にフリーであろうとする(Grossback, Peterson, and Stimson, 2005)。

56　熊本日日新聞2004年4月14日。もっとも，熊本日日新聞記者によれば，自民党県議団は議会において副知事2人を否決することによる自民党イメージ悪化は，7月の参院選を前にしてリスクが高いと判断し，水面下でひっこめさせたという経緯がある。

沫候補が挑戦するという無風選挙であった。しかしながら，現職知事に対する推薦をめぐって諸政党が，選挙運動をめぐって諸団体が様々な選好をもって知事選に参加した。

　先行研究から，知事選挙の制度上の特徴として以下の３点が指摘されている。第一に二元代表制のもと知事は議会と向き合う構図であること，第二に選挙制度が全県で１人の小選挙区制であったこと，第三に多党制であることという特徴がある。このような制度上の特徴から，多党制下で諸政党が議会「与党」として知事をコントロールするというインセンティヴをもち，政党連合を形成する（前田，1995）。

　一方で，この熊本県知事選がおこなわれた2004年春の政治状況としては，第一に中央政治では安定した自公連立政権に対し野党第一党が伸長するという二大政党制の動きがあったこと，第二に有権者の政党離れが顕著になっていたこと，第三に熊本県知事に対する支持率は高かったという状況がある。

　二大政党を自負する自民党と民主党は，独自候補を擁立するインセンティヴを持ちながらも，無党派層の増加と現職知事の高い支持率という状況にあって，独自候補の擁立を断念した。例えば，自民党県連は現職知事に一番のりで推薦を出すことでバンドワゴンの中心を確保し，民主党県連は国政の状況をにらみ「相乗り」を避けて自主投票とし，共産党は知事に対する高い評価から自主投票とした。

　知事を牽制する政党に対して，知事の行動は県議会に対するコントロールの確保をインセンティヴとし，その上で最も望ましい選択肢は「議会（政党）と対立せず，かつ，いかなる政党推薦も受けない」こと，当時の報道の表現では「県民党」である。そのためには，無投票当選に近い形が必要である。そこで，知事は政党に頼らず自らの支援団体の活動によって支持を集めると同時に，各政党の候補者擁立可能性という脅威を取り除くことを試みた。しかしながら，自民党県連の強固な推薦に負け，次なる戦略である「全政党に推薦願いを出す」という行為にでた。

　全政党に推薦願いを出すという行為は，熊本県の厳しい財政状況からして県議会との無用な対立は好ましくないと判断し自民党県連に従いつつ，知事の政治的姿勢としては不偏不党であることをアピールできる手段である。この全政党に対する推薦願いは，政党関係者に少なからぬ衝撃を与えたが，「政

治的素人」である潮谷にとっては不偏不党ならば同じことであり，さほど違和感をもっていなかった。むしろ，推薦を出さない民主党に対して，民主党は政治参加のチャンスを失ったという考えをもっている。

一方，諸団体は系列政党にかかわらずほとんどの団体が推薦状を出した。これはまさしく勝ち馬効果を狙ったものと考えられる。とりわけ，選挙運動に参加した団体はより強く知事に対して存在をアピールした。また，知事選は自民党のプロ集団と「さやかの会」のアマチュア集団が選挙の主導権をめぐって対立し，選挙後に自民党県議団は知事に対して条例案否定という牽制を行ったのである。

以上の小括をふまえ，本章のそもそもの疑問であった「なぜ無風選挙において諸団体が推薦状を出し，主導権を争ったのか」についての回答を試みることで，知事という権力者に対する考察をおこないたい。

（2） 知事選参加の意味

知事選に参加したのは，自民党県連，各政党系団体，アマチュア団体，川辺川ダム反対団体などである。これらアクターにとって知事選で活動することは以下のような効用をもたらす。

政党，自民党にとっては議会与党となることで，県議会を通して知事をコントロールするという効用がある。個々の議員にとっては，与党として県職員との強いパイプを自らのリソースとし，再選につなげるというインセンティヴがある。また，知事を支持した与党となることで，選挙民の委託を受けた知事を通して自らの政治的正統性を確保することができる。選挙活動において主導権を握ることは，知事の再選に「恩」を売ることができる。自民党は「恩」の見返りを県議会において期待しているのである。

各政党系団体にとっては，知事に推薦状を出すことで今後の活動を円滑に進めるという効用がある。自民党友好団体のように，友好関係にある政党が知事を推薦している場合はもちろんのこと，民主党系・共産党系のように友好政党が知事を推薦していない場合においても，知事に対する政策不満がないことをふまえ，今後の活動のために推薦するにいたっている。

川辺川ダム建設反対団体のように選挙運動にも積極的に参加する団体は，一般有権者へのデモ行為になると同時に，知事を味方につけるという印象を与えることができる。

アマチュア団体である「さやかの会」が自民党に対抗して選挙運動の主導をとろうとしたのは，知事の意向も受けて，知事を「県民のもの」にするというインセンティヴがある。知事が政党推薦を受けることによって「政党のもの」である，すなわち「県民のもの」ではないと意味するということは，政党が民主主義的代表機能を果たしていないと市民が認識していることを裏付ける。ここには，政党－反政党という軸が存在する。

諸アクターにとって，このような効用をもたらす知事とは何を意味するのだろうか。言い換えれば，知事の何を諸アクターは求めたのだろうか。本事例における知事は，自民党にとっては県政をコントロールする最大の駒であり，諸団体にとっては自らの活動を円滑にすすめる一つの要因であり，川辺川ダム建設反対団体にとっては建設反対の政治的判断をおこなう主体であり，「さやかの会」にとっては県政の象徴的存在となる。知事の権力と言われているものは，こういった諸アクターにとっての効用の集合体ではないだろうか。それでは，知事の権力は何をリソースとしており，どのように行使されたのか。

（3）　知事の権力リソースと戦略

知事はそもそも，権力の客観性と長期性が制度に担保されている。議員と異なって，再選インセンティヴは小さく，権力の正統性を高めるインセンティヴといったほうがよい。河村（1996）は，知事の行動原理として，「公約の実施」と「議会の協力とりつけ」の2つを示唆している。それは，結果的に再選につながるかもしれないが，必ずしも再選を意図した行動ではない。その事例として，本事例の潮谷知事の場合がある。

熊本県知事潮谷義子は，民間出身であることから，資金や人脈そして行政・政治的手腕といったリソースを豊富に持ち合わせていない。それゆえに，彼女の行動原理は，自らの信念の次に「県政の円滑な運営」と「県民党（不偏不党）」がくる。再建団体一歩手前の財政危機という状況下と自己の行政・政治的手腕の不足から，潮谷知事は県議会の最大会派である自民党県議団と対立することを避ける傾向がある。鳥取県知事片山善博が議会との事前打ち合わせなく県議会の場で討論しているスタイルに対して[57]「あの人は県

57　このような知事の姿勢で議会も変わることは，朝日新聞2002年8月の記事に

第5章　傀儡知事から県民党知事へ：2004年熊本県知事選　227

庁で総務部長だったもの」と述べていることから，行政・政治的手腕というリソースの無さを自覚しており，議会との対立は成功しないと判断している。

　一方で，自民党に依存しすぎることなく「不偏不党」を主張するのは，自らの権力のリソースが県民の幅広い支持にあることをふまえてである。民間出身ゆえのアマチュアリズムと党派性の不透明さは，「脱政党」の有権者が無視できない割合を占める時代において，党派性にこだわらない幅広い支持を得ることを可能としている。本事例においては，自民党の反知事派から共産党まで諸政党の独自候補擁立を断念させたこと，知事選において無風選挙にもかかわらず広く団体の参加をもたらしたこと，知事のコントロールを争って選挙陣営内で自民党と「さやかの会」が対立したことを例証としてあげることができる。

　このような幅広くかつ高い支持をリソースとする知事は，存在するだけで権力となる場合もある。ウェーバーの古典的な権力定義「権力とはある社会関係の中において，抵抗を排除してでも，自己の意思を貫徹しうるおのおのの可能性」における「可能性」に相当する場合である。本事例では，自民党県議団が知事の行動に先制して「出馬要請」という形にもちこんだのは，この潜在的な権力を恐れての行為であると解釈できる。

　権力はリソースを積極的に用いることによってより威力を発揮する。資金や人脈そして行政・政治的手腕といったリソースの不足という限定性があるものの，彼女の選挙戦略はその幅広い支持というリソースを活用したものとなった。つまり，全政党に対して推薦願いを出すこと，選挙への参加を促進することによって，自らの権力リソースを活用した。

　全ての政党に推薦願いを出すという行為は，知事の不偏不党の姿勢をアピールする行為であると同時に，多くの団体の選挙参加を望んだものであった。知事選に参加しなかった民主党に対して，潮谷は選挙後3ヶ月たっても「今でも理解できない」と述べた。民主党も推薦を出して知事選に参加するべきだったという主張は推薦ほしさの都合主義にも聞こえるが，彼女の言

より明らかとなった。47都道府県議会における議員提案成立の政策的な条例数は，過去10年間に全国で33本あるが，うち5本が鳥取県片山（1期），8本が宮城の浅野（3期），7本が三重県の北川（2期），3本が高知の橋本（3期）である。

いたいことは，多くの団体が選挙に参加し主導権を争った中で，民主党は政治参加のチャンスを失っているということである。単なる「オール与党」を狙ったというよりも，彼女の言い分には「多くの人間の政治参加」の意味合いがある。実際，彼女の選挙演説は「潮谷を支えてください」というよりも，次第に「県政に参加してください」に変化していたのである。

　彼女が多くの政治参加を望んだことは，純粋に民主主義的理念にもとづくかもしれない。しかしながら，この行為は，選挙運動における「さやかの会」の意図的な活動のように，特定政党への偏向を希薄化するという効果がある。したがって，彼女の行動は，保革時代の革新首長と住民参加の関係のように，県政の主導権を自分が握るために，政党を含めて多くの人間の政治参加を利用したと見ることもできるのである。それは同時に，政治参加が「政府（地方の場合は首長もしくは議会）と市民の矛盾を穏やかに正す働き」（蒲島，1988）をするものならば，議会が民意を代表していないという知事の判断ゆえに是正したと解釈することもできよう。

　追記：
　2008年4月に2期目を終える潮谷知事は2007年12月6日の県議会一般質問において，3期目を目指さないことを明らかにした。一般有権者からの評価は依然として高めであったが[58]，定期的に支持率を調査している熊本日日新聞によれば，2期目終盤にさしかかった2006年4月の潮谷知事への支持率ははじめて60％を割って53.5%，「潮谷県政に陰り」があると報道された[59]。2期目に入ってからは，知事に対する県職員の不満の声も多く聞かれるようになり，例えば2005年9月にはある県職員は知事に対する評価として「一般有権者にはファンが多いけれども，若手県職員には（知事は）人気がない」「2期目は何もやっていない」と述べている[60]。2007年の段階では2期目の選挙を支えた政党も離反した。自民党県議団は川辺川ダムに対する立場への不満を解消できず，県民クラブも潮谷知事が国政選挙において自民

58　朝日新聞2007年12月6日の報道によれば，2007年7月の世論調査では「潮谷知事を『支持する』との回答が68%」である。
59　熊本日日新聞2006年4月8日。
60　2005年9月26日，熊本市内にて県庁職員インタビュー。

党候補に応援演説を行った事に対する不満をもったことが背景とされる[61]。両会派とも2007年初秋には独自候補擁立を模索・奔走し，この時点で次期知事の蒲島郁夫は自民党県議そして県民クラブ県議のそれぞれから出馬を打診・要請されている[62]。

---

61 朝日新聞2007年12月6日。
62 2007年12月，蒲島郁夫インタビュー。

第Ⅲ部　結論

第6章　考察と結論

　本書は，民間出身の女性知事再選のメカニズムを丁寧に追うことで，保守的な政治風土における女性リーダーの存続可能性を探ることを大きな目的とした。民間出身であることから行政的政治的リソースを持たず，また1期目の選挙の経緯から「傀儡」とも言われた知事が，1期目4年間においていかにして幅広い県民の支持を得，その支持をもとに不偏不党の「県民党」を模索したか，を丹念に追ってきた。

　本書はまず第1章において地方政治の政治的側面を地方政治の非政治性，二元代表制における知事と議会そして住民の関係，知事の政治的行動の3点にまとめて整理した。先行研究から指摘される地方政治の非政治性は，地方においては争いが好まれないという非政党性，地方政治は行政として中立であるべきだという中立性，そして地方政治は中央政治に左右されるという非自律性の3点を含む。また地方政治研究は，二元代表制のもとで首長と地方議会の関係が中心となり，そこに住民や国がどのように関与するかという構図で研究されてきた。さらに，現実の地方政治においては首長とりわけ知事職は行政上の公務で多忙であり，政治家としての行動をとりにくいことを指摘した。

　これらを踏まえ，第2章では，熊本県知事・潮谷義子について詳述した。潮谷は知事に就任する以前に副知事を1年務めたのみであり，行政・政治経験がほとんどなかった。したがって，2000年4月の熊本県知事選において自民党と公明党の支援を受けて当選した当初は「傀儡」知事であると評された。しかしながら，彼女は「やおいかん女子」と表現されるように，自分の信念を曲げることなく頑固なパーソナリティーを持つ。彼女に対する支持の

うちで最もぶれることのない支持は，この人格に対する支持である。その上で，彼女の政策，とりわけ河辺川ダム建設問題に関する政策を理由とする業績評価による支持がある。さらに，知事選においては，これら人格と業績評価による支持に便乗してバンドワゴンの支持がある。

第3章から第5章までは，これらの支持に関連して，川辺川ダム建設問題，知事の衆院選応援，そして知事選を取り上げた。第3章では，政策に対する支持のうちでもとりわけ川辺川ダム建設問題に対する潮谷の態度について，川辺川ダム住民大集会の経緯を記した。続く第4章では，知事の衆院選応援という，政党と深く関係することになる政治家としての知事の行動を取り上げた。この事例では，先述した知事個人の人格に対する支持が，彼女の政治的態度によって変わらず，離れないことが観察できる。そして第5章では，再選を目指す選挙において，これら人格にもとづく支持と政策にもとづく支持のうえにさらにバンドワゴン的な支持が集まったことを詳述した。

第1章で述べた地方政治の非政治性と二元代表制の構図は，これら第3章から第5章の事例においても確認できる。第3章においては，川辺川ダム建設問題を題材とし，国営事業であるダム問題において権限をもたない熊本県知事潮谷義子がいかに対応したかを詳述した。彼女のおこなったことは，熊本県議会としては政治問題ではなかった川辺川ダム建設問題を，住民討論集会という手法を用いることで広く県民の前に問題を顕示し政治問題化したことである。その上で，ダム建設を中止したいという意思をもって，建設の促進に歯止めをかけたと言ってよい。革新時代の首長たちが，住民運動を利用して地方議会に対抗したように，潮谷もまた住民討論集会を開催することによって議会および国に対抗したということができる。そして彼女のこの手法，川辺川ダム建設問題において国に説明責任を要求するという手法は広く県民に評価されて高い支持率に結びつき，第5章で述べる無風選挙につながるのである。

第4章では，政治家としての知事を，国会議員選挙の応援を題材に観察した。先行研究から明らかになっているように地方レベルでは非政治性つまりは中立性が規範とされがちであり，とりわけ首長に対する中立性の期待は大きい。そういった背景において，政治家の経験もなく，政党とは無関係であり得るはずの潮谷が，熊本県関係国会議員の中で最も保守的な政党政治家である松岡利勝候補の選挙応援にいったことは，関係者や県民に大きな衝撃を

与えた。その背景には，県議会最大会派である自民党県議団に対して配慮が必要であったことに加え，何よりも民間出身の彼女が国政とのパイプを強く必要としていたことにある。保守候補の応援という自らの政治的姿勢に対する疑義というリスクを抱えてまで中央とのパイプを必要とした点は，地方政治の非自律性をあらわす一例として指摘できる。民間出身の知事であるからこそ，地方政治の非自律性を如実にあらわす事例を観察できたことも指摘しておきたい。

　第5章では，潮谷自身の再選をかけた2004年熊本県知事選を観察した。国政の政党政治家に対する選挙応援という政治行為とは反対に，潮谷は自身の選挙においては政党とのあいだに距離をおき「県民党」として戦うことを模索する。業績評価を踏まえて県民から高い支持を得ている潮谷の場合，彼女の目的は選挙に勝つことではなく，二期目において県議会に対する政治的優位をいかにして獲得するかであった。現実には自民党が議会の圧倒的多数を占めるという政治状況において，彼女のとった戦略は全ての政党から推薦を得ようとしたというスタンスを示すことであった。これによって，すべての政党に平等に接した，つまり知事としての中立性の主張が出来る。実際の選挙活動において，支援女性たちが潮谷を自民党から「取り戻そう」とし，潮谷知事を知事たらしめているのは「私たち」であるという動機は潮谷の戦略と一致する。幅広い住民の参加を促すことで，県議会に対して優位性を得ようとしたこの戦略は，川辺川ダム建設に関する住民討論集会の開催や革新時代の首長の住民運動利用のロジックと同じである。

　地方政治における非政治性の問題は，先行研究でも繰り返し言及されているにもかかわらず，「日本的な和の問題」として社会学の問題とされ，政治学が正面から取り上げてこなかった。しかしながら，本書の観察によれば地方の非政治性の問題はその文化的な要因によるのではない。首長と議会という二元代表制の制度的特徴，多党制である中央政治と地方政治の非連続性，時系列変化として有権者の政党離れ，熊本県知事の特性として民間出身で幅広い支持を得る知事の存在によって可視化される問題である。

　保守的な政治風土をもつ熊本県において，民間出身の女性知事が「傀儡」から脱して「県民党」知事を目指すことができた背景には，こういった地方政治の非政治的側面，二元代表における住民参加，そして彼女自身のパーソナリティと業績評価で説明できる。これら先行研究で指摘されている現象が

明確に観察できるのは，観察対象が民間出身の女性知事であることから，その逆つまり政党政治家としての行動ををとるときに行動が見えやすいことによる。

　本書はフィールドワークを基本とし「分厚い記述」(Geertz, 1973)によって，事例として貢献することを目指してきた。これら記録が研究に引用され，学術的な貢献につながることは，本書に登場し調査に協力した関係諸氏も願うところである。

237

主要参考文献

1．インタビュー（五十音順）

注：以下のリストは本文中に引用されている情報源である。本文中では肩書きの
みで記されている場合もある。インタビュー日は1回のみインタビューした場
合に明記した。多くの人々は，2003年3月から2004年4月のあいだに複数回
インタビューしている。

浅野史郎，宮城県知事，2004年6月2日，宮城県庁

阿曽田清，2001年熊本県知事選立候補者，2003年12月26日，松橋町

岩中伸司，熊本県議会議員，2003年3月－2004年4月，熊本県議会議事棟

大代純市，元参議院議員三浦八水秘書，2003年3月－2004年4月，山鹿市

大西一史，熊本県議会議員，2003年3月－2004年4月，熊本県議会議事棟

片山善博，鳥取県知事，2003年12月9日，鳥取県庁

鎌倉孝幸，熊本県企画振興部理事，2003年6月19日，熊本市

鎌田聡，熊本県議会議員，2003年3月－2004年4月，熊本県議会議事棟

鬼海洋一，熊本県議会議員，2003年3月－2004年4月，熊本県議会議事棟

窪一己，水俣市職員，2003年5月－2003年10月，水俣市

栗谷利夫，近代経営研究所社長，2003年7月29日，熊本市

古閑三博，熊本県議会議員，2003年3月－2004年4月，熊本県議会議事棟，地
元事務所，自民党県連会館

坂本哲志，衆議院議員，2004年5月，衆議院議員会館

佐藤毅一郎，日本銀行熊本支店長，2003年8月14日，熊本市

潮谷義子，熊本県知事，2002年11月－2004年4月，熊本県庁，知事公邸，慈
愛園，熊本県

島津勇典，熊本県議会議員，2003年3月－2004年4月，熊本県議会議事棟，自
民党県連会館

清水秀子，東京都議会議員，2003年10月7日，東京都議会

杉森猛夫，熊本県議会議員，2003年3月－2004年4月，熊本県議会議事棟

芹川孝弘，鹿本町職員，2003年3月－2004年4月，鹿本町

高橋ユリカ，ジャーナリスト，2003年10月29日，熊本市

竹口博己，熊本県議会議員，2003年3月－2004年4月，熊本県議会議事棟

中尾桂子，潮谷義子後援会事務，2003年2月5日，熊本市

永田良三，元総理大臣細川護煕秘書，2003年3月20日，熊本市

原田大，元東京都議会議員，2015年11月14日，足立区

平野多嘉子，さやかの会会長，2003年3月14日，熊本市

平野みどり，熊本県議会議員，2003年3月－2004年4月，熊本県議会議事棟

日和田よし子，熊本市議会議員，2003年9月18日，熊本市
松岡泰輔，くまもと経済社長，2003年8月13日，熊本市
松岡徹，熊本県議会議員，2003年3月－2004年4月，熊本県議会議事棟
松田三郎，熊本県議会議員，2003年3月－2004年4月，熊本県議会議事棟
溝口幸治，熊本県議会議員，2003年3月－2004年4月，熊本県議会議事棟
吉井正純，元水俣市長，2003年6月22日，水俣市
渡辺利男，熊本県議会議員，2003年3月－2004年4月，熊本県議会議事棟
熊本県庁職員，2003年2月－2004年4月，熊本県庁
熊本日日新聞社記者，2003年3月－2004年4月，熊本日日新聞社本社，各支局
熊本日日新聞，西日本新聞，毎日新聞，読売新聞，朝日新聞，日経新聞，時事通
　信，各社県政記者，2003年3月－2004年4月，熊本県庁県政記者室
幸山政史熊本市長事務所職員，2003年10月－2004年2月，熊本市
さやかの会事務所事務員，2003年12月－2004年3月，熊本市
慈愛園職員，2003年3月－2004年4月，熊本市慈愛園
潮谷義子選挙事務所事務員，2004年2月－2004年4月，熊本市
第43回衆議院議員選挙熊本1区－3区立候補者事務所事務員，2003年10月－
　2003年11月，衆院熊本1－3区

2．公文書
熊本県議会議事録
熊本県議会委員会議事録
北海道県議会議事録
三重県議会議事録
北海道県議会議事録
平成12年4月執行熊本県知事選挙結果
平成16年4月執行熊本県知事選挙結果
第43回衆議院議員選挙結果
川辺川ダムを考える住民討論集会議事録1－9回
熊本県知事定例記者会見録2001年－2004年4月

3．引用文献
秋穂隆浩，2002，「徹底した県民視線で火の国を変える異色知事」，読売新聞社編
　『地方が変える，日本を変える－全国知事リレー講座　No.1』，ぎょうせい
阿部斉，1980，『地方自治の変動と対応』，学陽書房
阿部斉・新藤宗幸，1997，『概説日本の地方自治』，東京大学出版会
天川晃，1974，「地方自治と政党」，成田頼明編著『現代社会と自治制度の変革』，
　学陽書房

石川真澄，1978，『戦後政治構造史』，日本評論社

石田雄，1970，『日本の政治文化』，東京大学出版会

石田雄，1998，『自治』，三省堂

井上義比古，1992a，「自民党代議士系列の政治的凝集性」『東北学院大学論集法律学』第40号

井上義比古，1992b，「国会議員と地方議員の相互依存力学―代議士系列の実証研究」『レヴァイアサン』10号

今村浩，1991，「地方選挙における政党の役割―首長選挙の場合」『都市問題』第82巻10号/1991年10月号

石上泰州，1999，「知事選挙の構図」『北陸法学』第6巻4号

岩渕美克，1996，「東京都知事選挙における無党派層の投票行動」『選挙研究』11号，北樹出版，61-70頁

牛山久仁彦，2000，「政党相乗りと分権時代の首長―1998年5月から99年4月の地方選挙の概況から」『自治総研』257号

牛山久仁彦，2001，「政党「相乗り」傾向続く自治体首長選挙―2000年版「首長名簿」のデータから」『自治総研』269号

牛山久仁彦，2002，「政党「相乗り」と有権者の選択―2000年5月〜2001年4月自治体選挙の概況」『自治総研』281号

後房雄，2004，[インタビュー]議長から議会への期待と注文―志木市長・穂坂邦夫氏に聞く『都市問題』第95巻6号/2004年6月号

江藤俊昭，2004，「地方分権における地方議会の課題―協働型議会の構想」『都市問題』第95巻6号/2004年6月号

エマーソン，R，R・フレッツ，L・ショウ，1998，『方法としてのフィールドノート』佐藤郁哉，好井裕明，山田富秋訳，新曜社

大森彌，1986，「「革新」と選挙連合」，大森彌，佐藤誠三郎編，『日本の地方政府』，東京大学出版会

大森彌・佐藤誠三郎，1986，『日本の地方政治』，東京大学出版

大宅壮一，1959，『日本新おんな系図』，中央公論社

小笠原祐子，1998，『OLたちの「レジスタンス」：サラリーマンとOLのパワーゲーム』，中央公論社

鬼塚尚子，2000，「市民参加のジレンマ―市民組織の選挙活動におけるフリーライダーの発生―」『選挙研究』15号

小野恵子，2003，「米国における地方民主主義の現代的課題」『都市問題』第94巻11号/2003年11月号

カーティス，ジェラルド，1971，『代議士の誕生』，サイマル出版会

片岡正昭，1994，『知事職をめぐる官僚と政治家』，木鐸社

蒲島郁夫，1988，『政治参加』，東京大学出版会

蒲島郁夫・今井亮佑，2001，「2000年総選挙─党首効果と投票行動」『選挙研究』16号

鎌田慧，1973，『自動車絶望工場：ある季節工の日記』，徳間書店

川上和久，2001，「有権者の投票行動と政策選好」『都市問題』第92巻第10号/2001年10月号

川崎信文，1994，「地方自治の政治学」，田口富久治・加藤哲郎編『現代政治学の再構成』，青木書店

河村和徳，1996，「地方財政に対する首長の影響」『選挙研究』13号

河村和徳，2001，「首長選挙における政党の役割─相乗り型選挙を手がかりとして」『都市問題』第92巻10号/2001年10月号

河村和徳，2002，「知事の政治的態度と市長選挙─松山市長選挙をケースとして─」，『選挙研究』16号

河村和徳，2003，「地方政治の趨勢と統一地方選挙の課題」『都市問題』第94巻11号/2003年11月号

河野武司，1994，「東京都議会議員選挙の分析─政権交代への序曲─」『選挙研究』9号

小平修，1982，『現代世界の選挙と政党』，ミネルヴァ書房

小林正弥，1991，「政治的クライエンテリズムと政治的シンクレティズム」『国家学会雑誌』第104巻11・12号

小林良彰・新川達郎・佐々木信夫・桑原英明，1987，『アンケート調査にみる地方政府の現実─政策決定の主役たち─』，学陽書房

坂本光司，2011，「47都道府県幸福度ランキング」 http://www.hosei.ac.jp/documents/koho/photo/2011/11/20111110.pdf

佐藤郁哉，2002，『実践フィールドワーク入門』，有斐閣

佐藤竺，1990，『地方自治と民主主義』，大蔵省印刷局

篠原一，1977，『市民参加』，岩波書店

砂原庸介，2011，『地方政府の民主主義─財政資源の制約と地方政府の政策選択』，有斐閣

曽我謙吾，1998，「地方政府の政治学・行政学」第3章『自治研究』第74巻6-12号

曽我謙悟・待鳥聡史，2002，「地方政治研究のための一視角─知事─議会関係による分類の試み」，『自治研究』第76巻7号

曽我謙悟・待鳥聡史，2007，『日本の地方政治─二元代表制政府の政策選択』，名古屋大学出版会

高橋ユリカ，2006，「さまよえる「川辺川ダム」計画　誰のためのダムなのか？」『世界』2006年3月号

高畠通敏，1979，「大衆運動の多様化と変質」，日本政治学会編『年報政治学

1977』

高畠通敏, 1980,『現代日本の政党と選挙』, 三一書房

高畠通敏, 2001,「「市民社会」問題－日本における文脈ー」『思想』2001年5月号

高松光彦, 1980,『九州の精神的風土』, 葦書房

高寄昇三, 1981,『地方政治の保守と革新』, 勁草書房

竹内謙・神徳英雄, 1997,『「土建政治」研究-竹内藤男知事の人脈と金脈』, 那珂書房

武田興欣, 2004, 書評論文「参与観察という手法」『レヴァイアサン』34号

武光誠, 2001,『県民性の日本地図』, 文春新書, 文芸春秋

田中愛治, 1992,「『政党支持なし』層の意識構造と政治不信」『選挙研究』7号

谷聖美, 1987,「市町村議会議員の対国会議員関係」『岡山大学法学雑誌』第36巻3・4号

辻陽, 2015,『戦後日本地方政治史論－二元代表制の立体的分析』, 木鐸社

長濱政壽, 1952,『地方自治』, 岩波書店.

中村宏, 1995,『地方選挙－英国, 日本, ヨーロッパー』, 日本評論社

西尾勝, 1975,『権力と参加』, 東京大学出版会

西尾勝, 1979,「過疎と過密の政治行政」日本政治学会編『年報政治学 1977』

朴喆熙, 2000,『代議士のつくられ方』, 中公新書

平田美和子, 2001,『アメリカ都市政治の展開』, 勁草書房

平野浩, 2004,「政治的対立軸の認知構造と政党」『レヴァイアサン』35号

福井治弘・深井慈子, 1991,「日本におけるインフォーマル・ポリティックスと一党優位体制」『レヴァイアサン』9号

福岡賢正, 1994,『国が川を壊す理由 誰のための川辺川ダムか』, 葦書房

福岡政行, 2000,『日本の選挙』, 早稲田大学出版部

細川護煕, 1992,『権不十年』, 日本放送出版協会

前田幸男, 1995,「連合政権構想と知事選挙―革新自治体から総与党化へ―」『国家学会雑誌』第108巻11・12号

松下圭一, 2004,『戦後政党の発想と文脈』, 東京大学出版会

三田妃路佳, 2004,「先進自治体における公共事業改革の研究」, 2004年度日本比較政治学会報告論文

南良平, 1996,『戦後熊本の県政史』, 熊本日日新聞情報文化センター

南良平, 2001,『熊本政争のはなし』, 自費出版

三宅一郎, 1990,『政治参加と投票行動―大都市住民の政治生活』, ミネルヴァ書房

三宅一郎・村松岐夫, 1981,『京都市政の動態』, 有斐閣

村松岐夫, 1971,「地域社会と紛争－地方政治研究のための諸概念の検討ー」『京

都大学法学論叢』第90巻1-3号

村松岐夫，1988，『地方自治』，東京大学出版会

村松岐夫，1975a，「地方政治と市民意識－京都市民意識調査から－」，河野健二編『地域社会の変貌と住民意識』，日本評論社

村松岐夫，1975b，「戦後日本の地方政治」，足立忠夫他編『現代政治と地方自治』，有信堂

森正，2001，「地方選挙の活性化と地域社会の役割－2001年名古屋市長選挙の事例」『都市問題』第92巻第10号/2001年10月号

森脇俊雅，1984，「都市有権者と政治家の関係について」『関西学院大学法と政治』第35巻第4号

森脇俊雅，2013，『日本の地方政治：展開と課題』，葦書房

山田政治，1965，「選挙にあらわれた政治意識－島根県の場合－」，日本政治学会編『年報政治学 1965』

読売新聞社編，2002，『地方が変わる・日本を変える』，ぎょうせい

寄本勝美，1986，「四極構造による政治化－革新自治体のディレンマ」大森・佐藤編『日本の地方政治』，東京大学出版会

リード，スティーヴン・R，1990，『日本の政府間関係』，木鐸社

若田恭二，1981，『現代日本の政治と風土』，ミネルヴァ書房

Almond, Gabriel A. and Sidney Verba. 1963. *The Civic Culture: Political Attitudes and Democracy in Five Nations*. Newbury Park CA: Sage.

Beamer, Glenn. 2002. "Interviews and State Politics Research." *State Politics and Policy Quartely* 2: 86-96.

Blais, André. 2006. "What Affects Voter Turnout?" *Annual Review of Political Science* 9: 111-125.

Bryce, James. 1888 (2008). The American Commonwealth. Book Jungle.

Clark, Terry Nichols and Vincent Hoffmann-Martinot. 1998. *The New Political Culture*. Boulder CO: Westview.

Conley, Patricia Heidotting. 2001. *Presidential Mandate: How Election Shapes the National Agenda*. Chicago IL: University of Chicago Press.

Crenson, Matthew A. 1971. *The Un-Politics of Air Pollution: A Study of Non-Decision Making in the Power in the Cities*. Baltimore MD: Johns Hopkins University Press.

Cronin, Thomas E. 1989. *Direct Democracy: The Politics of Initiative, Referendum, and Recall*. Cambridge MA: Harverd University Press.

Curtis, Gerald L. 1971. *Election Campaigning Japanese Style*. New York NY: Columbia University Press.

Dahl, Robert A. and Edward R. Tufte. 1973. *Size and Democracy*. Stanford CA: Stanford University Press.

Dextor, Lewis A. 1970. *Elite and Specialized Interviewing*. Ecanston IL: Northwestern University Press.

Downs, Anthony. 1957. *An Economic Theory of Democracy*. New York: Harper.

Edwards, George C. III. 1983. *The Public Presidency: The Pursuit of Popular Support*. New York NY: St. Martin's Press.

Fenno, Richard F. Jr. 1978. *Home Style: House Members in Their Districts*. New York NY: Longman.

Fenno, Richard F. Jr. 1986. "Observation Context and Sequence in the Study of Politics." *American Political Science Review* 80: 3-16.

Fiorina, Morris P. 1978. "Economic Retrospective Voting in American National Elections: A Micro-Analysis." *American Journal of Political Science* 22: 426-443.

Flanagan, Scott C. 1968. "Voitng Behavior in Japan - The Persistence of Traditional Patterns." *Comparative Political Studies* 1: 391-412.

Flanagan, Scott C. 1971."The Japanese Party System in Transition." *Comparative Politics* 3: 223-253.

Flanagan, Scott C. 1980. "National and Local Voting Trends: Cross-Level Linkages and Correlates of Change." In Kurt Steiner, Ellis S. Krauss, and Scott C. Flanagan ed. *Political Opposition and Local Politics in Japan*. Princeton NJ: Princeton University Press.

Gelman, Andrew and Jennifer Hill. 2007. *Data Analysis Using Regression and Multilevel/ Hierarchical Models*. London: Cambridge University Press.

Geertz, Clifford. 1973. *The Interpretation of Cultures*. New York NY: Basic Books.

Goidel, Robert K. and Shields, Todd G. 1994. The Vanishing Marginals, the Bandwagon, and the Mass Media. *Journal of Politics*. 56, (3), 802-810.

Greenstein, Fred I. and Nelson W. Polsby. 1975. Handbook of Political Science. Reading MA: Addison-Wesley.

Grossback, Lawrence J., David A. M. Peterson, and James A. Stimson. 2005. "Comparing Competing Theories on the Causes of Mandate Perceptions." American *Journal of Politics* 49: 406-419.

King, Gary, Robert O. Keohane, and Sidney Verba. 1994. *Designing Social Inquiry: Scientific Inference in Qualitative Research*. Princeton NJ: Princeton University Press.

Kingdom John. 1991. Local Government and Politics in Britain. London: Blackwell.

Kvale, Steinar. 1996. *Interviews: an Introduction to Qualitative Research Interviewing*. Thousand Oaks CA: Sage.

LeBlanc Robin M. 2004. "Rebuilding the Electoral Connection: An Examination of the Origin and Potential of Anti-Party Electoral Movements in Japanese Local Politics." Presentation at the 2004 Annual Meeting of the APSA. Chicago Sep 2-5.

Lijphart, Arend. 1971. "Comparative Politics and the Comparative Method." *American*

Political Science Review 65: 682-693.

Mayhew, David R. 1974. *Congress: The Eletoral Connection*. Yale University Press.

Moyser, George and Margaret Wagstaffe. 1987. *Research Methods for Elite Studies*. London: Allen&Unain.

Mueller, John E. 1973. *War, Presidents and Public Opinion*. New York NY: John Wiley.

Neustadt Richard E. 1990 (1960). *Presidential Power and the Modern Presidents: The Politics of Leadership from Roosevelt to Reagan*. New York NY: The Free Press.

Peabody Robert L. Susan Webb Hammond Jean Torcom Lynne P. Brown Carolyn Thompson and Robin Kolodny. 1990. "Interviewing Political Elites." *PS: Political Science and Politics* 23: 451-455.

Popkin Samuel L. 1991. The Reasoning Voter. Chicago IL: University of Chicago Press.

Reed Steven R. 1981. "Gubernatorial Elections in Japan." In John Creighton Campbell ed. *Parties Candidates and Voters in Japan*. Ann Arbor MI: The University of Michigan.

Richardson, Bradley M. 1973. "Urbanization and Political Participation: The Case of Japan." *American Political Science Review* 67: 433-452.

Richardson, Bradley M. 1975. "Party Loyalties and Party Saliency in Japan." *Comparative Political Studies* 8: 32-57.

Richardson, Bradley M. 1986. "Japan's Habitual Voters: Partisanship on the Emotional Periphery." *Comparative Political Studies* 19: 356-384.

Richardson, Bradley M. 1988. "Constituency Candidate versus Parties in Japanese Voting Behavior." *American Political Science Review* 82: 695-718.

Stokes Donald E. 1963. "Spatial Models of Party Competition." *American Political Science Review* 57: 368-377.

Tocqueville Alexis de. 1835, 1840 (2000). Democracy in America. Bantam Classics.

Weiner Robert. 2004. "Thoughts on the "Independent Governor" Myth." Prepared for the Annual Meeting of the Comparative Politics Association of Japan June 2004.

あとがき

「なぜ熊本なのか」，その理由を率直に言えば，もともと地方政治に興味を
もっていた私が研究対象となる場所を探しているときに，指導教官である蒲
島郁夫先生の「熊本に行ってきたら」という一声があったからである。私が
大学院博士課程1年目の2002年当時，蒲島先生の故郷である熊本県で女性
知事が1期目であることから観察対象として都合がよかったことも後押しし
た。

「潮谷さんは私のファンだからね」という蒲島先生の言葉を信じ，蒲島先
生が自分の名刺に裏書き捺印したものを5枚持って，私は2003年3月から
2004年4月まで熊本県熊本市に滞在し，大学院生として熊本県知事につい
てフィールドワークを実施した。熊本県における最初のインフォーマントは
東京大学の蒲島郁夫教授ということになる。そして，最初に紹介されたのが
熊本県知事の潮谷義子本人であり，彼女の了解を得ることができたのは非常
に幸運であった。とりわけ観察対象である地方における保守性そのものが逆
に研究に対してバリアとなる逆説的な環境において，熊本の人々のあいだで
影響力がある東京大学教授の蒲島郁夫と熊本県知事の潮谷義子がインフォー
マントであることは，大きな威力をもった。

2003年から2004年という時期は，対象地である熊本県の知事選が2004
年春に予定され，現職知事が1期目であったことも好都合な材料であった。
2003年度の1年間，現職知事が次期知事選に立候補する過程を告示以前か
ら観察することができる。日本の知事選挙は，片岡（1994）が論じたように
選挙そのものよりも立候補過程において駆け引きが繰り広げられることが多
い。この過程を観察するためには，潜在的な有力候補者を事前に把握する必
要があるため，現職知事が出馬しない知事選においては観察自体が困難とな
る。また，現職知事が再選を目指す選挙は現職有利であることから接戦にな
りにくい。そのため，選挙運動は熾烈なものとはならず，候補者に接近しや
すく観察しやすいという利点がある。

蒲島先生からは，2003年3月からのフィールドワークに先立つ2002年5

月に潮谷知事と熊本県東京事務所職員を紹介された。ついでフィールドワークを開始した2003年3月に熊本日日新聞社の職員，熊本県北部にある鹿本町職員，阿蘇町職員，熊本県選出参議院議員三浦一水の参与，細川護熙元首相の元秘書を紹介された。これらの紹介から芋づる式につなげていく方法で，1年間のフィールドワークで交換した名刺は300枚以上になる。名刺の交換がない接触者もいることから，実際にはこれ以上の人数である。

　フィールドワーク中の具体的な行動は以下の通りである。知事のスケジュールを1週間ごとに秘書課で教えてもらい，知事の一日のスケジュールを把握し，県政を邪魔しない範囲で参加する。その結果，知事が行くところ行くところに私が待ち受けていることになり，知事とのインフォーマルな接点を多く持ち得るようになった。また，ぶら下がり記者と行動パターンが同じことから，彼らとの接点も多く持ちえた。同時に，待ち時間や空き時間は知事以外の関係者に対してインフォーマルまたはフォーマルにインタビューを重ねた。主に県庁職員，ジャーナリスト，県議会議員と政党関係者，知事の家族や友人，後援会であるさやかの会，市町村の職員や政治家，ボランティア団体，そして経済界の要人たちにインタビューを行った。

　インタビューはインフォーマルなもの，問わず語り的なものが多い。地方のあまり流動性のない地域において，政治という分野で話を聞くことは一定の緊張感を相手に強いることになる。佐賀県育ちの潮谷知事とその夫でどこでも熊本弁を通す潮谷愛一は別として，熊本の人々の多くが外来者である私に対して熊本弁ではなく標準語で答えたのは，彼らの他地域への者への配慮という性格もあるが，そこまでリラックスした会話でなかったことも一因であろう。緊張を避けるため，録音する方法はとらなかった。時にはメモを用いず，記憶を頼りに記録したものもある。したがって，本書の記録は科学性を確保できていない。そのため同じ件について複数の対象者から聞き取りをおこない，裏を取るように努めた。

　一般にフィールドワークは観察者が観察対象に「カルチャーショック」を覚えるような異文化性が有効であるとされる。なぜなら，現場と異なる視点を持てること，自らの文化との比較が可能であること，という2つのメリットがあるからである(佐藤，2002；武田，2004)。本書の場合，観察者である私が，東京で生まれ育ち熊本とは縁もゆかりもないことから，保守的で政争の激しい風土は一種の異文化であった。例えば，第4章で述べたような農

業や土建業の作業服姿の人々の「ガンバロー三唱」や支援団体の「のぼり」がはためく衆院選出陣式の光景はまさしくカルチャーショックであった。また，外部からきた学生という点は，政治上の利害関係に巻き込まれることなく調査を進めることができた重要な利点であった。

　フィールドワークの問題関心は漸次的に形成されることが多い。本研究も明確な問題意識をもたずに熊本県に入り，潮谷知事はじめ関係者を戸惑わせた。次第に具体的な問題関心に移っていったのは，フィールドワークを開始してから半年以上たってからである。問題関心を具体化したのちも記録することにつとめた。フィールドワークの基本は記録であり「分厚い記述」（Geerts, 1973）である。本研究のもととなる1年間のフィールドワークはB5サイズのノート30冊分の記録となった。参与観察中の選挙運動においては17日間で走行距離が5,000キロを超えた。Fenno（1978）も述べているように，日中はフィールドに出かけ，帰宅後に手書きで書き留めたノートや資料を整理し，明日の準備をおこない，という作業の繰り返しは，まさしく「フィールドリサーチは若者の仕事」であり，「体力と適応性がそろっている20代もしくは30代の仕事」（Fenno, 1978, 253）である。

　本書は事例の記録としての学術貢献を目指した。地方政治を対象とする研究の蓄積の少なさから，本書は一定の貢献があるだろう。特に1）知事を対象とする学術的研究がほとんど存在しないこと，2）保守的な風土における女性知事というコントラストから，女性知事再選の条件を提示できる可能性があること，3）2000年代における地方における政治対立がどのような形であらわれ調整・解決されていくのかの事例を明らかにしたこと，4）地方政治と国政との関係を，国営公共事業，国政選挙，地方選挙の3点において捉えていること，以上4点は本書における一定の学術的貢献と考えられるであろう。

　本書の出版にあたり，熊本の方々に最大限の感謝の意を表したい。2004年4月にフィールドワークを終え，2006年から留学したのちも，私は年に数度は熊本を訪問し，当時お世話になった方々と親交を続けている。とりわけお世話になっているのは，2003年当時熊本県庁秘書課でほぼ毎日会っていた職員の方々，潮谷義子知事のホームである慈愛園，潮谷夫妻を支援する中尾さん，ヒューマンネットワークの石原さん，県議会議員の方々，熊本県庁の県政記者室につめていた熊本日日新聞の記者たちである。山鹿で三浦八

水参院議員秘書をつとめていた大代さん，蒲島先生の級友である鹿本町(当時)の芹川さん，水俣市におけるインフォーマントとなってくださった窪さん御夫妻には今でも会いに行く。遅筆のため，既に亡くなった方々にご報告申し上げることができないのは忸怩たる思いである。

本書の主人公である潮谷義子元熊本県知事に対しては感謝というよりも尊敬の念を抱いている。表紙にあるダルマの操り人形は，傀儡知事として操られているようで，実際はダルマを操れるのか，という意をこめて描いた。なお，ダルマは1983年に講談社インターナショナルより出版された洋書 Election Campaigning Japanese Style の表紙に対するオマージュである。

本書のもととなる博士論文を書き上げたのは2007年9月，留学先の Texas A&M University においてであった。書き上げた直後，指導教官である蒲島先生が熊本県知事選に出馬することになり，当初は猛反対したが，2008年1月の出馬宣言の後はサポートにつとめた。蒲島知事が誕生した日はテキサスから3泊5日で一時帰国，熊本に行ってお祝いし，徹夜してそのまま一人で自分の学位記授与式に出席という強行日程をこなした思い出がある。蒲島先生からは，学問や研究だけでなく，先生の人生を通じて生き方そのものを学ばせていただいている。今日の私があるのは蒲島先生のおかげであるといっても過言ではない。心から感謝申し上げる。

なお，本書のもととなった調査は日本学術振興会特別研究員として2003年度特別研究奨励費を用いておこない，出版にあたっては平成28年度北海学園大学学術研究助成を受けた。記して感謝申し上げる。

先述したように，本書のもととなった博士論文は，Texas A&M University にて日本語校正機能がないワードを用いて締め切り間際の1週間で書き上げ，誤字脱字の多さで主査の谷口将紀先生を呆れさせ，学術論文というよりは熊本県政報告として蒲島先生の出馬参考資料となり，内容的にも諸姉諸兄を唖然とさせたことは自覚している。加筆修正するにあたっては，これら先生方や先輩方，熊本日日新聞社の宮下さん，木鐸社の坂口さんと栗村さん，そして夫・荒井紀一郎の助言を参考にした。皆さまに感謝の意を記したい。

事項索引

あ行

相乗り　3, 14, 21-23, 25, 29, 46, 50, 74, 133, 135, 136, 158, 175, 178-181, 186, 191, 199, 203, 224

芦浜原発計画　52, 54, 55, 104

充て職　33-36, 86

アマチュア　24, 178, 193, 204, 206, 207, 212-215, 223, 225-227

五木村　96-98, 101, 102, 105, 120, 218

1区現象　145, 148

亥年現象　221

お土産答弁　89, 185, 192

オーロラの会　77, 140, 166-168, 213

か行

改革派知事　22, 29, 30, 40, 52, 187

傀儡知事　3, 4, 73, 80, 86, 90, 177, 179, 181, 183, 185, 187, 189, 191, 193, 195, 197, 199, 201, 203, 205, 207, 209, 211, 213, 215, 217, 219, 221, 223, 225, 227, 229

革新首長　20-23, 26, 46, 48, 61, 116, 133, 228

河川局　118-120

個所付け　20

川辺川ダム建設問題　5, 18, 54, 55, 60, 66, 80, 91, 95-97, 99-107, 109-115, 117, 119, 121, 123, 125, 127, 129, 183, 201, 234

川辺川利水訴訟・問題　55, 99, 100

環境アセス　107, 108, 112

環境影響評価法　107

官選知事　15, 46, 62, 130

議会軽視　40, 116, 117, 122

機関委任事務　16, 32, 55, 105

九州地方整備局　116, 119-121

漁業権強制収用　119

漁業権補償　98, 99

許認可権限　30, 32, 40-43

草の根選挙　47, 48, 143, 151, 161, 192, 193, 206

口利き　20, 40, 41, 209

熊本日日新聞・熊日　40, 44, 71, 72, 75, 82-85, 88, 91, 105, 107-110, 112, 113, 120, 121, 127, 138, 139, 141, 142, 144, 149, 152, 153, 156-159, 164, 169, 170, 175, 195, 198, 222, 223, 228

熊本方式　125, 126

車の両輪　88

恵楓園　78, 80, 218

系列議員・系列代議士　63, 133, 150, 151

県関係国会議員　38, 63, 67-69, 153, 173, 234

県政記者　38, 39, 72, 151-153, 157, 159

憲法　20

県民党・市民党　3, 4, 18, 26, 48, 51, 68, 88, 90, 91, 138, 160, 161, 163, 175-183, 185, 187, 189, 191, 193, 195, 197-201, 203, 205-207, 209, 211-213, 215, 217, 219, 221-227, 229, 233, 235

公選知事　15, 130

公務　37, 39, 45, 51, 62, 70, 87, 90, 132, 134, 135, 144, 154, 155, 169, 194, 195, 202, 233

さ行

最大会派　37, 40, 42, 44, 45, 48, 67, 68, 88, 111, 158, 169, 173, 181, 188, 198, 208, 209, 222, 226, 235

さやかの会　77, 78, 140, 142, 152, 154, 161, 173, 179, 192-200, 203, 204, 206, 207,

212-216, 218, 220-222, 225-228

三役　40, 87, 114, 198, 208

慈愛園　73, 76, 77, 87, 88, 114, 161, 190, 216

支持率　19, 31, 56, 57, 60, 82, 83, 122, 182,
　187, 207, 224, 228, 234

事前通告　44

執行部　19, 43, 44, 68, 88, 117, 134, 170, 208

質問とり　32, 37, 42-44, 49

市民参加　23, 26, 27

自民党依存　158, 161, 162

自民党友好団体　201, 204, 210, 225

事務所開き　137, 142, 143, 152-154, 179,
　198, 199

住民運動・市民運動　18, 21, 23-27, 47, 48,
　70, 101, 110, 113, 116, 124, 133, 234, 235

住民討論集会・住民大集会　18, 40, 70, 80, 83,
　84, 91, 100, 101, 114-119, 121, 122, 128,
　186, 212, 234, 235

収用委員会　99, 119, 123, 124, 129

出陣式・出発式　137, 142, 143, 177, 213,
　217

出馬表明　167, 179, 184-186, 192, 193

出馬要請　179, 185, 197, 201, 227

条例提出　30, 32, 40, 42

女性知事　3, 39, 73, 75, 82, 86, 90, 126, 136,
　137, 144, 160, 178, 233, 235, 236

素人　73, 89, 90, 130, 207, 214-216, 225

人事権　30-32, 40-42, 87-89

推薦願・推薦要請　152, 163, 179, 182, 191,
　195, 197-200, 203-207, 212, 224, 227

政策審議会・政審会　44, 198, 199, 208

政治的姿勢　50, 110, 141, 144, 160, 224, 235

政治的判断　45, 46, 51, 52, 54-56, 69, 89,
　122, 123, 129, 132, 226

政務　45, 46, 51, 87, 135

た行

脱ダム宣言　52, 54, 55, 100, 102, 125

為書き　131, 143, 150-152

男女共同参画　61, 194-196, 204

千歳川放水路計画　52-55, 104

地方議会　5, 13, 18-21, 23, 27, 30, 43, 44, 67,
　117, 188, 233, 234

地方自治法　19, 24, 116

地方政治の非政治性　11, 12, 14, 15, 16, 233,
　234

地方分権推進一括法　15, 32

中立性　12, 14-16, 18, 29, 51, 132, 233, 234,
　235

町村会　137, 139, 201, 202

直接民主主義　26, 116

特定多目的ダム法　104, 105, 129

土建政治　149, 241

な行

二元代表制　4, 11, 18, 19, 20, 21, 23, 27, 33,
　43, 57, 67, 224, 233-235

ノーモアミナマタ　100

は行

パートナーシップ　81, 142, 165, 169-172,
　183, 184, 196

パイプ　18, 42, 44, 46, 68-70, 130, 153, 156,
　165, 166, 168, 169, 173-175, 179, 209,
　225, 235

ハネムーン　57, 82

派閥　63, 133, 150, 181

ハンセン氏病・ハンセン病　34, 70, 78, 79

バンドワゴン　91, 162, 179, 221, 224, 234

非決定権力　17, 53, 128

肥後の猛婦　61

非自律性　12, 15, 16, 18, 49, 68, 233, 235

非政党性　12-16, 18, 29, 47, 62, 132, 233
フリーハンド　48, 49
法定受託事務　32
保守系無所属　12, 13, 17, 62, 63, 67, 133, 150

ま行

水俣病　34, 60, 65, 66, 70, 78, 79, 89, 100, 109, 113, 118, 122, 123, 127, 157-159, 167, 169, 172, 174, 175
無所属候補　12, 21, 139, 207
無党派　3, 4, 21-23, 29, 30, 47, 49, 68, 135, 181, 224

無投票当選　49, 191, 224
無風選挙　3, 21, 178, 190, 206, 207, 208, 213, 216, 224, 225, 227, 234

や行

やおいかん女子　80, 86, 125, 162, 233
ユニバーサルデザイン　169, 170, 183, 184,
予算権・予算編成　30-32, 40

ら行

Rally-round-the-flag　57, 60
利益誘導　146, 148, 149

人名索引

あ行

浅野史郎　28, 40, 48, 49, 81, 126, 161, 187, 227

阿曽田清　73-75, 77, 107, 141, 186-188, 192, 210

石原慎太郎　28, 41, 48, 50, 77, 134, 148

岩下栄一　137, 145, 156, 159, 173

扇千景　120, 121

大西一史　122, 150, 159, 161, 207, 220

か行

片山善博　28, 40, 44, 49, 82, 191, 198, 226, 227

鎌倉孝幸　100, 109, 114-118, 120, 126

鎌田聡　163, 164, 166, 186

亀井静香　69, 75

菅直人　100, 102, 110

北川正恭　28, 52-54, 104, 129, 227

幸山政史　40, 148, 150, 153, 199, 200

古閑三博　31, 109, 155, 185, 197, 199, 214, 218, 220

さ行

坂本哲志　34, 60, 63, 80, 81, 127, 145, 146, 149-152, 154, 156, 157, 159, 161, 167, 169-172, 184, 207, 220

沢田一精　31, 62, 73, 105

島津勇典　111, 159, 173, 179, 184, 185, 197, 199, 219, 220

杉本栄子　79, 194

杉森猛　111, 218

鈴木宗男　148

園田博之　62, 69, 122, 137, 145, 146, 149, 150, 159, 173, 174, 190

た行

田中康夫　28, 32, 47, 50, 52, 54, 55, 100, 102, 125, 126, 163, 198

寺本広作　62, 105

堂本暁子　3, 28, 47-49, 135, 161, 181, 187

な行

野田毅　63, 69, 73, 74, 145, 159, 174

野中広務　74, 75, 188

は行

鳩山由紀夫　100, 102

浜四津敏子　74

林田彪　63, 69, 137, 145

平野多嘉子　77, 141, 152, 154, 161, 192, 194-196, 212, 214

平野みどり　88, 141, 160

福島譲二　3, 62, 73, 77, 78, 80, 86, 87, 105, 106, 136, 155

細川護熙　61, 62, 77, 82, 105, 145, 204

堀達也　28, 36, 52-54, 104, 129

本田良一　69, 186

ま行

松岡利勝　63, 69, 131, 137, 142, 143, 145, 146, 148-163, 166-169, 172-176, 179, 184, 185, 187, 209, 213, 217, 220, 234

松野信夫　110, 186

松野頼久　63, 69, 110, 138, 142, 145, 148, 174, 186

や行

吉井正澄　62, 79

著者略歴

中條　美和 (なかじょう　みわ)

1976年　東京都生まれ。
2000年　東京大学法学部卒業。
2008年　東京大学大学院法学政治学研究科博士課程修了, 博士 (法学)。
2015年　テキサスA&M大学大学院政治学部博士課程修了, Ph.D. in Political Science.
　　　　早稲田大学高等研究所助教を経て2015年より北海学園大学法学部講師。
　　　　研究分野　地方政治論, 政治行動論, アメリカ政治
現職　　北海学園大学法学部講師
業績　　Civic Engagement and Trust in National and Local Governments, テキサス
　　　　A&M大学博士論文, 2015年,「地方政治における「ボス議員」の影響力の変化－年齢と
　　　　当選回数から」『都市問題』101巻5号, 2010年など。

知事が政治家になるとき

2017年3月31日第1版第1刷　印刷発行　©

著者との 了解により 検印省略	著　　者　中　條　美　和
	発 行 者　坂　口　節　子
	発 行 所　㈲　木　鐸　社

印刷　フォーネット　　製本　高地製本
互　恵　印　刷

〒112-0002　東京都文京区小石川5-11-15-302
電話 (03) 3814-4195番　　　振替 00100-5-126746
FAX (03) 3814-4196番　http://www.bokutakusha.com

(乱丁・落丁本はお取替致します)

ISBN-978-4-8332-2512-0 C3031

戦後日本地方政治史論

辻　陽著（近畿大学法学部）

A5判・432頁・5000円（2015年）ISBN978-4-8332-2482-6 C3031

■二元代表制の立体的分析

　本書は，日本の地方自治制度に注目しつつ，戦後60余年間にわたる地方政治を追跡する。中央レベルの政治と対比することで，知事，議会の両者における党派性に注目しながら，時代ごとの変化を明らかにし，47都道府県間に見られる共通点と相違点を示す。同じ資料を用いて分析対象に取り込み，通時的比較と共時的比較を行い，知見の一般化を図る。

日本の政府間関係　■都道府県の政策決定

Steven R. Reed, Japanese Prefectures and Policymaking, 1986

スティーヴン・リード著　森田朗他訳

A5判・296頁・2800円（1998年2刷）ISBN978-4-8332-2151-1

1 政府間関係における影響力　2 比較的視座における日本の地方政府　3 日本の地方政府の発展　4 公害規制政策　5 住宅政策　高校教育政策　7 結論

　日本の地方自治を，比較政治学の観点から考察し政策決定に当ってどのような影響力関係が働いているかを分析。

市町村合併をめぐる政治意識と地方選挙

河村和徳著（東北大学情報科学研究科）

A5判・184頁・2500円（2010年）ISBN978-4-8332-2436-9

　これまでの合併に関する研究は，「合併」という事象にのみ着目したものが多かった。しかし，地方政治の連続性を考慮すると，ポスト「平成の大合併」における政治現象は，合併のアウトカムが問題であり，本書は，合併後の地方政治を考える際の仮説を導き出す探索型の研究である。

民主制のディレンマ　■市民は知る必要のあることを学習できるか？

Arthur Lupia, Mathew D. McCubbins, The democratic dilemma : can citizens learn what they need to know?, 1998

アーサー・ルピア＝マシュー・D. マカビンズ著　山田真裕訳

A5判・300頁・3000円（2013年3刷）ISBN978-4-8332-2364-5 C3031

　複雑な争点について市民がどのように意思決定するかを経済学，政治学，および認知科学に基づくモデルを構築し，それらを実験で検証する。民主制が依拠している委任を成り立たせる理性的選択の条件を明示し，併せて制度設計が市民による統治能力にどう影響するかも洞察。

公共経営論

田尾雅夫著 （愛知学院大学）

A5判・450頁・4500円（2014年2刷）ISBN978-4-8332-2424-6

　近代が仮想した市民社会が現前にある。しかし成熟した豊かなその市民社会の前に大いなる陥穽が待ちうける。即ち少子高齢社会の致来である。膨らむ一方の需要に対して，少ない資源をどのように案分するか，それをどのように乗り越えるかは，全体社会として関わらざるを得ない大きな政策課題である。本書は公共セクターの組織をマネジメントするための方法を提示する。

行政サービスのディレンマ

M. Lipsky, Street-Level Bureaucracy, 1980

M. リプスキー著　田尾雅夫訳

A5判・352頁・3000円（品切）ISBN978-4-8332-0224-4

■ストリート・レベルの官僚制

　本書は街中の，地域住民のニーズと直接相対する官僚制＝教師・警官・弁護士・ソーシャルワーカー等の組織内外の行動の実態から，その制約要因や可能性を多角的に分析。本書により80年度ライト・ミルズ賞，81年度アメリカ政治学会カメラー賞を受ける。

行政サービスの組織と管理

田尾雅夫著

A5判・302頁・4000円（2010年6刷）ISBN978-4-8332-2145-0

■地方自治体における理論と実際

　本書は，「地方自治」という規範的概念を内実化するための方途として地方自治体の組織の変革可能性を議論したものである。即ち地方自治を機能させるための道具或いは装置としての自治体をどう運営するかということに実証的・理論的に取り組んだ。組織論の研究蓄積を駆使した試行調査の成果。日経図書文化賞受賞。

地方分権時代の自治体官僚

金　宗郁著 （香川大学法学部）

A5判・222頁・4000円（2009年）ISBN978-4-8332-2413-0

　社会の多様化に伴う複雑な社会問題は「地方分権時代」をもたらした。自治体間の政策競争が現実となりつつある今日，政策決定過程における官僚の行動が，どのように自治体の政策パフォーマンスに影響を与えているか。その組織規範に焦点を当て，社会学的新制度論の文化・認知的アプローチを取り入れて計量的に解明。

地方分権の取引費用政治学

南　京兌著（京都大学法学研究科）

A5判・282頁・4000円（2014年）ISBN978-4-8332-2472-7 C3031

■大統領制の政治と行政

　なぜ中央政府は自らの権力を弱めるような改革，すなわち，政治的分権を行い権限と財源を地方政府に移譲するのか。地方分権の条件と因果関係を，取引費用という元々は経済学で発展してきた概念を応用し分析する。

制度の政治経済学

長尾伸一・長岡延孝編監訳

A5判・320頁・3000円（2000年）ISBN978-4-8332-2288-4

　制度論的アプローチとして政治経済学の分野に新しい動向を生み出して注目を集めている欧米の基本文献を独自に編集・訳出する。80年代のはじめ欧米政治学界で「国家論の復権」によって開始された政治学・経済学の研究者による制度分析。

ロジャー・ホリングスワース，ロベール・ボワイエ，ピーター・ホール，カッツェンスタイン，ジェフリー・ハート，A・コーソン他

再軍備と五五年体制

植村秀樹著（流通経済大学経済学部）

A5判・368頁・4000円（1995年）ISBN978-4-8332-2211-2

　本書は，我が国の敗戦から55年までの再軍備過程を，55年体制に至る政治過程との関連で明らかにする戦後政治外交史の研究。

　著者は今日なお未決着のままの安全保障という国家としての基本的問題を，55年体制にその出発点があるとみる。以後の「吉田ドクトリン」等の日米政府間交渉に分析の対象を限定することなく，国内政治過程との関連に注目しつつ考察する。

防衛計画の大綱と日米ガイドライン

瀬端孝夫著（インターナショナルパシフィックカレッジ）

A5判・210頁・2500円（1998年）ISBN978-4-8332-2263-1

■防衛政策決定過程の官僚政治的考察

　1970年代後半から80年代にかけての日本の防衛政策の決定過程の変化を分析し，政策決定機構とプレーヤーの力関係が1976年に決定された防衛計画の大綱をどのように変更していったかを検証する。あわせて1990年代の日米ガイドラインによる防衛政策のあるべき姿を模索するもの。